日本昭和十二年名古屋泛太平洋和平博览会赏牌

"批判传播学"编委

丛书总顾问：童兵

丛书编委（排名不分先后，以中文首字笔划为序）：

丹·席勒（Dan Schiller，美国）
冯建三
吉列尔莫·马斯特里尼（Guillermo Mastrini，阿根廷）
孙皖宁（澳大利亚）
邱林川
林春（英）
珍妮特·瓦斯科（Janet Wasko，美国）
科林·斯巴克斯（Colin Sparks，英国）
胡正荣
格雷厄姆·默多克（Graham Murdock，英国）
特里斯当·马特拉（Tristan Mattelart，法国）
斯拉夫科·斯普里查（Slavko Splichal，斯洛文尼亚）
童世骏
葆拉·查克拉瓦蒂（Paula Chakravartty，美国）

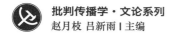

批判传播学·文论系列
赵月枝 吕新雨 | 主编

错位：
后冷战时代的中国叙述与视觉政治

吕新雨 著

华东师范大学出版社

华东师范大学出版社六点分社　策划

华东师范大学 – 康奈尔比较人文研究中心资助

总　　序

　　当今世界正处于全球化发展的转折点,资本的全球化流动所带来的政治、经济、社会、文化与生态等方面的危机不断加深。如何面对这些问题,全世界的人文与社会科学都面临挑战。作为对资本主义的批判和对人类解放的想象与信念,马克思主义并没有随着柏林墙的倒塌而消亡,反而在这些新的问题与危机中,在新的历史条件下获得了生机。马克思的"幽灵"在世界各地正以不同的方式复活。

　　与此相联系,世界范围内的传播体系与制度,一方面作为技术基础和经济部门,一方面作为文化意识形态领域和民主社会的基础,也面临着深刻的转型,而转型中的巨大困惑和危机也越来越多地激发人们的思考。一系列历史与现实中的问题亟需从理论上做出清理与反思。以马克思主义为重要理论资源的批判传播研究在长期复杂的历史与现实中,一直坚持不懈地从理论和实践层面推动传播学的发展,在国内和国际层面上促进传播制度朝向更平等、公正的方向转型,并为传播学理论的多元化作出了重要贡献。今天,时代迫切要求我们在世界范围内汇聚马克思主义传播学研究的各种力量、视角与方法,探索以马克思主义为基础的新批判理论的新路,对当代社会的危机与问题做出及时而有效的回应。

　　由于中国问题和传播问题是讨论全球化危机与出路的两个重要领域,中国传播学界具有担当起自己历史责任的义务和条件。马克思主义新闻传播理论与实践在20世纪以来的中国新闻史上有着极其重要的历史地位,在全球视野中整理、理解与反思这一理论传统,在新的历史条件下促进这一历史传统的更新与发展,是我们孜孜以求的目标。这个全球视野不仅面对西方,同时更向非西方国家和地区开放,并希冀在不同的比较维度与视野中,重新确立中国当代马克思主义传播研究的立场、观点与方法。

近一个世纪前,在 1929—1930 年的世界资本主义危机后的欧洲,在法西斯主义屠杀共产党人、扼杀左派思想的腥风血雨中,法兰克福学派的学者们用大写的"批判"一词代指"马克思主义",在他们所处的特定的历史语境下丰富与发展了马克思主义传播研究。此后,"批判"一词,因其体现了马克思主义学术思想的内核,几乎成为马克思主义和一切以追求人类解放和挑战不平等的社会关系为价值诉求的学术取向的代名词。今天,我们不愿也无需遮掩自己的马克思主义立场。我们把本书系定名为"批判传播学",除了出于文字的简洁性考虑之外,更是为了突出我们的批判立场,强调我们弘扬以挑战不平等社会关系为价值诉求的传播学术的主旨。当然,批判的前提与归宿是建设,批判学术本身即是人类自我解放的建设性理论实践。在此,我们对传播的定义较为宽泛,包括任何涉及符号使用的人类意义分享实践以及这些实践所依托的传播技术和知识基础。

本书系以批判的政治经济学与文化研究相结合的道路,重新检讨作为马克思主义新闻传播理论前提的观念、范畴与知识谱系,反思马克思主义传播理论在历史和当代语境下中国化的成就与问题,探讨中国革命与建设的传播实践对马克思主义传播理论的丰富、发展和挑战,分析当下的经济危机与全球媒体、信息与文化产业的状况和相关法规、政策,以及全球、区域与民族国家语境下的传播与社会变迁。我们尤其关注当代全球政治经济格局中的中国传播定位和文化自觉问题以及发展中国家的信息社会现状,社会正义与批判的生态学视野下的信息技术与社会发展,文化传播、信息产业与阶级、种族、民族、性别以及城乡分野的互构关系,阶级意识、文化领导权的国际和国内维度,大众传媒的公共性与阶级性的动态历史关系、文化传播权利与全球正义等议题。我们还将挑战横亘于"理论"与"实践"、"观念"与"现实"、以及"批判传播"与"应用传播"间的简单二元对立,不但从批判的角度检视与质询那些维系与强化不平等社会关系的传播观念与实践,而且致力于促进与发展那些挑战和变革现有不平等社会传播关系的传播政策、观念与实践，并进而开拓批判视野下的组织传播、环境传播、健康传播等应用传播领域的研究。最后，我们也致力于马克思主义传播研究方法论发展与经验研究的批判性运用，探讨文化研究如何在当下传播情境中更新其批判活力，关注媒介教育、文化赋权和社区与乡村建设的理论与实践，以及大众传媒与网络时代的大学、学术与跨国知识流通如何强化或挑战统治性知识权力关系等问题。

本书系包括"批判传播学译丛"、"批判传播学文论"和"批判传播实践"三个系列。"译丛"系列译介国外批判传播研究经典文献和最新成果；"文论"系列以专著、讲义、论文集、工作坊报告等形式展示当代中国马克思主义批判传播学研究的前沿；"实践"系列侧重传播实践的译作和中国经验，包括有关中外传播实践和劳动过程的实证研究、卓有成就的中外传播实践者有关自己的传播劳动和传播对象的反思性与传记性著作、以及富有批判性的优秀新闻作品。

华东师范大学—康奈尔比较人文研究中心（ECNU-Cornell Center for Comparative Humanities）和 2013 年 7 月成立于北京的中国传媒大学"传播政治经济学研究所"是这套书系依托的两家专业机构，并得到华东师范大学传播学院的支持。宗旨是在当代马克思主义和跨文化全球政治经济学的视野中，推动中国传播学术的创新和批判研究学术共同体的发展，尤其是新一代批判传播学人的成长。

在西方，面对信息资本主义的持续危机，"马克思回来了"已然成了当下批判传播学界的新发现、新课题和新动力。在中国，在这片马克思主义自 20 世纪初就被一代思想家和革命家所反复思考、探索与实践的古老土地上，我们愿以这套书系为平台，为发展既有世界视野又有中国学术主体性的 21 世纪马克思主义传播学而努力。在这个过程中，我们既需要对过去一个多世纪马克思主义传播理论与实践做出深刻反思，需要与当代西方马克思主义传播研究与实践前沿建立有机的联系，需要在克服媒介中心主义的努力中与国内外人文与社会科学的其他领域产生良性互动，更需要与各种不同的传播研究学派、观点进行真诚对话，彼此砥砺，以共同加强学术共同体的建设，推动以平等与民主为目标的中国社会发展，促进以和平与公正为诉求的世界传播新秩序的建立。

是所望焉。

纪念中国全面反法西斯战争 80 周年(1937—2017)

目　录

上篇　"美术"作为中国的世界史

1937年："文献展"中的中国与世界
　　——兼论中国"美术"观念的历史嬗变 ············ 3
国事、家事、天下事
　　——《良友》画刊与现代启蒙主义 ············ 52
把影像敞开成为"战场"
　　——"《艰巨历程》全国摄影公开赛30周年学术展"感言 ············ 67

中篇　作为中国叙述的"台湾问题"

"台独"的历史根源：从"白团"到"台湾帮"
　　——作为中国叙述的"台湾问题" ············ 77
互为镜像　血肉相连
　　——郭力昕教授《纪录片的政治》序 ············ 103

下篇　新中国少数民族影像：历史与政治

新中国少数民族影像书写：历史与政治
　　——兼对"重写中国电影史"的回应 ············ 109

华语语系、华语电影与学术主体性:问题究竟在哪里?
　　——在"'华语电影'研究与'重写电影史'工作坊"的发言……… 170

附　录

青春断代史:从《人生》到《小时代》……………………………… 179
《朗读者》与中国综艺节目的未来………………………………… 193

跋 …………………………………………………………………… 202

上篇 "美术"作为中国的世界史

1937年:"文献展"中的中国与世界
——兼论中国"美术"观念的历史嬗变[①]

引 言

2016年8月,以"多重时间——苏州与另一种世界史"为标题,苏州美术馆主办的"首届苏州文献展"在苏州美术馆、苏州丝绸博物馆、颜文樑纪念馆、吴作人艺术馆、朴园、双塔等地同时开幕,试图展开一种以苏州为视点的世界历史叙述。对笔者来说,印象最深的是向1937年"吴中文献展"致敬,这既是此次"文献展"名称的来源,也使得1937年的历史底片在今天得以显影。

从1937年的"吴中文献展"到2016的"苏州文献展",多重时间的曝光——时间的断裂、重叠和接续,光影摇曳,在历史文本中投下或明或暗的重重斑点。包括"吴中文献展"在内的30年代系列文献展,已经成为一个正在被重新发掘的历史记忆。某种意义上说,1937年的"吴中文献展"是对地方物质遗产与非物质遗产的一次大规模重新整理,这样一个总结性的姿态在20世纪战火威胁下出现,是一个极有意味的事件。作为一个"向后看"的举动,却是对时代的峻急回应。历史的火车在隆隆前行,车厢里看到的风景却不断后移,这就是文化保守主义在中国出场的景观——一个前行与后退的视觉错位。

[①] 本文节本发表于《开放时代》杂志2017年第5期,部分篇幅发表于《艺术百家》杂志2017年第5期。特致谢忱!

站在 2017 的门槛回望 1937,新与旧叠印其中。历史的显影液下,浮现出近代文化保守主义与现代民族主义互相建构的时代底色。

(一) 30 年代文献展:"救亡"与"保守"的双重奏

"睹乔木而思故家,考文献而爱旧邦",张元济《印行四部丛刊启》之篇首语录,被征引为"吴中文献展"的宗旨。1937 年,全面抗战在即,张元济等整理国故的巨制《四部丛刊》(1919—1936)在 1937 年日军攻占上海的"八·一三事变"后终止。稍早,1932 年的"一二·八"事变,张元济耗尽心血开创的"亚洲第一图书馆"之东方图书馆,包括宋、元、明、清版本珍本善本在内的 46 万册图书尽毁于日本战火。一起葬身火海的,还有鲁迅翻译的附有苏联木刻版画的《铁流》梓版。这一无法弥补的文化浩劫,成为一代文人的精神创伤。从"一二·八"到"八·一三",是 30 年代文献展无可回避的历史背景。商务印书馆和东方图书馆的焚毁,警醒与论证了文化与国运的关系。国破之际,重整家当,收拾旧文化、共赴国难,自江南文化重镇开始,势所必然。

江苏省立苏州图书馆馆长、吴中文献展主持人蒋吟秋在《吴中文献展览会特刊》引言中疾呼:"盖金石器物,动思古之幽情;图像史传,兴齐贤之景想。举凡会中所陈,莫非先贤往哲精神之所寄托,俱足令人奋勉淬砺,发扬光大,以扶持正气,挽救民族。"①以文献展的方式救亡图存,现代意义上的国立图书馆、博物馆开始扮演重要角色。

吴中文献展并非孤立。之前有 1936 年的嘉兴文献展览会、浙江文献展览会,1937 年的上海文献展览会、淮海文献展览会、漳州文献展览会、建瓯文献展览会以及察哈尔文献展览会,1940 年在香港举办的广东文物展览会等。② 另据冯天瑜回忆,其父历史学家冯永轩 1942—1945 年在安徽学院任教期间,在极其困难的环境下还筹划举办文物展,以激励师生及民众爱国热情。③ 均可列为此一波潮流之余脉。

---

① 转引自孙迎庆,《1937 年吴中文献展》,《东方收藏》2014 年第 7 期,第 115—116 页。
② 周生杰,《敬乡有道:近代文献展览会》,《光明日报》2011 年 12 月 12 日,人民网 http://theory.people.com.cn/GB/16574768.html。
③ 冯天瑜,《"睹乔木而思故家,考文献而爱旧邦"》,《文汇报》2015 年 11 月 6 日,http://whb.news365.com.cn/xl/201511/t20151106_2281645.htm。

文献展体现国家意旨。浙江省教育厅下令省内各县举办文献展览会，并给予一定的资助，1936年11月1日—18日的浙江文献展与吴中文献展联袂举办，与此相关。前者的主导者是时任浙江省立图书馆馆长的历史学家陈训慈（陈布雷之弟），他在《浙江文献展览之旨趣》中申明"秉承浙江省教育厅之意旨"，并阐述了四大要点，分别是征集乡贤之著作、发扬浙江之学风、整理地方之文献、推进爱乡爱国之精神，最后一点是旨归：

> 爱乡爱国，其源一揆，表里相维，谊无偏废。浙人士素笃梓桑，亦唯吾浙人文之最有系于民族之安危存亡。……清季革命之役，克奏肤功，亦多两浙英儁之舍身成仁，咸以文字鼓其成焉。此次展览，周爱咨询，间关征访，于此类有关表章往哲，道扬民气之文献，尤三致意，举凡革命先烈暨功在邦国之时贤，尤尽力蒐求其遗传遗书遗物，区区微尚，岂第在表扬一省之人物，要期张此伟大磅礴之气，使浙人以至举国志士咸闻风而起耳。良以值兹国运方艰，外侮孔棘，此爱乡卫国之精神，自尤应发扬以广大之于全国，愿览者细察深省，以期知往策来之效，毋徒以朱墨纷披，存迷恋往古之感，蹈玩物丧志之讥也。①

内忧外患之际，救文化于即坠，把地方认同、文化传承与民族安危建构成一个统一的叙述，以文化学术承前启后、救亡图存。陈训慈这一夫子自道，也预示了他在抗战之后，变卖家产、颠沛流离中舍身救护杭州文渊阁《四库全书》、宁波天一阁珍本善本古籍的后事。作为现代图书馆学的奠基人，陈训慈把现代公共图书馆作为开启民智之"教育文化的原动力"、"挽回民族劫运的主力军"。② 其主导下的"浙江文献展"正是这一理念的实践。浙江文献展展品6000余种，2万多件，观众近8万人，盛况空前，也奠定了之后30年代"文献展"的基本格局。

正如柳诒徵在《浙江文献展览开幕致词》中的阐发："时艰日棘，来轸

---

① 陈训慈，《浙江文献展览之旨趣》，《图书展望》1936年第1期，第9—11页。
② 吴忠良、王效良，《陈训慈与浙江图书馆》，《大学图书馆学报》2008年第1期，第98—103页。

方遒,仆愿观斯会者,持吾言以为剑槖,益恢先哲之志量,兴我华夏,又我亚洲,则斯会之影响,岂徒域于一省一地已哉?"①自此,这一模式迅疾在全国复制、延伸。顺便说一句,今天对文献展的重新发掘研究,大都定位在地方认同、市民认同的框架下,忽略的正是通过地方认同抵达民族认同的关键历史动因。国家危亡之际,地方认同只有在国家认同的基础上才有意义,皮之不存,毛将焉附?

以文化保守抵挡乱世之劫,文献展是文化保守主义和现代民族主义结合的一次重要突围。陈训慈界定的浙江文献展"举凡本省方志、乡贤著作、旧刻书版,既为蓄意蒐访,复以余力从事考撰宣传之役",②也正是1937年(1月20日—3月1日)吴中文献展遵循的模式。

很快,柳诒徵在《吴中文献展开幕词》中再次道白:

> 世乱虽亟,自圣哲视之,犹飘风暴雨之不能终日,而文教之孕育渐溉,俾斯人相安于中和懿永之境者,实世宙之恒轨,非今日所宜视为缓图者也。③

接踵而至的是1937年"上海文献展"(7月2日—11日),此时,距"八·一三"事变爆发只有一个月时间。据《上海文献展览会概要》,陈列品目录分为:典籍、书画及艺术品、金石、图像、乡贤遗物、史料等六部分,④其模式与宗旨一以贯之,只是主事者由国立图书馆转为由上海市博物馆、上海市通志馆联合地方各界收藏家共同组织。上海文献展主席、老"党人"叶恭绰如此阐述:

> 此两年来,本位文化、自力更生诸种意义颇印入吾人之脑中,复因时局关系痛感史地研究之必要,而群众对总理遗教所屡屡昭示保存固有道德文化之说,亦多具深切之认识,故各地文献之展览亦应运而兴。浙江全省各区及江苏苏镇各属导其先路,成绩灿然,殆几有融

---

① 柳诒徵,《浙江文献展览开幕致词》,《国风月刊》第八卷,1936年第90期,第1页。
② 陈训慈,《浙江文献展览之旨趣》,《图书展望》1936年第1期,第9—11页。
③ 转引自孙迎庆,《1937年吴中文献展》,《东方收藏》2014年第7期,第115—116页。
④ 上海文献展览会编,《上海文献展览会概要》,1937年,第1页。

洽各种意义以归于一治之功,实为文化事业新辟之一园地,固非徒抱残守缺,侈为观美而已。①

包括冯永轩在内的一批知识分子因"痛感时局"而献身史地研究、特别是边疆史研究,这在叶恭绰看来,与强调"本位文化"的文献展,是一体两面的存在——都是为了救亡。

吴中文献展通过向吴中(吴县、吴江、昆山、常熟)地区征集文献的方式进行。征集的文物包括吴中方志、史传、乡贤遗像、遗著、书法名画,及有关吴中文献之金石拓片、服御、器物,以及富有意味的革命先烈的遗物、档案——明白地昭示了文献展作为现代建国运动的底色。陈列的4159件展品,除少数为公立图书馆所藏,绝大多数为私人收藏品,不乏三代铜器、宋元古籍、宋元明清各家书画精品,也有明清以来竹、木、牙、玉各式精雕摆件。

30年代文献展在两种意义上具有突破性:一方面,它突破了传统图书馆的界限,是文献与器物博览的结合,因此从"浙江文献展"、"吴中文献展"的国立图书馆主导过渡到"上海文献展"的国立博物馆主导,并无暌违。另一方面,它以大规模征集私人收藏为源泉,翻转了中国社会公与私的关系。这两点的形成,都有值得解读的历史意蕴,尤其需要放置在二战前夜中去探讨。

在救亡与启蒙的二元叙述下,遮蔽的是保守主义作为救亡运动的强劲崛起,这一脉络值得在今天重新检阅。不是救亡压倒了启蒙,而是救亡作为启蒙,以文化保守主义的方式出现,正是30年代的国家主流。

(二) 1937年:世界博览会与中国的"民族主义"

"博物"在文献展中的出现,其实可视为对1937年世界博览会的回应,特别是3月开幕的日本名古屋泛太平洋博览会,以及5月开幕的巴黎世界博览会。它们在1937年的中国都产生了深远的回响。

---

① 陈凌,《他乡变故乡——从"上海文献展览会"看上海市民归属感的形成》,《都会遗踪:上海市历史博物馆集刊》2015年第3期,学林出版社,第47页。

1937年3月15日—5月30日举办的日本名古屋"泛太平洋和平博览会",今天似乎被遗忘。这个打着"和平"旗号的博览会,其官方宣传是"以介绍内外产业文化之现状,图其发达,并以资关系各国间和平亲善之伸畅及共同繁荣为目的"。但是,它事实上已是日本军国主义的宣传与展览,其中,最刺激中国人的是在日本馆中开设满洲馆和冀东馆。这篇当时的记述很有代表性:

> 在西会场,是关于产业,科技,国防方面的各种陈列馆。其中要以满洲馆冀东馆及航空馆最使人触目惊心,尤其是给我们中国人看了,更外的战栗而惨痛!在国防馆中,陈列着各种各样的战具,用显明的文字作简要的说明。用幻灯及模型表示着各种战争的情形及救护方法。战前应如何准备,战后因如何善后,前方后方的工作应如何,都详尽地用文字,图画、模型表达出来。在日本的国民看了,都感到异常的兴奋,他们的脸上,都是非常严肃而沉着的。在我们中国人看到呢?他们所谓的国防建设,就是破坏我们的国防!
> 在航空馆中,关于各种飞机模型的说明和表演,可以使观众增加不少的航空知识。他们把各国的飞机数目比,用着很大的红字显示着。中国是有6000架飞机,他们这样的估计着。
> 我们几个人从国防馆走出来,深深地吸了一口气,才感到胸头轻松不少。同时,脸上的红晕,是无法马上退去的。
> 在东会场,有满洲馆,冀东馆,平津两市工商品陈列馆。……看过了"伪满"及所谓冀东馆,使我们每个中国观众的血液,一齐沸腾起来,大家捏紧了拳头,准备回国后好好发奋努力!
> 满洲馆上高悬着"伪满"的所谓国旗。一进了大门,就看到了电光"日满协力"四个大字,馆中穿着中装的日本女人担任说明者。她说明日本侵略东北是正当的,不禁令人怒目切齿!他们把东北的富力用着电光,把数字放大出来,诱惑麻醉一般日本的国民,去侵略东北!正在我这沉痛的参观时,伪"满"的视察团亦来参观。这些汉奸,真是可杀可剐。
> 冀东馆的门口,站着一位伪组织的卫队。门旁边有一张所谓"防共自治政府"成立的相片,担任说明的女子,亦是由日本女人化装做

中国女人的,她们见我们去时,都哈哈大笑,真是给我们一个无上的侮辱!我们忍住不受这绝大的侮辱,强抑住怒火,赶快退了出来。

其他朝鲜馆,台湾馆,我们都去参观了,只有增加我们的差辱和愤恨。

日本这次举办泛太博,目的不过在夸张日本帝国侵略弱小者的成绩和方法而已!①

媒体对名古屋泛太平洋博览会的报道纷纷惊诧于"日名古屋博览会竟将我国参加出品列入殖民地陈列馆"(《中央日报》1937年4月23日),"厂商联合会呈请抗议日博览会征我国货竟陈列于殖民地区"(《申报》1937年4月26日)。终于,"我国决退出泛太平洋展览会"(《新闻报》,1937年4月30日)。

"泛太平洋和平博览会"以名古屋著名的守护宫殿的金鯱为符码,这一传说中的神兽善于吞噬,也是城堡权力的象征。门票和招贴画中,金鯱尾翼扫过的正是摇摇欲坠、被处理为黑白阴影的万国馆,以及作为域外象征的海轮。徽章中一面是金鯱张大嘴巴吞噬作为和平象征的橄榄枝,另一面则是樱花环卫太阳(旗)下的世界。金鯱吞吐太平洋、吞吐世界的意图昭然若揭。

其间发生的一则故事与壮烈牺牲的抗日名将张自忠有关。由于1935年中日签订《何梅协定》,中央军撤离华北,张自忠率领的29军临危受命担当华北驻防任务。1937年3月,日本诱迫晋察冀政务委员会委员长宋哲元访问。宋哲元借故推脱,而命张自忠率领考察团代替前往。26日,抵日的张自忠得知第二天开幕的名古屋博览会把"冀察"陈列馆与"满洲""冀东"一并列入日本殖民地的展区,当即致电名古屋冀察代表纪华限时将冀察陈列馆退出博览会,未开箱物品一律运回,开箱物品装箱运回。纪华遵命于27日关闭了冀察陈列馆。中国展览馆请张自忠代表回国述职的许世英大使在27日的开幕式上举行揭幕典礼,但中国馆对面就是挂有国旗的伪满洲馆。张自忠得知后勃然大怒,强硬要求撤销伪满展览馆,

---

① 以防,《参观日本泛太平洋和平博览会回忆录》,《青年月刊》1937年第6期,第40—41页。

否则立即回国。日方在 26 日晚 11 点被迫答应降下伪满国旗,撤除招牌,但是展览是不可能关闭的。27 日,张自忠为博览会中国馆剪彩,并率团参观了馆内陈列的工艺美术品。① 但是,由于日本媒体极力宣传代表团受到了热情招待,导致国内舆论大哗,张自忠百口莫辩。② 张自忠忍辱负重,最终以身殉国,告白天下,很大程度上正是 30 年代中国弱国命运的写照。

有意味的是,作为名古屋博览会图腾的金鯱,与 1937 年 5 月巴黎博览会德国祭出庇护着卐的法西斯帝国鹰,恰在同一时空东西遥相呼应。

当时的中国媒体一面激愤于日本名古屋博览会,一面对几乎同时的巴黎博览会予以积极期待。1937 年 5 月 1 日在巴黎开幕的"现代艺术与技术国际博览会"(International Exhibition of the Arts and Technologies of Modern Life)是处于一战与二战之间的重要事件。苏联馆前高举铁锤与镰刀的工农雕塑,与德国馆前高矗的守护纳粹徽章的帝国之鹰隔空对峙,吸引了全世界的关注。作为苏联社会主义现实主义典范的《工人与集体农庄庄员》塑像是苏联著名女雕塑家薇拉·穆欣娜(Vera Mukhina,1889—1953)的代表作品,塑像高达 24.5 米,重 75 吨,用独创不锈钢焊接技术完成,是世界首例用此技术的塑像,充分演绎了展览会的主题:艺术与技术的完美结合,有力展现了社会主义苏联的风采。而德国馆则由希特勒的首席御用建筑师,后来的军需部长阿尔伯特·施佩尔(Albert Speer,1905—1981)负责。他后来在著名的传记中承认,在偷看了苏联馆的设计稿后,得知屋顶有两个巨人似乎要冲向德国馆,他修改了自己的方案,放了一个巨大的帝国鹰在加高的立方体建筑上,以镇压苏联馆的气势。

巴黎博览会另一受关注的是西班牙馆。毕加索控诉 1937 年 4 月德国法西斯轰炸西班牙小镇的《格尔尼卡》,作为受西班牙共和国委托而创作的油画陈列在西班牙馆中,成为现代主义绘画史上的重要事件。战争的幽灵始终游荡在 1937 年的巴黎世界博览会上。科学技术最新成就展

---

① 林治波,《张自忠传》,河北人民出版社,2015 年,第 251—252 页。
② 中共临沂市委党史研究室、沂蒙革命纪念馆,《"中国抗战军人之魂"张自忠》,《沂蒙抗日英烈传》,山东人民出版社,2015 年,第 56 页。

昭示的不是别的,是和平已经岌岌可危。世界置身于大战的前夜,文明将再次走向它的反面。

中国媒体一方面把巴黎博览会解读为"现代社会文明和物质进步"的国际盛会,"对于国家民族前途之发展,甚关重要"。同时也试图解答:经济不景气,恐慌遍布世界,法国政府为什么要花费巨资筹办博览会?答案是,首先是要标明其国际地位,亮肌肉给近邻德国看。所以,法西斯德国不惜花费4000万法郎来建馆,成为众馆花费之首。意大利预算是1500万法郎,苏联是1300万法郎,比利时也花费1200万法郎,英美两国则是各800万法郎的预算。博览会实际成为列强展览势力的场所。其次,是让这些外来资本救济国内经济之不景气,大规模的场馆建设可以救济失业工人和艺匠,而借此对市容进行整体性改造和自我宣传也是目的。因此,中国在这一国际竞争场所缺席,意义不言而喻,"尤其在民族危亡的今天,假使不能尽力唤起国际间的注意和同情,实在不智得很":

> 日本何以能在世界每一个角落里,得到人家的好感和重视呢?当然不能否认国际宣传的努力,只要能有机会,无不尽力参加,此次博览会中,我们一定可以看到日本专馆里面,有"满洲国"的宣传,去欺骗各国的观众,我们记得过去日本侵夺满洲时,我政府代表在国联奔走呼号,终无结果,此并非列强愿坐视日本吞并满洲,亦非列强之根本不愿实际援助中国,实因一般印象以为中国还是拳匪时代的中国,根本怀疑中国是一个有组织的国家,事实给我们的教训,我们便知道如要他人援助,须先有使人明了自己能力的必要,这次既有这样大好的机会,为收复失土博得广大的同情,但是政府却为节省区区的费用,处处弄得限于孤立,未免因小失大。① (重点号为笔者所加)

对日本馆内设置"满洲国"的警惕和愤怒,正来自于屈辱的名古屋博览会。但是,这却不是屈辱的开始,日本第五届"内国劝业博览会"设立"台湾馆"是始作俑者,见后详叙。列强环伺,中国缺席,被认为在很大程度上会损害中国的国际形象。但是,这一形象建构却是建立在唤起列强

---

① 李虚伯,《从巴黎博览会谈到中国国际宣传》,《国民公论》1937年第2期,第28—29页。

"同情"的基础上。

中国最热衷于巴黎博览会的是涉法民间组织,理由不难想象。据当时中法联谊会秘书长冯执中的描述,上海中法联谊理事会等中法民间组织为了辩白中国是"无组织之国家"的诬名,决定自发组织参加博览会。在获得国家财政部、实业部、中法庚款基金管理委员会各拨公款共 20 万元经费的承诺下,包括蔡元培、张静江、杜月笙等在内的政治文化与工商界人士商议组成"世界文化合作中国协会",会同社会各界组织参加,并公布征集展品的方案,分三大类:文化教育品、工商技术品、美术品。但最终被行政院谕令停止。①

中国留法雕塑家、现代美术运动代表人物王子云曾任"1937 国际博览会中国组宣传委员",他在《由 1937 巴黎国际博览会说到中国现代的文化建设》的电台讲演中批评中国缺席影响中国"现代文化"的发扬:

> 这次在巴黎举行的国际博览会,是欧战以后各国精神恢复学术教育,以及经济建设,走上轨道的第一次表现,同时更是各国在国家政见不同如意俄两国,是尽力地竞赛他们成绩的表现。现在参加这个博览会的已经有了 47 个国家,这些国家当中只单缺少了中国;这并不单是会影响到中国现代文化建设的前途,同时,更重要的是或者会影响到中国在学术上的国际地位;因此我们很愿国人对于此次博览会再三注意,以期中国文化得藉以提高,同时在建设上得到迈进的机会。②

中国政府为什么不愿意参加呢? 1936 年,国民政府实业部曾作出决定,5 年内不以官方名义参加任何国际博览会,其理由如下:

> 查近两年来各国举行国际博览会,邀请我国参加者计有日本台湾、名古屋、大阪;安南河内;坎拿大温哥华;美国德斯格斯、纽约、金

---

① 冯执中,《中国参加巴黎国际博览会之经过》,《社会科学月报》1937 年第 2 期,第 225—227 页。

② 王子云,《由 1937 巴黎国际博览会说到中国现代的文化建设》,《广播周报》1937 年第 135 期,第 17—20 页。

门;巴西;英国伦敦、伯明罕;法国巴黎;义国米兰等十数处之多,经部酌量情形,分别呈核办理各在案。

……

现今我国一般产业犹多在发轫期间,虽有数种特殊产品,但其制造方法或尚待改善,或其产量有限,不合现代交易需要。本部长熟加考核,以目下政府既决定厉行国内各项建设,亟应集中力量,以谋国产之改进。拟自26年度起,在此5年期间暂不参加任何国际博览会,遇必要时得由商人组织观光团前往国外考察,并在此时期专意办理国内应办之各种展览会。本年所办全国手工艺品展览会已颇引起国人之深切注意,以后并拟继续举办第二次展览,改为全国工艺品展览会,将机制品参加陈列,第三次拟改为全国物产工艺品展览会,将工业以外物产及各种原动力品加入陈列,第四次为全国博览会,将一切出品均征集陈列,然后择期由中国召集国际博览会,同时并参加他国博览会,俾得顺序渐进,达到改进国产之目的。①

事实是,80年前的中国,国弱民穷,"工商技术"之不发达的中国无以"展览"之实业。实业,而不是别的,才是世界博览会的核心要义,从晚清到民国,一路跌撞,中国政府已经深谙此理。此其一。其二,战争已经一触即发,博览会事实上成为世界大战的预备会。

1937年7月7日卢沟桥事件之后,中日战争全面爆发,中国率先进入二战,欧洲战场是要到1939年9月1日德国闪电入侵波兰才算开启。但世界史的叙事建立在欧洲本位。这其实也是一个时代的错口,另一种世界史的脉络。

30年代的中国文献展浪潮可以看成是对二战的动员与回应。既然"先进"工商技术、现代艺术非我所长,唯一加强民族自信的方式就只有向后看——翻出老中国的底囊,用过去救济现在,这正是国家主导的民族主义之主流趋势,文化保守主义应运而起。作为补救科技、实业与军事不足的精神力量,文化被唤起救国。事实上,近代以来中国民族主义的建构过

---

① 中国第二历史档案馆,《1935—1938年间中国参加国际博览会史料一组》,昕匀选辑,《民国档案》2010年第2期,第9—18页。

程中,文化保守主义从未缺席。

在这个意义上,30年代文献展作为文化保守主义与民族主义相结合的产物,与战争阴影笼罩下的1937年名古屋博览会对战争的狂热,以及巴黎博览会德、俄抗衡的国家主义情势,其实枹鼓相应。

(三) 文献展与美术馆中的"世界史"

耐人寻味的是,2016年苏州文献展的两位策展人,张晴是中国美术馆研究与策划部主任;罗杰·博格尔(Roger M. Buergel)是瑞士雅各布斯博物馆馆长,2007年第12届德国卡塞尔文献展的策展人。主办方是苏州美术馆,美术馆的位置取代了30年代国立图书馆与博物馆。这里面其实藏了诸多历史的秘密。

一条比较的脉络正是1955年7月15日诞生的走激进、先锋、批判路径的卡塞尔文献展(Documenta)。卡塞尔文献展的前身其实是德国园艺博览会。为了振兴在战火中毁灭的卡塞尔小城,当地艺术家、教育家阿诺德·博德(Arnold Bode,1900—1977)决定利用园艺博览会举办一个"20世纪西方美术"的美术展。Documenta是一个生造出的、专指卡塞尔文献展的专有名词,据说它出自拉丁语的docere(教育)和mens(才智)的组合。卡塞尔文献展的目的首先是为了在教育与公共领域为当代艺术翻案。因为在纳粹时代,当代艺术被严重污名化,它被标示为"颓废艺术"(Degenerate Art)。德国法西斯认为德国精神起源于希腊罗马和中世纪的古典艺术,施佩尔之所以被希特勒青睐,也是因为他的"新古典主义"美学取向与希特勒种族主义契合。而当代艺术则被认为与德国精神对立,受到犹太、布尔什维克主义(Jewish-Bolshevist)劣等民族和敌对意识形态的影响和玷污。因此,当代艺术家受到纳粹大规模、系统性的清理和迫害,失去工作、被判死刑、流亡等。其中的标志性事件就是1937年的"颓废艺术展"。

1937年7月19—11月30日德国慕尼黑举办了一场命名为"颓废艺术"的特殊的当代艺术展,作为对德国公众的反面教材。它胡乱陈列了从德国各地美术馆没收来的650件作品,涵盖112位艺术家的雕塑与绘画,并一一配上诋毁性的评语。这些艺术家主要来自德国,也包括毕加索等国外艺术家。开幕式上,希特勒发表了激烈的讲话,抨击当代艺术损害了德国精神,需要对此进行无情的文化战争。观看展览的观众规模浩大,达到 200 万,平均一天两万。之后进行了全国巡展,观众也是上百万人次。

因此,战后心灵遭受重创的德国人在文化上的自我救赎,通过当代先锋艺术——这一被法西斯取缔的艺术样式,让战争废墟下的德国与法西斯主义做切割,就是一种绝地重生,或者凤凰涅槃的方式。用现代主义去否定法西斯主义,就成为德国战后的一种文化姿态,并与美国主导和推销的"抽象表现主义"艺术遥相呼应。1955 年第一届卡塞尔文献展中包括了毕加索,但美国的"抽象表现主义"并没有得到呈现。而到了 1959 年 7 月 11 日—9 月 11 日的第二届卡塞尔文献展中,波洛克(J. Jackson Pollock,1912—1956)为代表的标志着"新美国绘画"的"抽象表现主义"已经闪亮登场。有意思的是,曾作为颓废艺术家而被迫害的德国画家恩斯特·威廉·雷(Eenst Wilhelm Nay,1902—1968)的 7 幅作品与 16 幅波洛克的作品同场展出。① 这一并置意味深长,标志着德国与美国在文化意识形态上完成结盟。由此,"当代艺术"获得了某种道义优越性和政治正确性,以及在此基础上的世界"普世主义"效应。

这并不奇怪。不仅仅是因为二战前后,美术馆,特别是当代美术馆是文化热战和冷战的前沿。而 30 年代苏联"社会主义现实主义"开始取代十月革命前后蓬勃发展的先锋派艺术,直接或间接地促使了美国中情局(CIA)把抽象主义的当代艺术作为文化冷战的重要方式,推向世界主义的前台。关于这一段历史,早已经有丰富的著述。事实上,杜鲁门并不喜欢现代派,这一点上与希特勒无异。1948 年,他在日记中写下对古典主义的欣赏:"观赏这些完美的作品真是一种享受,不由得想起现代派那些偷懒和疯狂的画作。两者相对照就像把基督与列宁相比。"这一观点基本上也是美国大众的观点。按照桑德斯(Frances Stonor Saunders)的描述:

在杜鲁门对现代派画作的鄙视中,他说出了许多美国人的观点,

---

① 黄梅,《从伴娘到皇后——与卡塞尔文献展漫步现当代美术》,《世界美术》2007 年第 2 期,第 2—10 页。

把试验性的艺术,特别是抽象派艺术同堕落和颠覆的冲动联系在一起。那些欧洲的先锋派从法西斯的铁蹄下逃了出来,到了美国却发现现代主义又一次遭到攻击,对此他们不能不感到震惊。……在国会的讲坛上,密苏里州的共和党议员乔治·唐德罗(George Dondero)带头发动了火药味十足的攻击。他声称现代主义显然是世界性阴谋的组成部分,其目的就是要瓦解美国的决心。他宣称,"所有现代艺术都是共产主义性质的",然后他就对现代艺术的各种表现形式疯狂地进行攻击,不过他用以诠释的语言倒是颇有诗意的。"所有现代艺术都是破坏性的,只是方式不同而已。主体主义是有意制造混乱;未来主义用的是机器神话……达达主义用的是讽刺和讥笑;表现主义则是模拟原始和疯狂;抽象主义是制造精神失常;……超现实主义是否定理性。"①

这些批判现代艺术的理由,与法西斯德国的抨击并无二致。但是,美国中情局却开启了把波洛克为代表的"抽象表现主义"包装成反共意识形态的文化功能:抽象表现主义表达自由创新的美国精神,正与苏联的社会主义现实主义背道而驰。因此,中情局与纽约现代艺术博物馆(MOMA)联手,把抽象表现主义作为美国艺术的典范推向欧洲和世界。从1952年开始,洛克菲勒兄弟基金会每年提供巨额美元捐款,用以资助"抽象表现主义"走向欧洲,抽象艺术成为"民主"的同义词。从1953年起,一系列推广纽约画派的现代抽象艺术展在巴黎现代艺术博物馆举办,然后在欧洲巡回。1958—1959年,MOMA举办了规模浩大的"新美国绘画"欧洲巡回展,这一时间点与波洛克在第二届卡塞尔文献展上出现的时间正好吻合,也就很自然了。由此,"抽象表现主义"获得了当代世界美术的霸主地位,当代艺术博物馆的唯一风格,一种美国官方学派模式,"把两代现实主义画家逼进了地下室"。② 直至今天,当代艺术博物馆依然不脱冷战的窠

---

① (英)佛朗西丝·斯托纳·桑德斯,《文化冷战与中央情报局》(*Introduction to Who Paid the Piper? The CIA and the Cultural Cold War*, Granta Books, 2000),曹大鹏译,国际文化出版公司,2002年,第284—285页。关于中情局与当代艺术(美术)的关系,参见《美国人》第十六章,第284—315页。

② 同上,第308页。

曰。2016年底,笔者到英国伦敦著名的泰特当代艺术馆(The Tate Gallery of Modern Art)参观,依然发现冷战的痕迹随处可见。

站在今天回望,正是通过与卡塞尔文献展的遭遇,2016年的"苏州文献展"回溯式地发现了"吴中文献展"所代表的30年代文献展的存在。按照策展人罗杰·博格尔的描述:

> "苏州文献展"有两个基石。一个是追溯到1937年的"吴中文献展",这个展览是由张晴在研究苏州历史的过程中发现的,因此由张晴为我们详细描述。而我要在此陈述的是另一个基石——1955年在德国卡塞尔建立的文献展览。这两个展览紧密相连,不仅因为他们的名字相似,更主要是因为他们都展示了一点:未来是从过去中走来的。最初,"卡塞尔文献展"仅仅是联邦德国园林园艺展览里的一个小展览。这个德国园林与苏州园林截然相反,并不那么写意随性、令人惬意。经过二战的洗礼,城市的百分之八十遭受严重破坏,园林中的绿植大都隐藏在城市碎石之后。"卡塞尔文献展"告诉人们:通过展示国际艺术,展览将经历战争创伤的德国观众与更广泛的世界重新联系起来。①

卡塞尔文献展作为最初仅仅是联邦德国园林园艺展中的一个小展览,到今天最重要的国际性当代艺术展,世界史意义不会自动从"过去"走来,需要"当代"作为"未来"的代理人。德国的"当代"与中国的"当代",代理人的主体性并不相同,但是彼此的参照与进入却饶有意味。

博格尔提到了沧浪亭给他的印象,它的旁边就是由20年代西洋画的先驱颜文樑(1893—1988)创办的美术专科学校,如今已是颜文樑纪念馆。颜文樑属于中国传播现代美术教育的第一代,1922年筚路蓝缕创办"苏州美术专科学校"。他早年曾在商务印书馆做技工,学习日本教材《洋画讲义录》,在铜版室跟随该室日本主任和日本职员学习绘画,后辞职回苏州专心油画。1928年,颜文樑邀请徐悲鸿来苏州美专演讲,徐告诉他:一定要去法国! 由此促成颜文樑赴法留学。留学期间,颜先后购买了两万

---

① 苏州美术馆,《苏州文献展·多种时间·苏州与另一种世界史》导览手册,第17—20页。

余册图书和460余具希腊、罗马雕刻的名家石膏复制品托运回苏州美专。有意思的是,他的美学取向是严谨的写实主义,对抽象主义并不欣赏,苏州美专建筑也被命名为罗马大楼。① 而作为此次"苏州文献展"展馆之一的吴作人艺术馆也颇有意味。吴作人1930年去法国巴黎高等美术学院,后去比利时,首先学习的也是写实主义技法和理念。以写实来补救中国传统绘画之不足,写实主义实际上承担着"五·四"之后中国近(现)代美术运动中对科学与启蒙意义的追寻。第一代去欧洲取经的现代画家普遍的"保守主义"取向,是一个迄今为止没有被有效阐释的现象,如果不是更多批评,这特别体现在对徐悲鸿的评价上。

(四)"赛会"与"美术"的兴起

中国美术馆的历史被追溯至1919年颜文樑创办的苏州第一届"画赛会"。1894年,郑观应在《盛世危言》中就已经提到泰西各种赛会,包括"赛画会"。1918年,为庆祝巴拿马运河通航而举办的"巴拿马博览赛会"的通讯传到苏州,正在潜心学画的颜文樑受到启发,产生了组织美术画赛会的想法,沿用的是晚清把Exhibition译为"赛会"、"赛奇会"、"赛宝会"、"炫奇会"的惯例。

画赛会征集苏州和全国各地中西画家作品,范围不仅包括国画、油画等常规的中西绘画,还包括"蜡画、漆画、焦画、照相着色画、刺绣画"等民间工艺美术品,这正是博览会的性质。此后,画赛会每年元旦举办,延续20年没有中断。② 20年之后,中国已经进入抗战阶段。1927年,北伐胜利之后,颜文樑曾受命接手沧浪亭并筹建"美术馆",第二年落成并开始举办展览。1929年,上海"新普育堂"也开始举办教育部"第一次全国美术展览会"。而所有这些展览会都具有商业销售的功能。③ 这与其说这是

---

① 薛企荧,《我的老师颜文樑》,《苏州杂志》2015年第6期,第54—57页。
② 吕澎主编,《艺术的历史与事实:20世纪中国艺术史的若干课题研究(1900—1949)》,《颜文樑与苏州美专》,四川美术出版社,2006年,第308页。
③ 张长虹,《"绘事"与"兴邦"——清末民初"美术馆"的观念》,《中国美术研究》第三辑,2012年,第40页;吕澎主编,《艺术的历史与事实:20世纪中国艺术史的若干课题研究(1900—1949)》,《颜文樑与苏州美专》,第307页。

博览会与美术馆功能的重叠，不如说，这些画赛和美展，其实就是把博览会中的美术部分单列，并不是现代意义上的以收藏和观赏为主的美术展。这是因为"美术"一词在中国的出现，事实上与世界博览会有着不可分割的关系，这一点并没有被充分确认和阐释。

犹如很多近代术语一样，汉语中的"博览会"和"美术"都来自日文翻译。1864年，身为旧幕府的栗本锄云受法国公使邀请去巴黎万国博览会展出作品，将 exposition 翻译成"博览会"，并传入中国。而中国自己原本基于奇、炫、珍、宝的翻译最终消失。1868年，幕府倒台，栗本回国后进入新闻界。1877年明治政府模仿西方，以"殖产兴业"与"文明开化"为诉求的第一届"内国劝业博览会"在东京上野公园举办，天皇和皇后出席了开幕式。栗本以《博览会私评》为题连载文章，保留了很多会展信息。会场布局模仿维也纳和费城的万国博览会，设东西本馆、机械馆、园艺馆、农业馆和美术馆，以及一个动物馆。展品以府县为单位，以促使其产生竞争意识。展览还准备了英文版目录和介绍。日本政府在维也纳博览会时曾向欧洲派遣技术实习生，其成果也在"内国劝业博览会"上展出。在参观费城博览会时，政府采购的美国的机械制造类产品也在此展出。展览中认为有出口潜力的展品就会被推荐到明治11年的巴黎万国博览会去。值得注意的是：政府禁止展出珍宝古物，虽然很多人不理解展览会的目的，仍然有送展。[①] 但是，整个"劝业"会的理念都是为了促进日本工商的现代化发展，这才是禁绝珍宝古董的原因。

把"劝业"作为博览会的主要目的，是日本努力脱亚入欧的表现，日本博览会中的"美术"由此被放在"劝业"的框架之下。1877年，日本开始举办第一届"内国劝业博览会"，明治日本共举办了5次"内国劝业博览会"。这一工（商）业主义、功能主义的明治美术观对晚清以来的中国影响极大。

1871年（日本明治四年），奥地利维也纳为筹办万国博览会向世界各国发出邀请，明治日本政府官员在翻译中把其中的分类德文 Kunstgewerbe 译为"美术"，德文 Kunst 为艺术，Gewerbe 是工业之意。[②] 根据陈振

[①] （日）鸟海靖编，《近代日本的机运》，欧文东、李群译，社会科学文献出版社，2014年，第56—67页。

[②] 谢宜静，《工与美——南洋劝业会美术概念翻译的分类问题》，台北：《议艺份子》杂志，2005年4月，第7期，台北：中大艺术学研究所，第19—34页。

濂的考证,1872年,明治政府向全国各县转发译本以为动员,译者在注释中说明:"美术:在西洋是指音乐、画图以及诗学等内容"。1873年维也纳万国博览会的目录中出现"日本美术"。其后的日本"内国劝业博览会"也开始使用"美术"一词,同时就日本美术展开讨论。至1876年日本成立"工部美术学校",教习西洋画、石膏写生和机械制图等。但是,这里的"美术"并不包括音乐和诗,也不包括日本传统绘画,特指的西洋画也是素描、油画、版画、写生画、机械制图、医学解剖图、兵器船舶制造剖面图和结构图等。① 由"殖产兴业"的工部省主导,纳入军、工、医等实用绘图的美术学校,美术与实业和现代化国家发展的关系已经确立。工部省的宗旨就是"劝奖百工",西方的"美术"概念因此被重新定义。1896年,日本东京美术学校(东京艺术大学前身)创立后,先后开设过美术工艺科、图案科、金工科、铸造科、漆工科、建筑科等。日本人用"意匠"、"图案"来翻译design,其概念同样来源于明治时代的第二届"内国劝业博览会",服务于由国家推动的工业和贸易设计。1918年,北平国立艺专(中央美院前身)成立后,也设立了"图案系",却没有金工、铸造、漆工和建筑系,在1925年增加了音乐系和建筑系。30、40年代后,图案系变成图工系,在此基础上逐渐发展工艺美术和实用美术。② 这一脉络与日本不尽相同。

"劝工(业)"二字被原封不动地在中国使用,是因为亚洲国家对工业化的共同诉求。这其实也是由世界博览会的性质所决定的。晚清郑观应在《盛世危言》中特设"赛会"一章介绍泰西"赛会之事",特别详述了1893年芝加哥世界博览会,它分15个分馆,包括"文艺院"(美术馆),提出在上海举办中国博览会的设想:

> 故欲富华民,必兴商务。欲兴商务,必开会场。欲筹赛会之区,必自上海始。上海为中西总汇,江海要冲,轮电往还,声闻不隔。赛会之款集股招商,而酌提官款以为之襄助,建屋辟地必广必精。届期照会各国外部将工艺制造各种物件一体入会陈设,派有名望之人比

---

① 陈振濂,《"美术"语源考——"美术"译语引进史研究》,《美术研究》2003年第4期,第62页;徐苏斌,《近代中国建筑学的诞生》,天津大学出版社,2010年,第167页。
② 苏静主编,《知日·设计力=It is Japan 18》,中信出版社,2014年,第152—156页。

较得失,品评优劣。自南洋大臣以下均自至会场观览,以重其事。先期出报,知照中国十八省,各镇各埠工商人等均准入会游观,应需何物即可出资购买,定立价目,无伪无欺。酌收游资,以助经费。均仿各国赛会章程办理。仍先由出使大臣知照各国,详译立会旧章,参酌中西,务期美善,其有裨民生国计者非浅鲜矣。①

  日本"内国劝业会"经验明确被郑观应所重视:"如虑中国此时工艺尚未讲求,不能如各国之精益求精、卓著成效,则可如日本办法:先于内地各镇、埠试行工艺、农桑、矿产、耕织各小会,胪列中国自由诸物,而他国有何新法、新器则官为购置,以扩见闻"。② 1903 年,张之洞上书筹议变法,提出效仿西方的"赛会"和日本的"劝工场",在中国各省设立"劝工场"。③

  1903 年,日本在大阪举办的第五届"内国劝业博览会"是规模和影响最为浩大的一届,特别邀请一些中国人和朝鲜人作为贵宾参观,张謇就是其中之一。他回国后写下了《东游日记》(1903)记录参观劝业会的情况。并效仿日本于 1905 年在南通成立南通博物苑,设置天产(自然)、历史、美术与教育 4 个部门。1908 年,"上海南市劝业博览"会出现"美术"分类,同年的"武汉劝业奖进会",以及 1909 年南京举办的第一个由国家主导的全国性"南洋劝业展览会",都设置了"美术"专部或专馆。④ 张謇也是"南洋劝业展览会"的主要筹办和组织者。有意思的是,颜文樑 16 岁的铅笔画《苏州火车站》被学校推荐参加"南洋劝业会",因此使得他有机会去南京参观南京陆军学堂,并深受感染,以为强国必先强兵,决意投笔从戎,被父亲劝阻,才重新回到绘画。⑤

  世界博览会的性质和历史始于工业革命之后的英国,即 1851 年 5 月 1 日—10 月 15 日维多利亚时期举办的"万国工业品大博览会"(Great

---

 ① 夏东元编,《郑观应集·盛世危言》(下),中华书局,2013 年,第 504 页。
 ② 同上。
 ③ 马敏,《世博会与近代东亚的参与》,载黄永林主编《华中学术文存论文选萃(2005—2012)历史研究卷》,华中师范大学出版社,2013 年,第 9 页。
 ④ 徐苏斌,《近代中国建筑学的诞生》,天津大学出版社,2010 年,第 167 页。
 ⑤ 吕澎主编,《艺术的历史与事实:20 世纪中国艺术史的若干课题研究(1900—1949)》,《颜文樑与苏州美专》,第 307 页。

Exhibition of the Works of Industry of all Nations),也叫"水晶宫博览会",因其6000根钢梁、30万块玻璃为主体的主会场建筑而著名。由此,发达资本主义国家在博览会上接踵展示机器时代资本主义的工业力量和广阔的殖民地,"博览会的主题是制造和改革,是资本的动力而不是简单地所有。它意图说明现在的成就超过了过去,工业的胜利超过了土地的财富"。① 而为1889年法国大革命100周年纪念日举办的巴黎世界博览会竖立起来的埃菲尔铁塔,就是工业时代的人类"巴比塔":"铁塔一夜之间成为巴黎的象征,而且宣告这个'光辉的城市'成为现代主义的首都——超然不同于任何其他可以文字形容、谱曲、制作或绘画的事物"。②

与工业、贸易与现代主义"美术"结盟而行的,是作为帝国遗产的殖民主义知识体系的生产与再生产过程:文明与野蛮的进化论之视觉呈现。受1867年巴黎万国博览会的影响和激发,第五届大阪"内国劝业博览会"开始大力展示帝国光荣,有意识地展览甲午战争后新获得的殖民地,特别设置台湾馆,宣传作为日本殖民地的台湾风土和工业发展,以昭显其对台文明开化的"同化"成就。明治皇帝、皇后和太子分别来馆参观,东宫太子对台湾岛地理模型凝视良久,后来台湾总督府即将模型献给他。馆中引人注目的还有由东京美术学校安木龟八塑成的八尊与真人同高、着不同服装的汉人蜡像。③

《浙江潮》以"同乡会会员"署名的《日本第五回内国劝业博览会观览记》曾激愤地描述了台湾馆的情形:

> 吾中国人所最伤心之台湾馆在焉。其建筑悉依清台湾总督府之原式。入门则庭院之中有戏台也。台上置四人轿一,两旁有台湾料理店(即酒肆)。茶店中选幼女二十余人,衣中国服作堂倌。呜呼此已亡国之一部国民也。今志士日日向吾国道亡国以后状,述印度述波兰,笔墨所及,何尝不懔懔乎如亲见,而吾国人固以为伪言。今台

---

① (美)罗伯特·休斯(Robert Hughes),《新艺术的震撼》(The Shock of The New),刘萍君、汪晴、张禾译,上海人民美术出版社,1989年,第2—3页。
② 同上。
③ 关于台湾馆的详情,参见吕绍理,《展示台湾:1903年大阪内国劝业博览会台湾馆之研究》,台北:《台湾史研究》,第9卷,第2期(2002/12/01),第103—144页。

湾割归日本，事不越十年度，今人皆能知之。此回博览馆又皇皇建筑于大阪之市。吾国人来此者亦颇不乏。观者诸君此伪言乎？此实言乎？知是实言矣。其自警否？其自畏否？其应如何谋救中国否？呜呼，吾不能再言矣。馆内有台湾人民出品物陈列场，台人欢笑酣嬉俨然一日本国民焉。日本自甲午后至今虽乃开博览会，因布陈其新领土之产物及人民生活之现象，以自夸能戮同种之光荣也。①

台湾馆原本要展出汉人吸食鸦片、缠足和乩童等风俗照片，因总督府认为有损台湾政绩而抽出。但是这部分内容却拟保留在"人类馆"中对"清人"的展示，由此酿成轰动一时的"人类馆事件"。② 但是展览缠足、鸦片之类中国形象的负面清单，却始于由清政府委托中国海关总署代为负责筹办的1873年维也纳博览会，也就是日本明治政府翻译"美术"的一届博览会。英人按照自己的理念，在展览中加入了"中国风情"，引发维新派的激烈抨击。1904年，清朝第一次以官方形式参加美国圣丹斯万国博览会，但是中国展馆中却出现了一组小脚妇人、吸鸦片的官老爷、苦力、娼妓、乞丐等泥人雕塑群，海外华人痛感奇耻大辱。圣丹斯博览会是西方人类学知识生产的一次集中公共展示，大规模展览"原住民"正是这一届博览会的特色。③ 之后，1905年清政府把筹办国际博览会权力收归商部和外务部，但是屈辱已经埋下。黄炎培在参观美国的日记《新大陆之教育》中曾记载参观费城商务博物馆，其中展览部展示各国风俗人情，"其所陈列中国物产维何？则男子之大辫也，女子之小足也，鸦片烟具也，苦力生计也，神鬼偶像也。问何自来，则即一九零四年圣路易博览会中国赴赛品，赛毕留赠是院者也，为之愧愤"。④

大阪博览会设置了由东京帝大理学部人类学教授坪井正五郎主导的

---

① 《日本第五回内国劝业博览会观览记》，《浙江潮》1903年第3期，第191页。
② 吕绍理，《展示台湾：1903年大阪内国劝业博览会台湾馆之研究》，台北：《台湾史研究》，第9卷，第2期（2002/12/01），第103—144页。
③ 姜靖，《世博会：文明/野蛮的视觉呈现》，载刘禾主编，《世界秩序与文明等级》，生活·读书·新知三联书店，2016年，第163—208页。
④ 《黄炎培日记》（第1卷，1911.7—1918.1），中国社会科学院近代史研究所整理，华文出版社，2008年，第185页。

"人类馆"用以展览"异人类"。坪井曾于1889—1892年赴英国学习文化人类学,并专程前往法国参观巴黎万国博览会。《浙江潮》在第2期《留学界记事》特别报道说,"人类馆"拟雇用北海道的虾夷、台湾的"生番"、琉球、清国、印度、爪哇人和非洲7类人种"于馆内演固有特性及生息之程度"供观览,"其演技次第悉照坪井博士调查世界风俗写真帖办法"。这一消息在日本留学生和商人中引爆强烈愤怒,梁启超主办的《新民丛刊》抗议"日人欺我太甚",呼吁留学生抵制。驻日本大使蔡均向日本外交部提出抗议,要求撤销人类馆展览计划。最终中国人没有出现在人类学展览中,"人类馆"也改名为"学术人类馆"以图缓和,但是却找了一位台北的妇女在人类馆中展示缠足,这一妇女的籍贯引发争议。① 这些耻辱和激愤正是19世纪末以来中国参与世界博览会所伴生的回响。《浙江潮》所发出的"激楚"之声,在1937年名古屋泛太平洋博览会"满洲馆"等地,一再震荡。回顾一下《浙江潮》发刊词:

> 我浙江有物焉,其势力大,其气魄大,其声誉大,且带有一段极悲愤极奇异之历史,令人歌,令人泣,令人纪念。至今日,则上而士夫,下而走卒,莫不知之,莫不见之,莫不纪念之。其物奈何?其历史奈何?曰:昔子胥立言,人不用而犹冀人之闻其声而一悟也。乃以其爱国之泪,组织而为浙江潮。至今称天下奇观者,浙江潮也。②

其实,上述陈训慈《浙江文献展览之旨趣》几乎就是《浙江潮》发刊词的续篇,其"浙江精神"的宣扬一脉相承。20世纪上半叶,这一悲国之泪潮,一浪接着一浪,形成声势浩大的救亡运动。从日本"内国劝业博览会"到"浙江文献展"、"吴中文献展"等,只有充分阐释这些历史的来龙去脉,才能理解"美术"进入日本和中国为什么是以博览会作为媒介,以及它们不同的"跨语际传播"。

---

① 参见吕顺长,《清末中日教育文化交流之研究》,商务印书馆,2012年,第348—352页;姜靖,《世博会:文明/野蛮的视觉呈现》,载刘禾主编,《世界秩序与文明等级》,生活·读书·新知三联书店,2016年,第163—208页。

② 中国人民大学新闻系,《中国近代报刊史参考资料》(下册),中国人民大学出版社,第431页,1980年。

据日本《产经新闻》2016年5月3日报道,日本首相安倍晋三于当地时间5月2日晚,在巴黎同法国总统奥朗德举行会谈,希望在日法友好160周年的2018年之际,在巴黎召开日本博览会"Japonisme 2018"。博览会将由日本政府主办,届时将开展歌舞伎与能的公演、浮世绘展览等一系列介绍日本传统文化的活动。① 当"传统文化"取代工商主义成为今天日本博览会的主角,如何读解其中文化保守主义的政治涵义?是今天需要拭目以对的。

(五)"多美术而少实用":文化保守主义与"美术"的嬗变

"劝业"意义上的功能主义"明治美术"理念影响了一代日本留学生。1905年,李叔同赴日本考察,在《醒狮》杂志第3期上发表《图画修得法》,首倡"图画者美术工艺之源本",并作了类别的划分:"以性质上言之,判图与画为两种,若建筑图、制作图、装饰图模样等。又不关于美术工艺上者,有地图、海图、见取图、测量图、解剖图等,皆谓之图,多假器械辅助而成之。若画者,不以器械辅助为主。今吾人所习见者,若额面、若轴物、若画帖,皆普通画也。又以描写方法上言之,判为自在画与用器画两种。凡知觉与想象各种之象形、假目力及手指之微妙以描写者,曰自在画。依器械之规矩而成者,曰用器画。"② 这一工业主义的分类显然来自日本。1909年,清政府把"美术学堂"交给农工商部筹划,因袭的正是日本明治工部美术学校的路数。③

1907年,刘师培发表《中国美术学变迁论》:"夫音乐、图画诸端,后世均视为美术。皇古之世,则仅为实用之学,而实用之后学即寓于美术之中。舞以适体,以强民躯。歌以和声,以宣民疾。而图画之作,又为行军考地所必需,推之书契既作,万民以昭,衣裳既垂,尊卑乃别,则当

---

① 《安倍欲2018年在巴黎举行日本博览会宣传日本传统文化》,环球网,2016年5月3日,http://world.huanqiu.com/exclusive/2016-05/8848877.html。
② 转引自林晓照,《图画与"美术":清末图画课程性质(1902—1911)》,载桑兵、赵立彬主编,《转型中的近代中国:近代中国的知识与制度转型学术研讨会论文选》(上卷),社会科学文献出版社,2010年,第214页。
③ 同上,第222页。

此之时,舍实用而外固无所谓美术之学也"。① 从历史的角度为实用主义美术观开路与辩护。而 1908 年岭南画派创始人陈树人在日本翻译的《美术概论》,其"译者志"所阐释的则是近代中国实用主义美术的迫切:

> 呜呼,震旦美术之风,不振久矣!宋元以降,其道日坠,迄今日益不可问。虽然,前者(吾国)之所谓美术家,不过一骚人墨客,寄情于山水花鸟,问世之心,绝无有也。故于工艺制作,判然两途,因之吾国艺术,日沦窳败,亦良有以。似此习气,处闭关时代犹可,以今日工商战最烈之时代,苟其国之艺术劣败,则不能立足竞争於舞台。国之贫弱,亡灭随之,可不儆惧。吾支那以开化最早、文明先进之古国,民族聪睿,土地富饶,而因循退化,陷于此时之悲观,痛矣!综计年中外国工商品进口之额,何止百亿万,漏卮不塞,祸水巨有涯乎?然日者有志之士,研求商业,讲习工艺,或赴西欧,或游东瀛,是则将来吾国富强前途,或有可望。惟商业之发达,非间接於工艺不能,工艺之发达,非间接于美术不可,此固有识者所同认。欧美诸国,从前因工业之不兴,遂大奖励美术,而收今日之良效,稍读西史者,当无不知。试观近时欧美诸邦,如英、佛、德、意等之尊重美术、奖赏美术,与吾国之轻视之甚,或有诋棋之者,一为比较,羞惭何地。即区区三岛之日本,年来工业,亦駸駸并驱西洋,无他,亦美术之发达所致矣。噫!美术之研究,尚得谓非急务乎?②

从康有为、陈树人、陈独秀到鲁迅,这一对宋元以来中国绘画传统的批判几乎是激进改革派的共识,但是,路径和旨意却并不一致,甚至是对立的。

在教育实践中,1905 年由两江总督张之洞创立的两江师范学堂(之前叫三江师范学堂,南京大学前身之一),作为中国最早设立的师范学校

---

① 转引自陈振濂,《"美术"语源考——"美术"译语引进史研究》,《美术研究》2003 年第 4 期,第 67 页。
② 彭晓智,《清末民初的美术翻译及其功能指向——以陈树人译述之〈美术概论〉为中心》,《美术学报》2014 年第 4 期,第 76—81 页。

之一,其监督(校长)李瑞清(1867—1920)是当时与黄宾虹、吴昌硕齐名的书画家和文物鉴赏家,也是张大千的恩师。他亲赴日本考察,聘任日本人担任总教习,创设了中国高等学校第一个图画手工科。当时,很多类似学堂的"图画手工科"都仿照日本高等师范学校的教学模式,聘请日本人执教,主要课程为:西洋画、用器画、图案画、雕塑、解剖学及艺术史。这些课程都与数理学、医学、生物、工学结合起来。中国早期美术教育几乎都属于工科性质的图画,正是从日本接受的理念。[1] 两江师范的大量师生作品参加了1909年的"南洋劝业展览会",受到关注和称赞。著名的毕业于图画手工科的画家有:吕凤子、汪采白、姜丹书等,他们都是南洋劝业研究会绘画艺术组的成员,也是近代著名美术教育家。1912年创办的上海图画美术院,设有工艺图案科,是这一脉络的延伸。

康有为改良中国画的理由也归结于此。1905年,康有为游历欧美之后撰写《物质救国论》,论证工商百器皆与绘画有关:

> 绘画之学,为各学之本,中国人视为无用之物。岂知一切工商之品,文明之具,皆赖画以发明之。工商之品,实利之用资也;文明之具,虚声之所动也。若画不精,则工品拙劣,难以销流,而理财无从治矣。文明之具,亦立国所同竞,而不可以质野立于新世互争之时者也。故画学不可不致精也。
>
> ……
>
> 一切工商之品,文明之具,皆赖画以发明之。
>
> ……
>
> 吾南宋画院之画美矣,惟自明之中叶,文、董出,拨弃画院之法,诮为匠手,乃以清微淡远易之。而意大利乃有拉斐尔出焉,创作油画,阴阳景色,莫不迫真,于是全欧为之改变旧法而从之。故彼变而日上,我变而日下。今既欲竞争工艺物品,以为理财之本,更不能不师其画法,尤当遣派学生,往罗马及佛罗炼士诸画院学之,兼及刻石,师其画法,以更新全国;且令学校人人普习,然后制造工场百物,乃可与欧美竞销流也。否则欲理财富民富国,犹航绝流断港而之海也,无

---

[1] 李颖、范美俊,《中国美术论辩》(上),百花洲文艺出版社,2009年,第181页。

至之日矣！①

1909年，由两江总督兼南洋大臣端方发起的"南洋劝业展览会"是国家层面上的实践。作为中国第一次全国性博览会，22个行省、14个国家参展，历时半年，规模浩大，展品总数达100万件，参观人数20万。既是晚清新政在风雨飘摇中的回光返照，也是对其进行的最后检阅。其场馆设置框架与大阪展览会非常接近，简章云："冀合劝业之真旨，受赛会之实效"，劝业和赛会都是其宗旨。南洋劝业会事务所"坐办"陈琪（1878—1925）曾赴日本考察军事，1903年参加美国圣路易斯万国博览会，并游历日、美、英、德、奥、意等国，撰有《环游日记》、《新大陆圣路易斯博览会游记》等。事务所其他要员也大都是日本留学生。由此，日人佐藤善治郎在《南清纪行》中描述说："老大国摆脱四前保守的思想，和先进国并行的精神，大阪召开的内国博览会作为所谓标准，负责人多为来我国的留学生，如东京高等商业学校毕业的向瑞昆即是其中之一。因此设计等都是模仿日本的，这实在是令人愉快之处"。他提及的向瑞昆是事务所"帮办"，协助陈琪，也是劝业会期间"陈列装饰研究会"、"广告研究会"、"美术研究会"等研究组织的发起人。②

南洋劝业博览会设立"南洋劝业会研究会"。两江师范学堂校长李瑞清任会长，张謇任总干事。该研究会成员共799人，涵盖了当时各界知名学者和社会名流，对农业、卫生、教育、工艺、武备、美术、机械和通运8个展馆进行分门别类的研究，结集出版篇幅浩瀚的《南洋劝业会研究会报告书》。③时任两江师范学堂教员的柳诒徵已经积极参与，负责南洋劝业会小学教育之历史部和道德教育兼社会教育部工作，④这是他后来成为"浙江文献展"和"吴中文献展"中坚力量的开始。其中《书画研究室简章》可

---

① 转引自张长虹，《"绘事"与"兴邦"——清末民初"美术馆"的观念》，《中国美术研究》第三辑，东南大学出版社，2012年，第36页。
② 徐苏斌、青木信夫，《南洋劝业会与近代城市空间的创出》，载张复合主编，《中国近代建筑研究与保护》（六），清华大学出版社，第644—653页。
③ 《南洋劝业会研究会报告书》，收录文章90篇，主编黄守孚，因为工作量太大，积劳成疾，1911年病逝。民国二年（1913年），报告书由上海中国图书公司印行。参见《南洋劝业会图说》，上海交通大学出版社，2010年，第175页。
④ 苏克勤、余洁宇编著，《南洋劝业会图说》，上海交通大学出版社，2010年，第25,45页。

以看出其"美术"观在"劝奖百工"层面上的延续：

  今天下人皆言商战矣，抑知欲商之发达，必先精其美术，例如：工学、兵学、农学以及声光化学等学，皆不离乎制器，而器之优劣，视其美术品之良否。商业发达者，其制器必精，制器精者，其美术之资格必富。①

  其美术馆分成四门，工艺门：漆器、书法、中国绘画、刺绣、瓷器；铸塑门：无锡泥人；手工门：刺绣、铁花、漆瓶、麦草画、油画；雕刻门：竹器、石器、瓷器、漆器。教育馆遴选的是各省学生的作品，也包括刺绣、中西图画、各类缝纫编织手工等。② 其中两江师范学堂学生西洋画作品最多，但都是以临摹为主。③ 工艺馆：鉴于"故欲振兴工业，自己广设工业学校为主，先实际之应用，缓高远之理论，而与机械、图画二科，尤当认为必要"，这是直接承接日本工部美术学校的理念，因此，工艺馆的展品不可避免地包括了与美术馆和教育馆重复的部分。因此，"美术"横跨了美术馆、教育馆和工艺馆，甚至在各省分馆中的重合（重复）是顺理成章的事情。觉得混乱，其实是今天的美术史家。劝业会现场售卖的商业模式也是沿袭西方博览会，而不是美术馆的惯例。

  但是，问题在于，以"劝业"为理念的"美术"在当时的中国只是一个理念，或者说理想，它并没有如明治日本那样，通过强有力的国家动员的方式在工业主义实践层面上得以推进。因此，它在南洋劝业博览会上的表现，就转变为一个"向后看"，而不是"向前看"的方式，即用"美术"去整合既有的中国传统手工贸易的形式，用民间手工工艺取代了日本"劝业"意义上的现代工业发展的工艺表现，事实上重复了中国在西方博览会上展览东方珍奇的"东方主义"话语和修辞。典型表现就是把刺绣上升到超越西方绘画的意义上："系中国古美术较之西方更有价值，非通画理者，不能著针，真美术馆特色出品也"，"夫有画即极易过渡至刺绣，画为美术之第

---

① 转引自谢宜静，《工与美——南洋劝业会美术概念翻译的分类问题》，台北：《议艺份子》杂志 2005 年 4 月，第 7 期，台北：中大艺术学研究所出版，第 19—34 页。
② 苏克勤、余洁宇编著，《南洋劝业会图说》，第 97—101，110—111 页。
③ 谢宜静，《工与美——南洋劝业会美术概念翻译的分类问题》，第 19—34 页。

一步,而刺绣必占其第二步矣","是故在平面美术上,绣推得第一等,无物可以争夺其位置也"。① 这就是为什么张謇热心推广刺绣学校,并特别协助沈寿口授整理完成《雪宦绣谱》一书行世。这些叙述在今天已经不能想象,但是它却是中国美术史上一个独特的插曲,或者说重要的过程。

沈寿(1871—1921)原名云芝,1904年慈禧太后70大寿时曾进贡《无量寿佛》、《八仙上寿图》两幅绣作,被赐名"寿"。"南洋劝业会"上送展的《意大利皇后像》大出风头,1911年代表中国送往意大利都灵世博会参展,获大奖,因售价昂贵,没有售出,最后被中国政府送给意大利皇室。1915年,她的绣品《耶稣像》参展美国巴拉马万国博览会获一等奖。② 无论是用绣法对中国画的模仿取悦皇朝,还是对西洋画的模仿迎合西方博览会,其实都是丧失主体性的表现,与推动现代意义上的工业发展没有任何有效关联。有意味的是,正是传统的女红首先被征召出来。1905年之后,各类女校设置美术课非常踊跃,造花、编织、裁缝、刺绣、绘画都被纳入"美术"的范畴,以培养女红技能为目的,被视为妇女自立的方式,"以今日生计界之窘况观之,二万万女子苟无技能,几何而不为社会之累也","较之放言女权,高论独立,不犹愈而切于用软"。③ 但此"用"已非彼"用"也。

这正是为什么南洋劝业博览会上的"美术"并没有按照日本模式的原因,即实业和教育都没有发育出作为功能主义的工商"美术"。陈去病在《致驻所干事黄炎培书》中的批评,其实涉及到日本"美术"功能在中国的变化:

> 窃谓劝业会之设劝夫中国人士之振兴实业也,非仅为美观而已。若仅仅美观则一美术馆足矣,何用教育工业农业等馆之被设乎?顾鄙人游会场数日,无论何馆大率以美术胜,谭者亦莫不以美术为津津。然则兹会之设直一美术博览宗旨而已,岂所论于振兴实业哉?第是中国危亡其病全在乎人不知务本,不知务本故贫且弱。贫且弱

---

① 谢宜静,《工与美—南洋劝业会美术概念翻译的分类问题》,第19—34页。
② 苏克勤、余洁宇编著,《南洋劝业会图说》,第50—52页。
③ 林晓照,《图画与"美术":清末图画课程性质(1902—1911)》,载桑兵、赵立彬主编,《转型中的近代中国:近代中国的知识与制度转型学术研讨会论文选》(上卷),第220—221页,社会科学文献出版社,2010年。

而犹饰以为豪奢竞尚姚冶,识者徒悯其外强中干而已,元气其能恢复乎? 故曰将欲救贫必先务本。欲崇厥本必先明农,无它道也。①

无论是耗时耗工、豪奢姚冶的各类贵族式的"女红",还是培养寒门女性从事济贫救亡的手工,其实都背离了现代主义振兴实业的宗旨,成为一种向后看的"保守"功能主义。1910 年 11 月 7 日至 8 日出版的《申报》,刊登《对于南洋劝业会之评论》也持同样的批评:

> 此次南洋劝业会陈列之物品,虽形形色色,无虑数千万种,然多系我国固有之物,绝少发明仿造之品。且华丽装饰之品多,朴素应用之物少。就其最易动目者言之,如刺绣、雕刻、书画等虽为擅胜会场之物,惜皆无关实用。至于日常需用之物,则寥寥不多见焉。故此次南洋劝业会之物品,多美术而少实用,仅能耗财而不能生利,自表面观之,无异开一赛珍会,聚宝会,各以华丽贵重之物罗列其间,为争炫斗妍计也。且就其陈列之物品一望而知我国尚未脱昔日闭关之习,故亦未受世界大通之益也。②

"多美术而少实用",这里"美术"因无法完成与老大帝国弱质工业的结合,而被转义为对"我国固有之物"的指认,即对传统的民间手工艺在"美术"意义上予以征用,以满足民族危机时代文化自信心的建构——这正是满清以来中国在内外博览会上自我展览的重要动机。为了弥补"美术"作为"能指"的空洞,传统被征唤出来。因此,出现了作为"美术"的刺绣和女红昙花一现,不仅压倒中国文人画,也压倒西洋油画的特殊阶段,这就是日本明治工商主义"美术"观嬗变为中国文化保守主义的极端表现。而由"刺绣"美术走向"国粹派"文人画,则是同一逻辑的延伸。这样的"向后看"的姿态,与 30 年代文献展兴起的动机,其源一也,背后正是国家工业化的缺席。"实"之不存"用"将焉附,日本明治美术观橘逾淮南则

---

① 《南洋劝业会研究会报告书部丙》,中国图书公司,1913 年,第 106 页。
② 转引自张学继,《浅谈清末南洋劝业会》,《光明日报》1999 年 10 月 29 日,http://www.gmw.cn/01gmrb/1999-10/29/GB/GM％5E18224％5E7％5EGM7-2912.HTM。

为枢,这一脉络正是理解近代中国美术观念演变的重要逻辑。在这个意义上,"美术"与国运并无法分离。

这一"失败"的逻辑,成为文化保守主义兴起的渊薮。"美术"一词,由此成为晚清以来各种政治、经济与文化张力的载体。伴随着文化保守主义"向后看"的另一个重要特征是"向内走",即传统的私人领域的公共化过程。在此意义上,苏州园林的历史与中国文人画之间的重叠和相互建构,是一个特别值得重新理解的文化现象。它们都属于传统士大夫的"私家花园",既是精神的,也是物质的。在这个特别建构的"私人领域"里,传统士大夫寻求的其实是"消极自由主义"的旨趣,这可以视为中国式"古典自由主义"的文化表现。有宋以来,中国士大夫以家庭社会领域去替代社会政治领域,渐成气候,其表现就是江南园林和文人画的兴起。从这个角度去重新切入近代以来家庭观的变革,"齐家治国平天下"中家庭形态与功能的嬗变,是一个考察中国保守主义与自由主义之间关系的枢纽。今天随着新一轮文化保守主义的崛起,"家庭"问题再度成为焦点,并非偶然,其背后的历史谱系需要新的清理。

因此,如何理解从康有为、陈独秀与鲁迅等不同政治谱系的"革命人物"对宋元之后绘画传统的抨击,就需要另一视角的读解。工业主义或者说资本主义的发展本身正是迫使家族共同体打开其私人层面的力量,维护家庭作为私有财产和私人自由领域的条件,在内忧外患的帝国主义时代迅速走向瓦解。家庭私人领域不再体现为士大夫阶层的"自由",而是转变为"封建专制主义"的基石,表明其实是维护"家庭私人领域"的政治、经济条件,即传统社会的经济基础与上层建筑已经不复存在,作为个人主义的自由主义正是四代同堂的敌人。在这个意义上,文人画和苏州园林都转变为封建主义的表征。面对晚清以来千年未有之大变局,中国知识分子阶层已经无法退缩回家庭共同体内部去涵养"自由"之精神,家庭的边界已经坍塌,政治领域席卷了作为家庭的社会领域。出走家庭,承担起国家和民族的兴亡,就成为知识分子新启蒙的核心。而在此意义下文化保守主义的表现,正是不断地翻出底囊,即私人领域的不断公共化。值得指出的是,近代以来内忧外患的格局下,这一对"消极自由"的批判和摒弃正是以近代知识分子的自觉为前提的。不仅"国"被打开大门,"家"也被打开了大门。

从世界史的意义看,因为所处明清世界贸易中心的位置,造就了苏州与江南的富庶。私家园林深刻之处就在于地处江南。江南经济是文化的经济基础,由此,园林史与丝绸史不可分割。而作为达官贵人退隐的私家园林,恰与北方的皇家园林构成政治上的分置。苏州作为明清最重要的江南城市群的代表,江南园林也就是传统士大夫阶层私人与公共之间的交界,是王朝政治的秘密空间。而江南"赋税甲天下",更是帝国经济的核心和重要来源。政治、经济与社会的交汇,才是江南文化的土壤。由此,以苏州园林作为切入,颇有大观。它体现了近代中国社会"公"与"私"关系的系统性改变。"私家"的苏州被迫打开它的大门,栖息在私人藏书楼和园林中的典籍与器物作为江南文化的载体,作为对时代的献祭,成为30年代文献展的主题曲——以挽歌的形式。当王朝消失的时候,植根于士大夫"私人领域"的传统的江南文化已经无法独存。

行文至此,略作宕开。对于"苏州文献展"的策展人罗杰·博格尔来说,苏州园林正是他的兴趣所在。在策展阐述《反思空间》一文中,他对当代艺术的一个描述很有代表性。他说今天需要一个"恰当"地观看艺术的方式,"此处的'恰当'指的是'花费时间',或者说是'花费私人的时间'。如今艺术则往往被当作时尚文化和娱乐产业的附属品,或作为边缘社群的治疗方式,与崇高的艺术方式相反":

> "恰当"地观看艺术需要一种近乎违背现代生活的感知和批判。当下的文化,不断有事物分散人们的注意力。能够享有自己的时间,感受独特的本我是巨大的奢侈。正因如此,当代艺术家发展出许多方式来应对这种令人沮丧的形态。他们发明了相应的表现方式,不需要观看者全神贯注便能直接欣赏一件作品。如今,观众被邀请进入一个由多种混杂的艺术元素组成的人造环境。这样的环境以装置的名义为人所知,并且成为当代艺术的标准形式。与绘画、雕塑或影像不同,装置不只是一种艺术的媒介,它是凭借自身力量形成的一种展览,也是横跨时间和空间分布的艺术与非艺术媒介的集合。这些媒介包括日常用品、传统的手工制品、照片、文本、绘画、素描等。对我们而言,体验当代艺术意味着变成装置的一部分,同时也通过制造

装置所要求的关联性来感受自己独一无二的身份。①

我们不妨做一个跳接式的解读,即从公共与私人关系的视野来重新理解当代艺术的演变。首先,正是资本主义的全球化发展导致了空间私人性的消失。今天,当艺术以"装置"的名义重返,打捞的不过是消失的私人空间的碎片。日常用品、传统的手工制品等再次以这种方式进入艺术的领域,是艺术努力地,或者说徒劳地试图重建其与私人空间的联系,但这只是虚假的,或者说是象征性的。因为,今天的当代和先锋的艺术观念如果只能依赖基金会的扶植,栖息在美术馆的四墙之内,隔绝在真正的现实生活之外,其与民众的隔膜只会越来越深,而不是相反。当代艺术以"先锋"的名义怀旧,对消失的私人空间的乡愁,却戴着公共性的自我欺骗的面具,这就是当代艺术的悖论。

私人空间的丧失,驱使个人走向内心世界的开掘,并以此为心灵的庇护,这是早期资本主义时代小说兴起的渊源。在今天的晚期资本主义时代,小说的衰落,以及与此伴随的"全神贯注"地欣赏艺术方式的衰落,意味着私人时间的消失,与空间的消失接踵而至,并不奇怪。博格尔所说的艺术作为"巨大的奢侈"的"感受独特的本我"的功能之消失,即作为个人自由的"本真"的丧失,其"内向"的路径作为自由主义最后的栖息地已经沦陷。这就是今天自由主义的困境,也是当代资本主义的文化悖论。正是在这个意义上,文化保守主义的逻辑获得上升的动力,但其根源却来自于自由主义自身的悖论。这是理解今天文化保守主义鹊起的路径。作为一个例证,"苏州文献展"正是一个文化保守主义和当代艺术混杂的展览,除了向1937年"吴中文献展"的致敬,其他大部分都属于先锋艺术的范畴,即"装置"。

(六) 鲁迅对美术的双重批判:"为人生"的"美术"观

始于明治美术的功能主义及其失败,使得"向前看"的现代化发展的功能主义美术观在中国逆转为"向后看"的文化保守主义——向前与向后其实都是沿着同一个线性逻辑。与之抗衡的则是"为人生"的"人文主义"

---

① 苏州美术馆,《苏州文献展·多种时间·苏州与另一种世界史》导览手册,第17—20页。

的美术观,代表人物首推鲁迅。

值得注意的是鲁迅与南洋劝业博览会的关系。南京本是鲁迅当年就读江南水师学堂的旧地。南洋劝业博览会举办时,鲁迅任绍兴府中学堂监学兼博物教员,他特别建议把每年远足的机会改为去参观劝业会。1910 年 8 月,他亲率 200 余名师生前往南京参观,住宿在浙江会馆。① 鲁迅自己没有留下对南洋劝业博览会的直接评述。但是,我们从 1913 年鲁迅《拟播布美术意见书》在《教育部编纂处月刊》的发表,其实可以看到他对于"美术"的不同理解和批判。

从"何为美术"开始,鲁迅把"美术"一词的源头重新归于"英之爱忒(art or fine art)",美术是广义的"艺术",对 art 和 fine art 并不区分:"美术为词,中国古所不道。此之所用,译自英之爱忒(art or fine art)",而不再是德文的"工艺"。他强调的是作为艺术的"美术",必须先有对大自然(天物)的"领会感动",以创作主体作为唯一界定:"则一二才士,能使再现,以成新品,是谓之作。故作者出于思,倘其无思,即无美术","故美术者,有三要素:一曰天物,二曰思理,三曰美化。缘美术必有此三要素,故与他物之界域极严。"美术之目的在于独立,而"美术之用"只能是"不期之成果":"主美者以为美术目的,即在美术,其于他事,更无关系。诚言目的,此其正解。然主用者则以为美术必有利于世,傥其不尔,即不足存。顾实则美术诚谛,固在发扬真美,以娱人情,比其见利致用,乃不期之成果。沾沾于用,甚嫌执持,惟以颇合于今日国人之公意。"他列举被公认的美术之用,第一"表见文化";第二"辅翼道德";值得注意的是第三点:

> 美术可以救援经济。方物见斥,外品流行,中国经济,遂以困匮。然品物材质,诸国所同,其差异者,独在造作。美术弘布,作品自胜,陈诸市肆,足越殊方,尔后金资,不虞外溢。故徒言崇尚国货者末,而发挥美术,实其根本。②

---

① 崔石岗,《鲁迅、茅盾、叶圣陶参观南洋劝业会》,《钟山风雨》1998 年第 6 期,第 56—57 页。
② 鲁迅,《拟播布美术意见书》,《鲁迅全集》第八卷,人民文学出版社,2005 年,第 50—54 页。

美术与工商的关系,是鲁迅对既有"公意"的确认,也是其与明治美术观历史对话的脉络。鲁迅由此展开批评:"沾沾于用,甚嫌执持",其实是本末倒置。至此,我们才能理解鲁迅对当时盛行的"美术品"的严厉否定:

> 刻玉之状为叶,髹漆之色乱鑫,似矣,而不得谓之美术。象齿方寸,文字千万,核桃一丸,台榭数重,精矣,而不得谓之美术,几案可以弛张,什器轻于携取,便于用矣,而不得谓之美术。太古之遗物,绝域之奇器,罕矣,而非必为美术。重碧大赤,陆离斑驳,以其戟刺,夺人目睛,艳矣,而非必为美术,此尤不可不辨者也。①

这里的关键是:被鲁迅划出美术"界域"之外的,恰恰都是中外博览会上中国自我展览的"东方主义"物件。这既是鲁迅对中国形象之自我批判,是其"民族性"批判的延伸,也必然是对当时社会主流美术观的纠正。我们从1913年,邓实、黄宾虹在创办的《美术丛书》中的界定可以看出:"是书于书画之外,雕刻摹印笔墨纸砚磁铜玉石词曲传奇以及一切珍玩,无美不收……,洵美术之大观也。"②但是,在鲁迅眼里,形式和技艺本身不是美术,美术必须以能动的主体为前提。《拟播布美术意见书》对"美术中类别"的划分包括"雕塑、绘画、文章、建筑、音乐",但是,类别本身并不等于艺术,"用思理以美化天物之谓"才能称之为"美术",正因此,"文章为美术之一"。思想与品格是美术成立的条件,人的主体的创造性和能动性是关键。由此可见,鲁迅毕生的工作可以理解为对这一大"美术"理念的实践主体的锻造。今天作为"美术家"的鲁迅一再被重新发现,其实正是我们自己被局限在作为类别观念的"美术"之中了,而今天的阐释若只从美术类型的角度,依然是管中窥豹。

鲁迅1904年赴日本仙台医学专门学校,正是第五次"内国劝业博览会"举办后的第二年。鉴于日本明治美术与医学的特殊关系,鲁迅对森鸥外(1862—1922)的重视并非偶然。他和周作人编撰《现代日本小说集》介

---

① 鲁迅,《拟播布美术意见书》,《鲁迅全集》第八卷,人民文学出版社,2005年,第50—54页。
② 陈振濂,《"美术"语源考(续)——"美术"译语引进史研究》,《美术研究》2004年第1期,第18页。

绍森鸥外是"医学博士又是文学博士,曾任军医总监,现为东京博物馆馆长。"作为文豪的欧森外也是留学德国的医学博士,1890 年前后在东京美术学校讲授美术解剖学、参与美术论争,1917、1919 年相继担任帝室博物馆总长兼图书馆馆长、帝国美术院院长。① 其实,不仅仅因为这样的身份、经历与鲁迅自己重合,才是鲁迅关心森鸥外的原因,更是因为明治时代"美术"概念在日本现代性中的转换,才使得森欧外作为作家、军医和博物馆长的身份重叠成为可能。森鸥外的德国留学背景,对"美与自由"的启蒙理念与日本"国民性"之间冲突的描述,对创作主体和情感的强调,是鲁迅激赏的原因。

但是,森鸥外作为高级军医参加甲午战争和日俄战争,最后任台湾总督府陆军局军医部长。鲁迅"战争时候便去当军医"的梦想,其实正是在森鸥外们面前破灭了。森鸥外可以当日本的军医,但是鲁迅却当不了中国的军医,因为中国是"弱国"。明治作为日本现代美术制度确立的时期,与"殖产兴业"结合在一起的正是军国主义"战争美术"的兴起。② 这正是《呐喊自序》中"幻灯片事件"背后的幻灭。

由此,重新回顾鲁迅在《呐喊自序》中的几点描述:一是批判当时社会对"学洋务"的鄙视:"那时读书应试是正路,所谓学洋务,社会上便以为是一种走投无路的人,只得将灵魂卖给鬼子,要加倍的奚落而且排斥的"。③ 鲁迅 1898 年赴南京就读江南水师学堂,不满其腐败,旋转陆师矿路学堂,"才知道世上还有所谓格致,算学,地理,历史,绘图和体操",④注意这里"绘图"的出现,鲁迅的现代启蒙教育里其实已受日本明治美术观的影响。1902 年,鲁迅以一等第三名的优异成绩毕业并保送去日本留学。1903 年 10 月,鲁迅在《浙江潮》第 8 期,以"索子"为笔名发表《中国地质略论》,开篇说的正是"图"对于国家生死存亡的重要性:

---

① 董炳月,《"文章为美术之一":鲁迅早年的美术观与相关问题》,《文学评论》2015 年第 4 期,第 21—30 页。
② 关于日本明治以来的"战争美术",参见董炳月,《"文章为美术之一":鲁迅早年的美术观与相关问题》,《文学评论》2015 年第 4 期,第 21—30 页。董文认为鲁迅受到日本明治时代"战争美术"概念的影响,体现为《拟播布美术意见书》,本文论述则相反。
③ 鲁迅,《呐喊自序》,《鲁迅全集》第一卷,第 437—438 页。
④ 同上。

觇国非难。入其境,搜其市,无一幅自制之精密地形图,非文明国。无一幅自制之精密地质图(并地文土性等图),非文明国。不宁惟是;必殆将化为僵石,供后人摩挲叹息,谥曰绝种 Extract species 之祥也。①

今天有研究把鲁迅列为中国地质学第一人,因为 1903 年发表的《中国地质略论》是中国近代地质学上最早的启蒙性文献。1906 年,鲁迅与矿路学堂同学顾琅合著出版了中国第一部地质学专著《中国矿产志》,马相伯作序,由日本本邦信印刷,南京启新书局、上海普及书局、东京留学生会馆发行,附有中国矿产全图。1906 年 5 月初版,同年 12 月增订再版;1907 年 1 月增订三版。在 8 个月内,连续出版 3 次。清政府农工商部通令各省矿务、商务界购阅,学部批准为"国民必读"和"中学堂参考书"。鲁迅还是从日文翻译中首次使用"地质"、"侏罗纪"、"白垩纪"等词语的人。② 从这些早期工作看,鲁迅致力于科学救国,成绩斐然。但是,鲁迅终于还是弃医从文。

众所周知,体现鲁迅这一重大思想转变的两个重要文本是 1922 年的《呐喊自序》和 1926 年的《藤野先生》,它们分别以回溯的方式追忆了这个过程,其实正是鲁迅对"明治美术"影响的自我清理。《呐喊自序》描述了仙台医学专门学校的教学经常使用"画片"("电影"),除了微生物等专业画片外,还包括风景和时事的画片。著名的关于日俄战争的幻灯片事件因此发生:

> 从那一回以后,我便觉得医学并非一件紧要事,凡是愚弱的国民,即使体格如何健全,如何茁壮,也只能做毫无意义的示众的材料和看客,病死多少是不必以为不幸的。所以我们的第一要著,是在改变他们的精神,而善于改变精神的是,我那时以为当然要推文艺,于是想提倡文艺运动了。在东京的留学生很有学法政理化以至警察工

---

① 鲁迅,《鲁迅全集·集外集拾遗补编》第八卷,第 462 页。
② 参见于峰,《学者揭秘鲁迅的"南京地质生涯"》,南报网,2016 年 7 月 31 日,http://www.njdaily.cn/2016/0731/1449591.shtml;刘全刚,《鲁迅——中国地质第一人》,搜狐网,2016 年 7 月 30 日,http://mt.sohu.com/20160730/n461786625.shtml。

业的,但没有人治文学和美术。①

鲁迅在这里把"文艺"基本等同与"文学和美术"。鉴于此文的写作时间已经是新文化运动之后,"美术"概念在中国已经往西方的类型化方向收缩,所以,鲁迅更多用"文艺"去涵盖和追溯《拟播布美术意见书》中的"美术"观念。这说明,早期受日本影响的明治美术观在中国已经渐行渐远。这也是因为,明治美术在日本最终导向的不是别的,正是全民动员下的"战争美术"。在此脉络下,30年代的文献展所体现出的"保守主义"其实可以看成是对"明治美术"的应激反应,名古屋泛太平洋和平博览会不正是"战争美学"的发扬光大吗?

鲁迅与"明治美术"的挥别以《藤野先生》为标志。正因为连接"医"与"文"的日本明治美术观,才使得一个普通的解剖学教授能成为鲁迅毕生的精神力量。通过藤野先生,鲁迅试图从日本明治以来的近现代历史中打捞和拯救被战争玷污的启蒙精神。"寒颤颤"的藤野先生所代表的是一种反"战争美术"的科学主义精神,但是,这样的精神在当时的日本不仅孤立和寒碜,甚至被当作"扒手"而需要"大家小心些"。被诬为漏题给中国学生的"讲义事件",正是藤野先生所代表的科学与启蒙精神被"小心"的军国主义倾向的学生们攻击和胁迫的象征。"他所改正的讲义,我曾经订成三厚本,收藏着的,将作为永久的纪念",②既是对藤野先生所代表的科学启蒙精神的肯定与纪念,也是对其被军国主义绑架命运的觉醒。藤野先生对鲁迅放弃医学的悲哀和叹息,是鲁迅内心的折射。"你看,你将这条血管移了一点位置了。——自然,这样一移,的确比较的好看些,然而解剖图不是美术,实物是那么样的,我们没法改换它。现在我给你改好了,以后你要全照着黑板上那样的画"。③ "解剖图不是美术",但是照着画的日本明治道路已经无法救治中国,这是鲁迅辞别藤野先生的原因,也是其思想的大转变。只有改变中国国民的精神,创造新的民族主体,才有出路,这就必须有人"治文学和美术"。日本明治"美术观"既给了鲁迅新

---

① 鲁迅,《呐喊自序》,《鲁迅全集》第一卷,第437—438页。
② 鲁迅,《藤野先生》,《鲁迅全集》第二卷,第318页。
③ 同上,第315页。

的启蒙视野,也给了他告别的理由。告别藤野先生是对旧梦的自我告别,对科学与启蒙的现代性反思由此成为鲁迅思想转变中的重要伏笔。功能主义的美术观由此转向人文主义的美术观。

鲁迅1906年离开仙台去东京研究"文艺",1908年就在《河南》杂志上发表《摩罗诗力说》区分科学与美术之不同:

> 由纯文学上言之,则以一切美术之本质,皆在使观听之人,为之兴感怡悦。文章为美术之一,质当亦然,与个人暨邦国之存,无所系属,实利离尽,究理弗存。故其为效,益智不如史乘,诚人不如格言,致富不如工商,弋功名不如卒业之券。特世有文章,而人乃以几于具足。英人道覃(E. Dowden)言曰,美术文章之桀出于世者,观诵而后,似无裨于人间者,往往有之。然吾人乐于观诵,如游巨浸,前临渺茫,浮游波际,游泳既已,神质悉移。而彼之大海,实仅波起涛飞,绝无情愫,未始以一教训一格言相授。顾游者之元气体力,则为之陡增也。故文章之于人生,其为用决不次于衣食,宫室,宗教,道德。……文章不用之用,其在斯乎?约翰穆黎曰,近世文明,无不以科学为术,合理为神,功利为鹄。大势如是,而文章之用益神。所以者何?以能涵养吾人之神思耳。涵养人之神思,即文章之职与用也。①

从精神的角度论述美术之"不用之用",与明治美术观的分野已经判然。其实,《摩罗诗力说》在很大程度上可以视为弃医从文后鲁迅思想转变的"自白":"今索诸中国,为精神界之战士者安在?"预告了鲁迅的自我定位。"文章为美术之一"的论断,只有放在这一美术观的转变中才能理解。由此,鲁迅走向新的"美术"道路:为人生的美术观,"人文"主义的美术理念成为主导。这是理解《拟播布美术意见书》中美术观的背景和渊源,事实上,《拟播布美术意见书》中的美术观与《摩罗诗力说》中的美术观一脉相承。②

---

① 鲁迅,《摩罗诗力说》,《鲁迅全集》第一卷,第73—74页。
② 陈振濂的研究把王国维和鲁迅对于"美术"的理解,放在早期词语意义不稳定的基础上解释,是没有区别这两类不同美术观的分野及其嬗变。

1912年鲁迅因蔡元培邀请赴北京任职北洋政府教育部社会教育司，第一个讲演就是《美术略论》，同时开始收藏乡邦文献及美术画刊——这一自觉，较之30年代的浙江文献展要早20余年。但是，旨意却不同。1913年至1914年，鲁迅在教育部参与筹备全国儿童艺术展览会，并与陈师曾一起挑选出125件作品选送巴拿马世界博览会。但是这些展品却遭到黄炎培的批判："其物不切实用"，"吾国教育出品其与各国最不同处，在与社会事业不相应"。而鲁迅的旨趣却在于研究儿童教育改良："惟第一次全国儿童艺术展览会，事属草创，收集不多而旨趣所在，则总得两端：一在研究儿童，为改良教育之根底；一在改良教育，即研究儿童之成绩。故会中所列，非必足为教育楷模之精品，亦非可与成人争胜之杰作，仅为平常儿童所制之物而已。然其所以有研究之价值者，亦正在此。"黄炎培着眼的是实用主义美术观，而鲁迅已经是从人文主义美术观的视角来观照儿童美术主体性的问题，"故结线刺豆之属，为事虽若甚微，而其效则能令儿童之观察渐密，见解渐确，知识渐进，美感渐高。他日之有所成就者，大抵肇端于此"。[①] 在平生唯一一次与世界博览会交汇的事例中，鲁迅已经力图另辟蹊径。如果把黄炎培的批判，与前述陈去病就南洋劝业会在《致驻所干事黄炎培书》的批判结合在一起阅读，其实颇有意味，它一方面体现了实用主义美术观这一路径在中国发展的困境，另一方面，也凸显了鲁迅所致力新美术的时代意义，即从"人"的根本上观照美术。

　　在这条道路的开掘中，坚持启蒙理想，批判因循守旧的国粹派，就必然成为新美术在中国萌芽的前提。1918年12月，鲁迅以"庚言"的笔名在《每周评论》第二号发表《〈美术〉杂志第一期》的杂感：

　　　　民国初年以来，时髦人物的嘴里，往往说出美术两个字，但只是说的多，实做的却少。直到现在，连小说杂志上的插画家，还极难得，何况说是能够创作的大手笔。所以翻印点旧画，有如败家子弟，偶然有几张破烂旧契的人，都算了美术界人物了。

　　　　这一年两期的《美术》杂志第一期，便当这寂寞糊涂时光，在上海图画美术学校中产出。内分插图，学术，记载，杂俎，思潮五门，并附

[①] 吴海勇，《鲁迅与巴拿马世博会的因缘》，《鲁迅研究月刊》2010年第4期，第84页。

增刊的同学录。学术,记载,杂俎,多说理法,关于绘画的约居五分之四。其中偶有令人吃惊的话,如中国画久臻神化,实与欧人以不能学,及西洋画无派别可言之类,但开创之初,自然不能便望纯一。就大体而言,总是有益的事居多,其余记述,也可以看出主持者如何热心经营,以及推广的辛苦的痕迹。

这么大的中国,这么多的人民,又在这个时候,却只看见这一点美术的萌芽,真是可谓寂寥之至了。①

这也正是鲁迅为什么在1928—1929年翻译日本美术史家坂垣鹰穗《近代美术史潮论》,以破解"西洋画无派别可言之类"。《美术》杂志是刘海粟创办的上海图画美术院出版的中国第一本专业性美术杂志,1918年11月,《美术杂志》第1期出版,12月,鲁迅发表杂感,非常迅速,说明他对中国美术问题的持久关注与敏锐。此时,鲁迅的身份正是蔡元培"美育"思想主导下的教育部职员,工作涉及博物馆、美术馆、图书馆、动植物园、儿童教育、通俗教育、调查和整理古物等方面。对于中国美术现状,鲁迅既批评,也希望:"美术的萌芽"必须从"新"开始,而不是沉溺在"中国画久臻神化"的自我幻想中。新美术的弱小和希望正是鲁迅自己致力的原因。也正是在这一年(1918),鲁迅第一篇小说《狂人日记》在《新青年》第四卷发表,并非巧合,而是小说和美术之于他其实属于同一视野。在北京期间,翻译、整理古籍拓片、参与新文化运动,是鲁迅思想同一进程的不同方面,虽然不同时期各有侧重,但贯穿终生的是创造新美术(文艺)。

从"蛰伏北京"期间对金石拓片、汉代画像、六朝拓片搜集、整理和研究,到1936年10月8日,抱病参加第二次全国木刻流动展览会,11天后,鲁迅就逝世了,留在世界的最后身影就是由沙飞拍摄的著名照片《鲁迅与青年木刻家》——鲁迅毕生的命运都与"美术"相关。不仅仅是30年代缔造新兴木刻运动,更应该说,新兴木刻运动正是鲁迅一生献身"美术"的最后结晶。

继承日本明治美术的遗产,既不是走向军国主义,也不是回到传统的功能性"手工",更不是回到"民粹派"的文化保守主义,而是超越作为现代

---

① 鲁迅,《〈美术〉杂志第一期》,《鲁迅全集·集外集拾遗补编》第八卷,第96页。

知识生产分类的、作为现代性问题的"美术",创造新的"美术"主体,才是鲁迅毕生工作的创造性转换。这既是他关注中国"国民性"的方式,也是他终生在翻译、学术研究、小说、散文、杂文、木刻等领域自由出入的动机。知识、学科或"美术"的分类本身不是目的,回应新旧交替、内忧外患之下,如何做20世纪"中国人"的问题,才是鲁迅所有工作的旨归。

(七) 推陈出新:"美术革命"与30年代新兴木刻艺术

"中国画久臻神化"来源于《美术》第1期所载唐熊《国粹画源流》一文。1919年2月15日《新青年》月刊第六卷第二号"什么话?"栏目,鲁迅专门辑录《国粹画源流》语录,以为批判:

> ……孰知欧亚列强方广集名流,日搜致我国古来画事,以供众人之博览;俾上下民庶悉心参考制作,以致艺术益精。虽然,彼欧洲之人有能通中国文字语言,而未有能通中国之画法者,良以斯道进化,久臻神化,实予彼以不能学。此足以自豪者也。①

反对"文化保守主义"的国粹派美术观正是新文化运动的任务。

事实上,几乎同时,1918年底22岁的上海美专教员吕澂写信给陈独秀,在《新青年》第六卷第一号"通讯"栏目中提出"美术革命"。吕澂的革命论首先是要正名,即按照"通行之区别"区分艺术(Art)与美术(Fine Art),将美术限定于:绘画、雕塑、建筑,"阐明美术之范围与实质","文学与美术皆发表思想与感情"。批评西画东输,徒袭西画之皮毛而变为俗艳,矛头尤指"海上画工"。美术杂志"竟谓西洋画无派别可言",浅学武断,遗害青年。因此,需要"阐明有唐以来绘画、雕刻、建筑之源流理法","阐明欧美美术之变迁","印证东西新旧各种美术,得其真正之是非"。吕澂"革命"论无论是从类别还是东西结合的角度,都没有提出批判性对待中西传统的思想。对于西方,要回归"正养";对于中国,有唐以来的提法,较之康有为对宋元之后绘画传统批判甚至是倒退的。这正是为什么陈独秀在回复的时候,特别

---

① 鲁迅,《什么话?》,《鲁迅全集·集外集拾遗补编》第八卷,第462页。

强调要革"王画"的命,方式是用"洋画写实"。陈独秀对中国绘画的评价是肯定宋之前,对元之后的院画和文人画都持激烈批判态度,其倡导的"写实"论则是文学革命的延伸。而吕澂则很快走向佛学,并不奇怪。

其实,由"美术革命"口号所开启的"革新派"与"民粹派"之争并非那么二元对立,吕澂就是一例。康南海强调的写实主义首先是明治美术功能主义理念的演绎,而这一派更容易走向文化保守主义,张謇是另一例。当被同一个线性历史逻辑所推动,激进与保守的互换其实很容易,在近代以来的中国历史中也屡见不鲜。徐悲鸿曾受教于康有为,深受其影响,他的著名判断:"中国画学之颓败,至今日已极矣",虽承接康南海,但"吾后起者倘有幸能以世界之美术饫我印象,以世界之自然物扩我心智,有所凭焉。讵患不能自立!"其写实主义已脱离功能主义,承接的是西方绘画传统的古典人文主义。但是,写实主义本身并不必然就是"革命"的。抗战期间,田汉对徐悲鸿的批评就基于此:

> 我们知道悲鸿据称是一个固执的古典主义者,他虽然处在现代,而他的思想不幸是"古之人"。……悲鸿所赞美的甚至不是近代的所谓爱国心,而是一种封建的道德,因此他归国以来画的大画,不是鼓吹中世纪武士精神的《田横岛》,就是希望后来其苏的《徯我后》。他所画的肖像画也不幸大部分是康有为、陈三立、张溥泉一流人。他目睹许多民众的痛苦,独为着栖霞山古物被商业主义俗恶化而呼号;……他又痛恨今日艺术界风气蔓于荒诞怪癖,不求真实,想要力振此弊,提倡真实的画风,……他所谓"真",仅注意表面的描写之真,而忽略目前的现实世界,逃避于一种理想或情绪的世界。……他终于深藏在象牙的宫殿中做"天人"的梦。①

田汉批评徐悲鸿"把一国的民族性理想化、固定化,一样是很危险的","似已走入 Romanticism,守不牢古典主义"。② 而鲁迅在评介欧洲版

---

① 田汉,《我们的自己批评》,转引自李颖、范美俊,《中国美术论辩》(上),百花洲文艺出版社,2009 年,第 357 页。

② 同上,第 360 页。

画艺术的时候,从不拘泥于什么"写实主义"的方法。他在1930年《〈新俄画选〉小引》中曾评价作为"右派"的"保守"写实派的失败:

> 十月革命时,是左派(立体派及未来派)全盛的时代,因为在破坏旧制——革命这一点上,和社会革命者是相同的,但问所向的目的,这两派却并无答案。尤其致命的是虽属新奇,而为民众所不解,所以当破坏之后,渐入建设,要求有益于劳农大众的平民易解的美术时,这两派就不得不被排斥了。其时所需要的是写实一流,于是右派遂起而占了暂时的胜利。但保守之徒,新力是究竟没有的,所以不多久,就又以自己的作品证明了自己的破灭。①

需要在这样的历史脉络下,理解由鲁迅直接推动的30年代现代新兴木刻运动,及其在现代主义意义上的杰出贡献。

鲁迅所塑造的新兴木刻运动,其源头既来自西方现代主义,也来自苏俄革命艺术,以及对汉唐艺术、金石木刻传统的挖掘,包括30年代对日本传统版画浮世绘的集中搜集(鲁迅认为浮世绘来源于对汉代造像的模仿)。为了促进这三个传统的融合,鲁迅花费大量心血,以翻译、自费印刷出版、组织展览、讨论等方式不懈推动。就对待传统而言,他的历代拓片收藏5000余种,6000余张,堪称以一己之力构建的美术馆,而对汉代画像石刻拓片的重视,更是对传统金石学的突破。他高度赞扬"汉人石刻,气魄深沉雄大,唐人线画,流动如生,倘取入木刻,或可另辟一境界也。"②在生命的最后两年,自费刻印《引玉集》、《北平笺谱》,还计划将收集的汉画像拓片整理付印,终因去世而遗珠。王观泉在其开拓性的《鲁迅与美术》一书中,对鲁迅生命最后10年的美术活动进行了统计:成立出版机构和自费印刷画集12部;翻译和编辑出版画史、画集6部;主办"木刻讲习班"一次;举办外国木刻展览会3次;在法国举办"革命的中国新艺展览会"1次;写美术论文20余篇;写给进步美术青年信件200余封;搜集中外原拓木刻3000多幅;编辑完毕但由于种种原因而没有出版的画集

---

① 鲁迅,《〈新俄画选〉小引》,《鲁迅全集》第七卷,第361页。
② 鲁迅,《致李桦》,《鲁迅全集》第十三卷,第539页。

16 部。① 这是与 30 年代文献展同时发生的重要历史脉络,这两条路线之间的斗争,正是 20 世纪以来中国最重要的文化事件。

在鲁迅去世后,蔡元培应许广平之邀为《鲁迅先生全集》写序:"金石学为自宋以来较为发展之学,而未有注意于汉碑之图案者,鲁迅先生独注意于此项材料之搜罗;推而至于引玉集,木刻纪程,北平笺谱等等,均为旧时代的考据家鉴赏家所未曾著手。"这一来自于"体制内"老朋友的评判,也认定鲁迅所着眼的不是为任何旧世界招魂,而是催生一个新世界。

鲁迅着力推动的是"创作的木刻",不模仿,不复刻,捏刀向木,以刀代笔,直刻下去。② 赞扬陶元庆"内外两面,都和世界的时代思潮合流,而又并未桎亡中国的民族性"。③ 1935 年 2 月 4 日,在致李桦的信中,鲁迅写道:

> 倘参酌汉代石刻画像,明清的书籍插图,并且留心民间所欣赏的所谓"年画",和欧洲的新法融合起来,也许能创出一种更好的版画。④

1934 年,鲁迅通过曹靖华搜集了 100 多幅苏联原版木刻画,从中选出 60 幅编印《引玉集》。鲁迅在后记提到了 1933 年底与郑振铎合作印制的《北平笺谱》:

> 但目前的中国,真是荆天棘地,所见的只是狐虎的跋扈和雉兔的偷生,在文艺上,仅存的是冷淡和破坏。而且,丑角也在荒凉中趁势登场,对于木刻的绍介,已有富家赘婿和他的帮闲们的讥笑了。但历史的巨轮,是决不因帮闲们的不满而停运的;我已经确切的相信:将来的光明,必将证明我们不但是文艺上的遗产的保存者,而且也是开拓者和建设者。⑤

---

① 宋欢迎,《鲁迅与现代中国的木刻运动》,《东方论坛》2014 年第 3 期,第 92 页;王观泉,《鲁迅与美术》,上海人民出版社,1979 年,第 46—47 页。
② 鲁迅,《〈近代木刻选集〉小引》,《鲁迅全集》第七卷,第 336 页。
③ 鲁迅,《当陶元庆君的绘画展览时》,《鲁迅全集》第三卷,第 573—575 页。
④ 鲁迅,《致李桦》,《鲁迅全集》第十三卷,第 373 页。
⑤ 鲁迅,《引玉集·后记》,《鲁迅全集》第七卷,第 440—441 页。

这里反击的是邵洵美(盛宣怀之孙女婿)。他在主办的刊物中批评和挪揄鲁迅印制《北平笺谱》:"此种文雅的事,由鲁迅、西谛二人为之,提倡中国古法木刻,真是大开倒车,老将其实老了。至于全书六册预购价十二元,真真吓得煞人也。无论如何,中国尚有如此优游不迫之好奇精神,是十分可贺的,但愿所余四十余部,没有一个闲暇之人敢去接受。"崇洋派邵洵美的"摩登"视角,无法理解鲁迅对传统的批判性继承。

鲁迅《北平笺谱》序中第一句话是指出木刻源于中国:"镂像于木,印之素纸,以行远而及众,盖实始于中国",中国的木刻历史屡经沉浮,在简短回顾其成败之后,对民国之后出现的新笺画,特加赞誉:

> 及中华民国立,义宁陈君师曾入北京,初为镌铜者作墨合,镇纸画稿,俾其雕镂;既成拓墨,雅趣盎然。不久复廓其技于笺纸,才华蓬勃,笔简意饶,且又顾及刻工省其奏刀之困,而诗笺乃开一新境。盖至是而画师梓人,神志暗会,同力合作,遂越前修矣。稍后有齐白石,吴待秋,陈半丁,王梦白诸君,皆画笺高手,而刻工亦足以副之。
>
> 辛未以后,始见数人,分画一题,聚以成帙,格新神涣,异乎嘉祥。意者文翰之术将更,则笺素之道随尽;后有作者,必将别辟途径,力求新生;其临睨夫旧乡,当远俟于暇日也。则此虽短书,所识者小,而一时一地,绘画刻镂盛衰之事,颇寓于中;纵非中国木刻史之丰碑,庶几小品艺术之旧苑;亦将为后之览古者所偶涉欤。①

鲁迅把新笺谱看成是陈师曾开创的新格局。鲁迅与陈师曾交往深厚,曾收藏多幅他的绘画和治印,曾共同负责挑选全国儿童艺术作品送交巴拿马世界博览会。陈师曾(陈衡恪,陈寅恪胞弟)与鲁迅同是矿路学堂同学,但真正交往是在日本留学期间,是鲁迅在东京筹办《新生》杂志的积极支持者和赞助者。他最著名的《北京风俗图》,用中国笔墨描绘穷人与平民社会百态,完全突破了传统文人画的格局。而他作为美术理论家为文人画的辩护是建立在四要素之上,即人品、学问、才情、思想——着眼的其实是绘画的主体性问题,与鲁迅对美术的界定款曲相通。孙郁指出鲁

---

① 鲁迅,《北平笺谱·序》,《鲁迅全集》第七卷,第 427—428 页。

迅在北京讲《中国小说史》与陈师曾在天津讲《中国绘画史》，都具有新的审美尺度，是新时代的产物，是中国艺术史上的双璧，①诚然。

鲁迅既赞扬陈师曾"廓其技于笺纸，才华蓬勃，笔简意饶，且又顾及刻工省其奏刀之困，而诗笺乃开一新境"，又指出其超越性成就在于"画师梓人，神志暗会，同力合作，遂越前修矣"。由此可见，鲁迅挖掘的是文人画与中国民间雕版艺术在新时代的结晶，也就是木刻作为"大众的艺术"之可能性的基础。鲁迅提及的齐白石、吴待秋、陈半丁、王梦白，或与西泠印社有关，或受陈师曾影响，且多属于"有金石气"的画家，体现在笺谱中是墨笔与铁笔的交融。陈师曾更是平民画家齐白石的伯乐与知己，几乎以一己之力发掘和造就了齐白石今天的艺术地位。《北平笺谱》起于1933年2月5日致郑振铎的信："去年冬季回北平，在琉璃厂得了一点笺纸，觉得画家与刻印之法，已比《文美斋笺谱》时代更佳，譬如陈师曾、齐白石所作诸笺，其刻印法已在日本木刻专家之上，但此事恐不久也将销沈了。"②信中特别提及陈师曾和齐白石两位，并非偶然。文人画与日常生活、民间传统的绾结与交融，并在此基础上推陈出新，别出心裁，才是鲁迅对其作为"大众的艺术"之发现与旨归。

这就是为什么鲁迅会特别关心雕版艺人的状况。1933年11月11与郑振铎的通讯中特别叮嘱："板儿杨、张老西之名，似可记入《访笺杂记》内。借此已可知张为山西人。大约刻工是不专属于某一纸店的，正如来札所测，不过即使专属，中国也竟可糊涂到不知其真姓名（况且还有绰号）"。③因此，《北平笺谱》在目录中特别把画家的名字与刻工的名字并列，画家不写别号，刻工也是大名，不写绰号，以示平等，如"花果，四幅，陈衡恪画、张启和刻"，张启和就是张老西，因家住琉璃厂西门而得绰号，是手艺极高的雕版艺人。④这体现的不仅是对作为劳动者的刻工的重视，也是对凝结在他们身上的中国民间雕版工艺成就的肯定、挖掘和赞扬。鲁迅在郑振铎《北平笺谱》广告基础上的修订，其实也正是对中国木刻技

---

① 孙郁，《鲁迅的暗功夫》，《文艺争鸣》2015第5期，第58—66页。
② 鲁迅，《致郑振铎》，《鲁迅全集》第十二卷，第366页。
③ 同上，第487页。
④ 邓云乡，《〈北平笺谱〉史话——鲁迅先生逝世50周年祭》，载氏著《云乡丛稿》，中华书局，2015年，第295页。

术史的总结:

> 中国古法木刻,近来已极凌替。作者寥寥,刻工亦劣。其仅存之一片土,惟在日常应用之"诗笺"。而亦不为大雅所注意。三十年来,诗笺之制作大盛。绘画类出名手,刻印复颇精工。民国初元,北平所出者尤多隽品。抒写性情,随笔点染。每涉前人未尝涉及之园地。虽小景短笺,意态无穷。刻工印工,也足以副之。惜尚未有人加以谱录。近来用毛笔作书者日少,制笺业意在迎合,辄弃成法,而又无新裁,所作乃至丑恶不可言状。勉维旧业者,全市已不及五七家。更过数载,出品恐将更形荒秽矣。鲁迅、西谛二先生因就平日采访所得,选其尤佳及足以代表一时者三百数十种,(大多数为彩色套印者)托各原店用原刻板片,以上等宣纸,印刷成册。即名曰《北平笺谱》。书幅阔大,彩色绚丽。实为极可宝重之文籍;而古法就荒,新者代起,然必别有面目,则此又中国木刻史上断代之惟一之丰碑也。①

在新的市场环境下,传统制笺业风雨飘零,刻工们也贫困交加,《北平笺谱》实属抢救性工程,它的多重彩色套印体现了中国传统木刻最高的也是最后的成就。许广平说《北平笺谱》是"为了抢救文化的不使湮没而急于出版",诚哉斯言。② "古法就荒,新者代起,然必别有面目",鲁迅特别补充的话,寄托的正是继承与创新的辩证法。

结语　从"送去主义"到"拿来主义":"美术"作为中国的世界史

1934 年,鲁迅在著名的《拿来主义》一文中,首先讽刺的正是中国为参加诸如世界博览会而奉行的"送去主义"。"送去主义"大抵都是"国粹派":

> 中国一向是所谓"闭关主义",自己不去,别人也不许来。自从给

---

① 肖振鸣,《〈北平笺谱〉广告是否为鲁迅佚文?》,《鲁迅研究月刊》2009 第 9 期,第 67—68 页。
② 刘运峰,《〈北平笺谱〉和〈北京笺谱〉区别何在》,《鲁迅研究月刊》2009 第 11 期,第 85—89 页。

枪炮打破了大门之后,又碰了一串钉子,到现在,成了什么都是"送去主义"了。别的且不说罢,单是学艺上的东西,近来就先送一批古董到巴黎去展览,但终"不知后事如何";还有几位"大师"们捧着几张古画和新画,在欧洲各国一路的挂过去,叫作"发扬国光"。①

"我在这里也并不想对于'送去'再说什么,否则太不'摩登'了"——"国粹派"与"摩登"派其实是一体两面。与"送去主义"相伴随的正是帝国主义形形色色的"送来":"先有英国的鸦片,德国的废枪炮,后有法国的香粉,美国的电影,日本的印着'完全国货'的各种小东西。于是连清醒的青年们,也对于洋货发生了恐怖"。但是,鲁迅辛辣地指出:用国粹来对付洋货,是"废物";不敢继承传统者属于"孱头";而历史虚无者则是"昏蛋"——针对这三种或保守或革命的主张,鲁迅鲜明地提出"拿来主义":

> 他占有,挑选。看见鱼翅,并不就抛在路上以显其"平民化",只要有养料,也和朋友们像萝卜白菜一样的吃掉,只不用它来宴大宾;看见鸦片,也不当众摔在茅厕里,以见其彻底革命,只送到药房里去,以供治病之用,却不弄"出售存膏,售完即止"的玄虚。只有烟枪和烟灯,虽然形式和印度,波斯,阿剌伯的烟具都不同,确可以算是一种国粹,倘使背着周游世界,一定会有人看,但我想,除了送一点进博物馆之外,其余的是大可以毁掉的了。还有一群姨太太,也大以请她们各自走散为是,要不然,"拿来主义"怕未免有些危机。②

其要诀在于"要运用脑髓,放出眼光,自己来拿"!有头脑、有眼光、有能动的主体性是"拿来主义"的基础:"我们要或使用,或存放,或毁灭。那么,主人是新主人,宅子也就会成为新宅子。然而首先要这人沉着,勇猛,有辨别,不自私。没有拿来的,人不能自成为新人,没有拿来的,文艺不能自成为新文艺。"③

---

① 鲁迅,《拿来主义》,《鲁迅全集》第六卷,第39—42页。
② 同上。
③ 同上。

当国统区 30 年代"文献展"潮起潮落之时,鲁迅从 1931 年创办"木刻讲习会",到 1933 年主办"现代作家木刻展览会",再到生命的最后时刻出席 1936 年"第二回全国木刻流动展览会"——所开创的却是另一种"文献展",一种被压抑的、新生的时代精神在此孕育。追随这种新精神的则是来自杭州艺专、上海美专和广州美专的学生,这些近代美术教育的发祥地——追随也是出走。1936 年鲁迅去世,这些出走的年轻人一方面成长为国统区左翼文艺的生力军,一方面把鲁迅艺术学院办到了延安(1938 年),把新兴木刻艺术推向新的大众政治。

从 1937 到 2017,80 年后的今天,世界历史已经不可同日而语,但是如何叙述作为世界史的中国?却依然是巨大的挑战。当鲁迅是否应该进入中小学教科书、告别鲁迅,等等,一一成为热议的话题,历史犹如博格尔对苏州园林的发现,像极了园林里交叉、重叠的多重路径。历史不是线性的,不仅意味着历史不能简单地用进化论阐述,同样意味着不是能用任何"退化论"来展望,"退化论"不过是进化论的另一种表达。今天,或许已经到了重读《拿来主义》的历史时刻。

1937 年,从作为二战开始的"吴中文献展"、"泛太平洋和平博览会"、巴黎"现代艺术与技术国际博览会"、慕尼黑"颓废艺术展",到标志着二战结束、冷战开始的卡塞尔文献展,它们本身就是裂变的世界史版图。其中,历史的断裂、错位与错口触目惊心。2016 年的"苏州文献展"向我们敞开的其实不是别的,正是 20 世纪巨大的历史创口,它暴露出多层累的历史断面。只有不断清理、探挖和呈现历史"地质"断层的各种叠压,才有可能把历史的重负转为时代的新动力。新与旧既是叠印,重重叠叠;也是跌宕,跌宕起伏——正是今天"苏州文献展"的景观。影像的呈现与遮蔽处,皆是惊心动魄的历史画卷。在此壮阔的画卷之上,鲁迅奋笔展写的命题:如何成为新主人、新宅子、新人、新文艺,依然横亘在 21 世纪的中国面前。

却顾所来径,苍苍横翠微。谨以此文纪念中国全面反法西斯战争 80 周年(1937—2017)。

2017 年 3 月 18 日完稿于上海(时值 1926 年"三·一八"惨案 91 周年纪念日,鲁迅为此写下《纪念刘和珍君》)。

国事、家事、天下事

——《良友》画刊与现代启蒙主义①

一

近年来,关于《良友》画刊的研究已经颇为丰富。开风气之先的应属2001年李欧梵先生在大陆出版的《上海摩登——一种新都市文化在上海》②一书,其中对《良友》画刊单列三节作为"印刷文化与现代性建构"的论证,同时也是对上海"新都市文化"的论证,这在很大程度上开创了《良友》画刊研究的新局面,也为《良友》研究定下了某种基调。在这个意义上,包括笔者在内的后来的研究者都受益于李先生的开拓性工作,这是需要首先强调和感谢的。但是该书中有些叙述不够准确,有些论点还值得商榷。

《上海摩登》在介绍《良友》时,认为创办人武联德是个"事业商","他一度为商务工作,所以后来能为自己的杂志招揽不少著名文坛人士,像赵家璧、郑伯奇、马国良和周瘦鹃当他的编辑。"③这其中,很遗憾没有提及最重要的画刊主编梁得所,另一重要主编马国亮的名字有一字误。赵家璧与马国亮在为良友工作之前,都只是20岁左右的无名小辈,赵是一半工半读的大学生,马是一个高中文凭还没拿到的文艺青年,并非"著名"人士,这正是良友的用人原则,他们的著名是在为良友工作之后。五任画刊

---

① 本文节本发表于《读书》杂志2007年第8期。
② 李欧梵,《上海摩登——一种新都市文化在中国1930—1945》,毛尖译,北京大学出版社,2001年。
③ 同上,第73页。

主编在走向主编位置时,只有周瘦鹃是著名文士,也是最不成功的一位主编,只做了 8 个月,而且大部分工作仍然是落在武联德身上。虽然由于周的"礼拜六派"身份,使得一些"鸳鸯蝴蝶派"文人的文稿出现在《良友》画刊上,但是并没有占据主要作用,并非今天一些研究所强调的那样。据马国亮先生的回忆,第 8 期曾刊登一篇"礼拜六派"小说《颤动的心弦》,就遭到读者来信指责是淫秽小说,读者还对文稿中的粗话来信进行抵制。这使得只念过半年大学、年仅 22 岁的梁得所走上了主编的位置,他锐意改革,"从消遣无聊成为增广见识,深入浅出,宣传文化美育,启发心智,丰富常识,开拓生活视野",①这正是《良友》不同于一般的鸳鸯蝴蝶派刊物的地方,这个区别非常关键,因为它直接关系着我们对《良友》的理解。今天对《良友》画刊的很多研究多注重它的商业成功,把它看成简单的娱乐类杂志,是市民刊物、时尚杂志,从而把它追认为今天中国大众传媒的商业化之前身以及合法性论证。这就遮蔽了《良友》自身的启蒙主义价值追求,也无法解释为什么当时的《良友》在全世界的华人中能够迅速受到欢迎。

到底什么是《良友》的传统?这个问题值得再问。在马先生的回忆录中,他谈到《良友》对广告的态度,编辑部拒绝两类广告,一类是内容不可靠有欺骗嫌疑的;一类是与性、色情有关的广告:

> 《良友》画刊是一本男女老幼皆可阅读的刊物,是一本内容健康,能摆在家庭里面面无愧色的刊物,内容更不应该有任何坏影响的广告出现。即使有人出重价,也不为所动。②

编辑部有特权可以拒登广告,经理部毫无例外地尊重。这正是《良友》最基本的原则:办正派的画刊,对此,我们理解和重视得并不够。

二

今天《良友》画刊被讨论最多的是它的封面照片。在李先生看来,这

---

① 马国亮,《良友忆旧:一个画报与一个时代》,生活·读书·新知三联书店,2002 年,第 16,22 页。

② 同上,第 119 页。

是晚清名妓小报传统的一种延续,这一观点被众多研究者追随,几成公论。虽然他也指出《良友》从不登名妓,但是在他的分析里,那些女性的照片依然是带有性诱惑的,是"名妓文化"的另一种形态,"名妓文化并没有从中国现代文学里退隐:只是她们的'公众形象'被更现代更令人尊敬的女性照片和画像代替了",[1]因此包括它的英文名字 The Young Companion 在内的整个封面都清楚暗示了:"年轻、富有、魅力的女性(被塑造成)是读者的'良友':因此这些设计、这些梦幻女性是要让读者进入杂志的文字,文字内容才向你提供真正的'知识伴侣'"。[2] 其实,英文名称是因为创办人伍联德念念不忘他曾经创办而失败的《少年良友》,因此把它保留在了英文中。自摄影传入中国,人物照片便具有了某种社交功能,人们会把自己的照片签上名,或者题上诗送给朋友,作为缔结友谊的方式,1903年鲁迅著名的《自题小像》就是送给许寿裳的。这种习俗建立在人们对照片的"纪实性"理解,照片被认为与其人的真实存在有直接关联,因此送照片具有一种礼仪性和情感性。这应该是《良友》画刊不用月份牌那样的画像,而是选择标注真实姓名的人物照片来诠释"良友"的原因。但是李先生对封面女性与名妓文化传统的建立,却开启了简单照搬西方女性主义和后殖民理论对《良友》进行武断解释的先河。

这里的关键依然是如何理解《良友》画刊封面女性的"纪实性"。她们都是有真实身份的现代女性,不是她们的"梦幻性"(这里暗示的是性诱惑),而是她们作为独立身份的公共性才是《良友》予以展示的要点。她们都是自信的,和现代生活的器物与社会环境相联系,《良友》通过这些新女性的典范重新定义女性的现代价值。她们是甜美的,这种甜美是从内心流溢出来的。她们大部分是直面镜头的,主要的表情是开朗地笑:从微笑到大笑,也有一些是严肃和略带忧郁,眼光大胆而勇敢,不羞涩、不畏缩。不是被看,而是她们在注视着读者,用眼光和读者交流。她们是现代和正派的新女性,是影星——中国第一代职业妇女,是女学生,是女运动员,是社会名流,是中国女性的楷模。楷模的意思是把传统的"抛头露面"的负面意义予以推翻,——这恰恰是对名妓小报传统的颠覆,并把它重新解释

---

[1] 李欧梵,《上海摩登——一种新都市文化在中国 1930—1945》,毛尖译,第 85 页。
[2] 同上,第 75 页。

为女性的解放,而解放的女性是美的。进入演艺界的女性不卑贱,而是新生活、新思想的体现。《良友》对新女性的定义的确含有一种单纯、乐观的乌托邦色彩,但这正体现了《良友》以此来构筑新的启蒙价值追求的意义。虽然它不渲染女性走向独立的艰难和牺牲,但是,在阮玲玉自杀后,《良友》画刊则用大量的篇幅予以报道、追悼和谴责,这不能仅仅用市场的原因来解释。这样大的报道篇幅和《良友》画刊对鲁迅去世的报道篇幅是一样的,也就是说,对于《良友》画刊来说,这两个人物的去世具有同等的意义,因为现代女性的独立问题在任何现代启蒙意义上都是极为重要的。《良友》画刊对另一影星胡蝶的钟爱和尊重,对她的自然、健康和明媚的强调,对她的影艺和社会活动的报道,比如刊登她的欧游游记,也可作如是观,即把她作为一个独立、自强的职业女性来看待,并没有我们今天媒体里充斥的花边新闻。事实上,《良友》画刊对所有的电影明星都保有这样的尊重,就是从不把她们放在和男性的形形色色的关系中去表现,这只要简单对比一下今天商业化的媒体就不难看出,其格调之高下已经不成对比。华裔美国好莱坞影星黄柳霜也是《良友》画刊的封面女性,但是《良友》并不是只关心她的脸蛋和国际知名度,而是特别邀请她在回国前写了一份自述。在自述中,黄柳霜叙述了对表演的热爱,在好莱坞作为职业女性打拼的艰苦,以及如何逐渐获得成功。她特别强调了作为演员受到导演的指挥,无法控制自己角色的性质,演了很多反派角色,国人对其角色的指责使她很不安,她是"无意"种下了错误。她在舞台演出启幕之前,"必定对着观众说几句声明,说无论我所扮演的角色怎样坏,不能代表我们中国人的全体,希望在座观众不要误会。这句话说完之后,我从他们的掌声中知道他们对我的话是很同情的。因此在外国,他们都叫我'中国善意的使者'(The Ambassador of goodness)"。(《良友》第114期)黄柳霜的这番表白——她不是花瓶,而是有追求、有反省、有自觉意识的中国新女性,"我虽未回过祖国,但我到底是中国人"——表明了《良友》画刊对新女性的理解以及画刊自身的宗旨:打造新中国的新形象。

很奇怪今天为什么有那么多人非要读出其中的"性"意味,这种解释本身倒是需要用女性主义理论来解读。因此,不是依附和被看,而是对自然健康的新女性和新生活的展示才是《良友》断然不同于名妓小报的地方。这正是为什么具有真实身份的新女性不惮于走上封面,而《良友》则要强调这些女性真实身份的原因,因为《良友》要构建的是一个新中国的美丽新世界,这才符合《良友》办一个堂堂正正的启蒙刊物的道德追求。李先生分析了一则《良友》上刊登的白金龙香烟广告,精心打扮的妻子,她的穿着和封面女郎的风格一样,拿着白金龙香烟送给沙发上的丈夫,以此来证明新女性对资产阶级家庭的附属性。① 但是在笔者翻检《良友》杂志时发现,除了这则广告以外,白金龙的广告形象还包括同样的女郎一手捧着书,一边怡然自得地独自享用白金龙香烟;以及她坐着,一位站着的男士弯腰把香烟殷勤地递给她。其实我查到的所有封面女性的背景都不是家庭内部,而是以各种方式指涉着家庭之外的公共空间,在她们身上没有任何关于家庭位置的暗示或明示,这正是为了强调独立性。李先生在分析中看到了也肯定了这些女性的"新人"气质是"具有全新的含义和伦理价值"的,但是却又把她们限定在对资产阶级的家庭内部和都市空间塑造的贡献上,这是证据不全的。"我相信它描画出了一系列的家居和公共空间,而那些穿着美丽的女性类型就在这些空间里生活、活动:从卧室到舞厅,从客厅到电影院和百货公司。"②所谓"相信"意味着是靠今天的想象完成的,接下来李先生举出的例证:穿着美丽的女子坐在"典型现代居室"的不同房间,这却是从《申报》来的照片! 而文中列举的"公共空间":舞厅、电影院和百货公司,没有一个是《良友》画刊封面女性的背景。这似乎是一个提醒,我们今天的很多上海研究热衷于发掘的"公共空间"及其功能有多大程度是想象中的呢? 陆小曼是 1927 年 9 月号的封面女性,而她后来发表在《良友》画刊上的文章《泰戈尔在我家》,回忆了 1924 年当得知泰戈尔要来家住时,她和徐志摩的窘迫:"两个人不知道怎样办才对。房子又小;穷书生的家里当然没有富丽堂皇的家具,东看看也不合意,西看看也不称心,简单的楼上楼下也寻不出一间可以给他住的屋子。回绝他,怕伤了他的美意;接受他,又没有地方安排。一个礼拜过去了还是一样都没有预备,只是两个人相对发愁。"(《良友》画刊第 157 期)无论陆小曼是否矫情,她对自己家居的描述并没有提供对想象的"资产阶级"家居生活的支持。

---

① 李欧梵,《上海摩登——一种新都市文化在中国 1930—1945》,毛尖译,第 83 页。
② 同上,第 79 页。

三

这就涉及到《良友》的办刊宗旨。为《良友》传统奠定最重要的基石的两位创始人伍联德和梁得所有一个共同的特征,就是对美术的热爱,并各自进行了自学。不约而同,他们俩都翻译过西洋美术史的书籍,一本为《新绘学》,一本为《西洋美术大纲》,后者在梁得所担任主编后在《良友》画刊上连载。继任主编马国亮也是美术爱好者,曾在上海新华艺术学院学习美术,也曾跟从一俄国画家学习。正是因为他的美术素养,才引起伍联德的注意,并最终把他推到了主编位置。以透视法为代表的西洋油画对于当时的中国人来说,其实是具有启蒙意义的新的世界观。透视法本身也是 15 世纪在欧洲的启蒙时代被发明的,既是启蒙的产物,也是启蒙的内容。正如徐悲鸿在自叙中所言:"我归也。于艺欲为求真之运动。唱智之艺术。un art savant 思以写实主义启其端。"(《良友》第 46 期)正是因为这个"求真"意志,作为先锋艺术的"美术"和同样从西方来的摄影产生了意义的融合,并同时出现在一个涉及社会生活、政治、经济、时事的画刊上。这种观看之道是启蒙主义的,本身也是现代性的。"美术"顾名思义是"美"的,用它来翻译西方的纯艺术(fine art),是包含着价值判断的,那就是对西方美学的认可,以及对中国人的美的观念的重新定义。但是这并不意味着对中国传统美学的完全否定,而是寻求两者的结合,因此,我们在《良友》画刊上既能够看到西洋美术作品,也能够看到中国传统绘画被放在"美术"的范畴里重新展示,还能够看到一些用中国人的意境、西方人的技术来处理西洋题材的绘画和摄影,比如郎静山的摄影。在他看来,"东方艺术,可为摄影之助,摄影亦足证东方艺术","摄影虽已进艺术之域,非仅供私人之娱赏,亦以文化为归墟"(《良友》第 150 期)。

我们需要在这个"美术"视野下,来看待《良友》中的女性裸体形象。这些裸体既有绘画,也有摄影。但是不同于封面照片,这些裸体都是无名的,以排除具体的意指,而且从笔者翻检到的图画来看,这些裸体出现的场合没有任何性的暗示,这就使得它们绝然不同于中国传统的春宫画。她们从两个方面获得合法性,一是艺术,二是自然,——对人体的"美"的定义都是从西方的启蒙思想中获得的,因此这些裸体都被去除了"色情"。

对裸体摄影的强调是其健康和"自然",这些摄影作品在编排的时候往往和"美术"作品以及自然风光放在一个版面上,往往在图片下方安排文字说明,比如:"健康的身体是美的首要原则","返与自然","倡导健康美"等文字,以抑制意淫。比如画刊第 83 期刊登了上海 30 年代著名的黑白社的摄影展,裸女是和湖泊、楼房、街景、大海等景物摄影组合在一起的。①在一组标题为"人体习作"的裸体照片上方的文字是这样的:"中国妇女素以荏弱闻。体格健美者,即于今日,亦属罕见。惟此数桢,肢体之矫健,肌肉之柔美丰腴,实堪称女性之典型,兹特介绍于读者,并愿我国仕女以此自勉,而更致力于体格之锻练焉"(《良友》画刊第 125 期)。画刊上还曾刊登了由良友公司发行的《健美画刊》的广告词:

  提倡健全的体格,表露女性的曲线,健全的身体而不粗,柔和的曲线而不淫。我们觉得人生苦闷,故此要'美'来慰藉我们的心灵,《健美画刊》就因此应运而出版了。在中国人体美的定期刊未曾见过,本刊持着勇气,以正大艺术的态度作为先导,用精美的铜版纸彩色封面印刷,内容有健全的体格,有柔和的曲线,使读者看了得无限的美感(《良友》第 71 期)。

犹如 80 年代的中国美术界也是以裸体之"人体美"开启整个社会思想解放的阀门;如果我们把 20 世纪初人体模特儿被新(西)式的美术教育入中国所引起的风波联系在一起,把美术与美育代宗教的启蒙思想联系起来,也许就不会按照今天的媒体表现,把《良友》中的裸体看成是商业主义和市民趣味的。其实恰恰相反,"美术"从进入中国一开始就代表的是启蒙主义的追求,这样,我们才不会对《良友》画刊奠基人的启蒙思想都是从"美术"开始感到奇怪。

裸体的不仅仅有妇女,还有孩子,目的是要强调孩子健康自然的重要性,它和《良友》画刊对体育的重视是一脉相承的,它的背后是"东亚病夫"

---

① 中国著名摄影家沙飞和吴印咸都曾是黑白社的成员,吴印咸 1919 年就在刘海粟主持的上海美术专科学校西洋美术系学习;而沙飞是在 1935 年进了黑白社后,第二年考入上海美术专科学校的。由此可见摄影和美术的关系。

的焦虑。强国先强民,强民先强儿,正因此妇女和儿童栏目一直是《良友》画刊的重要组成部分。从《良友》第 45 期开始的"成功人士自述"中第一篇便是球王李惠堂,他在自述的最后部分这样说:"我最近的希望是能率队周游列国,表现我国青年的新精神;远一步的志愿,是能在世界足球场内夺归鳌头,使他人不敢轻视我国,使东方病夫之消,得永消沉于深渊的最低处!"这种强民的思想正是《良友》的宗旨,对于当时的中国,体育并不只是"娱乐",而是有着强烈的启蒙性,所以画刊会有大量关于大学和中学体育活动的报道,强调的是体育与现代教育的结合,以此作为社会的典范,并出版《历届全国运动会特刊》。在一张由郎静山拍摄的女运动员的照片下方,有这样的文字:

> 运动的目标锦标的作用是提倡体育,但是体育最终的目的决不是锦标。在运动竞技的广场上,胜利者不必喜,失败者不必悲,他们同样地是演员,扮演在广大的民众面前,告诉他们体育的意义是在身体的康健。我们不需要什么体育皇后,我们需要的是一个健全的国民,哪怕他是竞赛场中最末一个。每一个运动员都应该牢记:运动的最终目的:是在有健全身体,来为全人类的幸福贡献最伟大的工作,而不是一把金戈,或是一面绣旗。(《良友》第 82 期)

所谓良友公司的主要商业方向是艺术与娱乐,其中美术、体育、妇女,究其实质都与启蒙相关。

强调封面女性的独立性,并不是说《良友》不关心家庭问题。只是对家庭问题的关注不是通过封面女性,而是通过对名人家庭的展示来完成的。提倡现代婚姻家庭也是《良友》的宗旨,在《良友》画刊对名流的报道中,往往都有其家庭的照片,他们看上去很幸福,妻子是现代妇女,和丈夫并肩在一起,他们和睦、平等,孩子们也都活泼健康。《良友》设立"现代成功人士自叙"栏目,目的是呈现"成功"后面的奋斗,含有强烈的励志意味,"是鼓励青年自强努力、刻苦奋斗的好教材",这些都是为了"潜移默化"地影响社会。比如"交际博士"黄警顽,在商务印书馆从事公关工作,在上海各阶层名气很大,但是与想象不同,他苛守三大信条:慎言语、守信用、戒嗜欲,自奉极俭,自律极严,却热心社会工作,助人为乐。由此,不难看出

《良友》的良苦用心。除了上述两位,最初被推出的"成功人士"分别包括画家、教育家、医学家和女权运动者,依然是其现代启蒙价值观的延续。这是不同于今天消费主义意识形态所建构的"成功人士"之形象的。

四

需要指出的是,《上海摩登》把《良友》画刊限定为表现都市文化和资产阶级生活空间,这极大地限制了对《良友》画刊理解的范围,排斥了《良友》在杂志中积极表现劳动妇女、乡村社会、不同民族之民俗和各种世界图景与刊物宗旨的联系。今天被中国摄影界重新"发现"的庄学本,在30年代对中国西南各少数民族进行过全面考察,他的考察手记和摄影在当时的《良友》画刊上占有重要位置,而《良友》的稿费则是他在边地拍摄的一个经济来源,对于庄学本来说,"'开发西北'是'失掉东北'后指示青年动向的坐标,并不是空喊口号,要开发整个西北,必先明了这儿关系重大的腹地"。(《羌戎考察记》)[1]这个激发出民族主义的历史背景正是庄学本摄影的动机。而对于《良友》来说,面对内忧外患,打破当时中国画刊的都市局限,表现整个中国的现实,睁开眼睛用中国人的视野看中国、看世界,恰恰是其最重要的追求。国事、家事、天下事,事事都关涉启蒙。但这些问题及其内容,在把《良友》画刊当成 30 年代上海消费主义的现代想象中,都被遮蔽了。李先生在考察商务的两套作为"启蒙事业"的文库时,特别分析了其中的"现代问题丛书"50 本列出的 50 个问题,不过,他认为:

> 如果把这些问题和中国共产党的革命计划——在同期(1929—1934),共产党活动从城市转为乡村——相比较,那很显然,50 个现代问题里找不到某些基本的革命前提:城市无产阶级问题、工人罢工、社会主义理论和革命文学,还有最重要的农民和他们革命的潜力问题,这种区别揭示的不仅是政治方向的不同(王云五的编委是由温和派和保守派组成的),也反映了城市和乡村'想象'的鸿沟。换言

---

[1] 李媚,《30 年代的目光——庄学本摄影的双重价值》,《连州国际摄影年展》,广东人民出版社,2006 年,第 372—373 页。

之,整套文库既是基于城市,也是为城市读者而设计的。它之所以值得关注,正是因为它提供了一个中国现代性想象的主要知识基础。①

姑且不论关于"革命"的知识与想象是否应该包含在中国现代性想象的主要知识基础里,是否就是启蒙思想的组成部分;起码,对于《良友》画刊来说,并不存在上述革命"前提"缺席的证明,也不存在城市和乡村"想象"的鸿沟,但是却不能否定它对"现代性"的"知识基础"的提供。就笔者翻检的《良友》画刊中,便可看到既有英国工人罢工的报道,还有大量关于苏联建设的报道;有"赤匪"广州起义被杀得横尸遍野的图片,也有蒋委员长苏区剿匪胜利归来的报道;既有苏维埃钱币的图片,对共产党、八路军高级将领的采访,也有对延安以及丁玲率领的西北战地服务团的报道。要说革命文学,赵家璧主编的"良友文学丛书"和"新文学大系"里都是代表作品。1939 年 3 月,《良友》第 147 期上发表了一篇《去延安途中》的文章和摄影报道,其中一张照片附有这样的文字:"已成中国青年梦想中天国之延安,每日必有数百青年,自全国各处,分道奔来,投军入学,有骑驴者,有骑自行车者,有步行者,此等不畏艰难追求光明之青年,当属未来中国之主人翁。"这样的"梦想"也应该是中国现代性想象的重要组成部分。

因为赵家璧主编"良友文学丛书"具有强烈的左翼色彩,良友公司又出版有《苏联大观》、《活跃的苏联》等书刊,加上《良友》画刊对苏区和苏联的报道以及大批左翼作家在画刊上的亮相,曾使得当时上海国民党市党部主任委员潘公展向良友公司施压,并发文命令公司解雇赵家璧和马国亮。公司自然不会执行这个命令,一面通过托人向南京国民党中央说情来化解危机,同时并不干涉编辑方针。这些,都是今天的"良友"研究热中不大看不到的。2004 年出版的两套《良友》文选,一套是《朱古律的回忆:文学〈良友〉》一卷,②一套是《1926—1945 良友》"小说"两卷,"人物"、"散文"、"随笔"各一卷,共 5 卷,③就反映了我们今天对《良友》画刊理解的偏

---

① 李欧梵,《上海摩登——一种新都市文化在中国 1930—1945》,毛尖译,第 71 页。
② 陈子善选编,《朱古律的回忆:文学〈良友〉》,浙江文艺出版社,2004 年,书名取自叶灵凤同名小说。
③ 程德培、郜元宝、杨扬选编,《1926—1945 良友》,上海社会科学院出版社,2004 年。

好或者说偏见,时事和政治的内容几乎没有人关注,它们的"缺位"却反过来成为对《良友》画刊都市消费主义现代性的证明。

伍联德并非简单的"事业商"。他创办《良友》的一个目的,就是要改变外国出版物中异国探险者所表现的积弱积贫的中国形象:那些小脚女人和吸鸦片的长辫子男人。因此,美术、科学、体育、现代妇女、现代家庭等构成了一个现代启蒙的价值体系。对外,它要从正面的意义展示一个全方位的现代中国;对内,它要以此启迪民众。1930年,良友出版了由伍联德负责的《中国大观》,从16个方面介绍中国的情况,发刊词说得很明白:

> 欲改变外人之观念,促进国民之努力,首次将国内实情广为宣扬。宣扬之道,文字之功固大,图画之效尤伟。盖文字艰深,难以索解;图画显明,易于认识故也。

这正是它获得海外华人欢迎的原因。一两年间,凡是华侨旅居之地,无不有《良友》画报,以至于"良友遍天下"的说法名至实归,《良友》画刊上的英文说明不是今天"和世界接轨"的意思,而是为了让海外已经不通中文的华侨后代也能够看懂。它体现出的世界图景极为广阔而敏锐,比如创刊初始就对当时的日本、苏联和德国的现状给予极大的关注,而它对东南亚(南洋)的重视更是今天的媒体所不具备的。所以,在任何意义上,它都不是一本简单的大众文化的消费刊物。

伍联德在创刊的第一年,就以积极的姿态介入政治,1926年的《孙中山先生纪念特刊》,1927年的《北伐画史》,都体现了用影像见证历史的抱负。在《中国大观》出版之后,1932年伍联德酝酿出全国摄影团的计划,立志做全国性的摄影采访。这是中国新闻史和摄影史上前所未有的,也是历史性的,从而刷新了新闻摄影和中国现代性的关系。对此,蔡元培和曾任北洋政府交通总长、国学馆长的叶恭绰都报以极大的关注,叶说的一番话很有代表性:"天下不认识别人的很多,不认识自己的似乎很少……世界上只有我国,是一种特别情形,就是立国四千年,究竟我们的国土有多大,人民数目有多少,我们始终说不出……以为一切可以不闻不问。……结果黑龙江东的地图一画错,就失去了几千里的领土;自己说台湾生番我们不管,日本就派兵去管……",①在这个重新认识中国的意义上,《良友》画刊的摄影是和中国作为现代民族国家的痛苦转型结合在一起的,这也正是伍联德的自我认同。

旅行摄影团由《良友》总编梁得所亲率 3 位摄影师组成,路线分黄河流域、长江流域和西南诸省。以一民间媒体的形式历时 8 个月,在盗匪横行、交通不变的情况下采访,是需要极大的理想支持的。摄影团历经艰难困苦,也见证了无数民间疾苦,拍摄照片一万余张。在此基础上,1934 年伍联德主编出版了大型画册《中华景象》,选刊照片 2000 幅。有意味的是,画册内容包括全国各省,摄影团无法前去的地方就设法从别的来源搜集补齐,力求各省不缺,并附有全国地图和图表 10 幅。在当时东三省已经被日本占领的背景下,这一举动的政治含义不言而喻。

摄影团在张家口采访冯玉祥将军时,梁得所写下了脍炙人口的《冯玉祥谈话》。这是一篇珍贵的文献,从中可以让我们清晰地看到这样一份被论定为"时尚"的杂志:"政治报道可以成为时尚设计和时尚开发的资源",②其主编究竟是如何思考的。它既涉及办刊思想,也涉及李先生关心的中国"现代性想象"的"知识基础"问题;既涉及宗教,也涉及政治,涉及社会主义这些"革命"的"前提",更涉及对上海都市空间的"摩登"理解。梁先请冯推荐几本必读书,冯想了一下答道:

"第一本,我以为,是《科学宇宙观》。第二,马克思的《资本论》。第三,《新政治学》(陈保仁著)。第四,《唯物史观》。最后,《新约圣经》亦该读,和《唯物史观》矛盾一下看。"说完跟着笑了一阵。

"矛盾吗?"我再问,"圣经所说'有者增之,无者反夺其所有',不就与现代经济见解相符吗?"

"不错",基督将军答,"《圣经》所谓,不惠顾最微小者之一,就是不顾上帝。这便是社会主义了。"

"一向听先生的言论,常为平民着想。请问解除平民痛苦,应从

---

① 马国亮,《良友忆旧:一个画报与一个时代》,第 77—78 页。
② 郜元宝,《1926—1945 良友》之"编者序",上海社会科学院出版社,2004 年。

哪里入手?"

"生产",冯氏答,"有饭吃然后可谈其他。比如教平民吃苹果要先洗干净,先要他们有苹果吃然后讲卫生。内地平民生活的苦况,是都市阔人所不懂的,希望你们的杂志多发表穷苦状况。"

"这回到内地旅行,一部分目的就是拍摄生活实况。至于杂志发表,我们觉得同时要注重中国的希望。过去的天灾人祸惨相布露了不少,现在我们要看一点未来的希望。当外侮迫人的时候,我们人民当保持一点有自信力的勇气。我不主张消极地发表平民的牛马生活。您以为怎样?"

"希望总是得有,穷苦毕竟是真相。老百姓做牛做马,我们的大官造几十万元的洋楼,"他说着补上一句,"我说话又得罪人了。"

"前次先生到上海所见有什么批评呢?"

"说来又是得罪人的。"冯氏讥讽地笑,"上海有的是一座座鸽子笼,藏着醉生梦死的人。除了一部分执笔者尚能革命之外,其余都是行尸走肉!"

冯送给梁两本书,其中《冯在南京》书中"革命领袖与猪"一段,记载他和当时的行政院长谭廷的一次争论,谭说中委月薪 800 不够,提议增加。冯当场反对,说猪受主人豢养,有肉有皮还主人;我们白受人民豢养,对猪亦有惭愧。由此,梁得所感慨道:狗喜欢吠就吠,我们——执笔作文章的人——胆子比不上狗,这点感想,正如冯先生所谓对猪有愧一样。冯在另一本书《马电释诠》中说,因为自己往日少读书,没有详细主张,不知政治重要,以为打倒坏人后自然有好人出现。然而,事实不如理想。梁得所写道:

人们只望以往的内战成为将来御侮的练习。而革命领袖们历次失败的经验,可促成政治的成就。

因为,我们老百姓需要政治。政治两个字的意义就是"料理大众的事",如果大多数百姓的幸福未被料理,岂独政治不良,简直就未有政治。

有人说烟台苹果香,有说花旗苹果甜;有说吃苹果削皮合卫生,有说连皮吃滋养充足；有一派主张英国烤苹果糕，另一派主张学法国制苹果酱。这些争辩有什么意思，如果百般饥渴的民众，像冯玉祥先生所谓，连苹果影子都未见过。

为了希望自己能如冯氏所谓"尚能革命的执笔者"，所以我这篇随笔特照革命文章的格式——以口号结尾。让我们对冯先生及党国诸贤高呼口号：

"拿苹果来！"（《良友》第78期）

写此文章时，梁也就27岁，具有如此抱负和襟怀的"时尚"杂志主编，我们今天的大众传媒中有多少？《良友》的坚持和操守与今天的时尚杂志是完全不同的理念。刊物要使得人民有自信力，要在现在的真相和未来的希望之间保持平衡，这个宣称并不是梁的个人观点，而是整个《良友》杂志创办的动机。正是在这样的理念下，从百姓政治的角度，《良友》才获得如此广泛的影响。政治上兼容并包，对各个党派不预设偏见，而是就事论事。这正是为什么当时的左翼文人在《良友》中也有重要表现。赵家璧主编的"良友文学丛书"成为以鲁迅为代表的左翼作家最重要的文库，这样的文库广告就显目地刊登在《良友》画刊上。素来不轻易答应刊登照片的鲁迅破例同意梁得所拍照，于是目光桀骜的鲁迅坐在书房中的照片出现在《良友》画刊第25期上，同期还转载了1925年6月《语丝》上的《鲁迅自叙传略》。女作家丁玲也是《良友》一再关注的新女性，在她被国民党监禁时，《良友》率先报道她失踪的消息，"中国社会最负盛誉之女作家丁玲女士于5月14日突告失踪，或传被捕遇害，纷疑不定"，并刊登她的小说《杨妈的日记》，公布了小说手稿的照片。抗战期间，《良友》画刊更是积极介入抗日活动，出生入死，都是上述理念的延伸。这样的《良友》传统是不应该被遗忘和抹杀的。

在回忆录《良友忆旧》的结束语中，马国亮先生引录了1928年武联德对《良友》使命的阐述：

> 我希望我们《良友》现在所抱着的普及教育、发扬文化的目标保持到底。不见异而思迁，不因难而思退；更不受任何势力的支配。取材严而均，言论公而直，持着我们的目标，忍耐、向前，努力实行，以求

贯彻……(《良友》第 25 期)。①

与这段话出现在同一期刊物上的还有《鲁迅自叙传略》。那里,鲁迅简短地记述了他弃医从文的经历,宣称:"在中国还应该先提倡新文艺"。

今天,《良友》画刊已经浴火重生。如何理解和继承这样的传统,将决定着今后《良友》的命运。

2007 年 5 月 14 日完稿,上海

---

① 马国亮,《良友忆旧:一个画报与一个时代》,第 299 页。

把影像敞开成为"战场"

——"《艰巨历程》全国摄影公开赛30周年学术展"感言①

2017年4月27日下午,"《艰巨历程》全国摄影公开赛30周年系列学术活动启动仪式暨《艰巨历程》30周年学术展"在西安橡树影像美术馆举办。本人受邀担任"学术主持",因此需要给影展写一段话:

30年前的《艰巨历程》不仅在当时是一种艰难跋涉,21世纪的今天,重新回眸上世纪80年代陕西纪实摄影群体的观念与实践,同样是一个巨大的挑战。熟悉又陌生的观感,既提示着它作为历史性的存在,也标示出我们今天观看的时空坐标:一个后革命与后政治的时代——它使得80年代本身已经逐渐被客体化与对象化,时代已经渐行渐远。不仅中国的巨变早已经越过当年的取景框,而且取景框之后的人们,以及面对取景框的人群也转换了自己关注的视角。当朴素的纪实摄影的实践被复杂的后冷战时代的各种主义与理论所掩埋的时候,后现代主义艺术所标榜的个人戳记往往沦为时代的无关紧要的小注脚。客观性被抛弃的时候,也是历史虚无之雾降临的时候。

今天也许是一个需要重新捍卫"客观性"的历史时刻。这个客观性不在于区分主客观的二元性,而是重新界定自我与世界的关系。这个巨大的叫作时代的客体,我们每个人都身在其中,自我同时也是这一客体性的一部分。当主观以客体的方式呈现,反思才有可能。在这个意义上,80年代陕西纪实摄影所代表的新记录运动依然是一

---

① 本文刊登于《当代摄影》杂志2017年第6期。

个必须的起点。它将重新打开摄影与时代的复杂关系。这里,镜头犹如历史的洛阳铲,在探挖时代地层的同时,也界定着我们自己的主体,大写的主体。

重点号部分在美术馆现场看到的文本和后续的报道中是消失的。我其实很理解它们为什么没有出现在现场。或许也应该庆幸没有:它把我自己暴露得太多了。作为一个摄影界或者当代艺术界的"界外人",与界内的焦点保持一点距离是必要的。

被潘科先生称为只是一个"开始"的启动仪式和学术展,只有半天。上半场的启动仪式非常热烈,"陕西摄影群体"以及他们当年的"艰巨"辉煌以回忆和颁奖的方式进入一种"嘉年华"的节日状态,老英雄们在闪光灯前一一亮像——在历史中重新验明正身。我其实是怀着一种几乎是欢乐的心情观看这一幕的。在我看来,这其实也可以读解为一种抵抗的姿态——犹如陕西摄影群体代表人物之一石宝琇在一篇专访中所宣称的《摄影的正途只有一条》,它表达的不仅是对纪实摄影的忠贞,更多的是抗争——针对的是占据主流话语的当代各种观念摄影,今天的纪实摄影已经被挤压到了边缘。只是今天,如何理解这种"边缘"存在,才是有意味的。

下半场留给我主持的学术活动,其实时间已经非常有限。而且经过上半场的热烈和热闹,要马上进入一个"学术"的讨论,中间有一点转换的困难。参与学术讨论的是6位此次摄影展的参展人,以及3位学术对话者。我能做的其实也就是引导把话题和问题打开,以开放出今后讨论的空间。

任何展览都必须建立在一种"学术"的脉络中,才能锚定其意义,展览是确立和见证意义的过程。30年前的《艰巨历程》其实上建立在侯登科、胡武功等一批主力干将们对理论近乎狂热的讨论。今天看来,其理论更多是对80年代主流"新启蒙"思潮的回响,但是其摄影实践却远远超越了"新启蒙"的时代局限——这是我的判断,而这一点却是需要重新阐述的关键。他们对那个时代的忠诚,在今天的年轻一代看来,时过境迁,是一种退守,但却是他们获得意义归属的唯一源头,这也是因为从今天的视角重新使之理论化的阐述尚未出现——它其实应该出现了。相较之30年前,今天的回顾展,两代策展人,潘科是当年陕西摄影家群体的主力,而董钧却是新生代的艺术家,展览的策划执行和展场的装置呈现都是由西安美院影画动漫系的中青年主力来完成。这些年轻人成长在一个后现代主义理论逐渐成为当代艺术主流的另一个世纪,摄影的当代艺术化成为趋势。因此,此次回顾展就成为一次艰难的跨越两个世纪的对话,一座横亘在时代的激流险滩上的危桥。

80年代其实是20世纪的结束,《艰巨历程》在很大程度上属于20世纪自我批判的浩大的告别仪式的一部分,80年代是其展开的时代舞台,而90年代其实已经是21世纪的序幕。《艰巨历程》正好处于过去和未来激烈搏斗的历史时刻,既是这一搏斗的见证,也是这一过程本身。它必然是政治性的。只是当时的"政治性"在今天已经具有不同的涵义。

三场讨论设定的话题分别是:现实是过去的未来;历史的实像和虚像;从再现到再造——这三个设定,涵盖了策展的思想,或者更准确地说,涵盖了年轻一代策展人对过去的回望。"现实是过去的未来",作为对80年代的总结,有其准确性,80年代是植根在70年代的,无论其反叛还是批判,它的对象是从70年代延伸而来的时代的"客体"。但是,时代的延续从来不是线性的过程,"现实"不仅属于过去的"未来",也是属于"未来"的过去,是"过去"与"未来"的激烈交锋的战场,烽火四起,火光飞溅,80年代的热度与烈度体现在《艰巨历程》中,也使之成为时代的温度计。但是,它所呼唤的未来降临的今天,却构成对当年理念的另一种反叛。时代的焦点已经转移。因此,重新回顾与打捞《艰巨历程》包含了把"过去"激活,使之重新进入对"现实"塑造的努力和情怀。但是,这样的努力在今天的展览中并不充分,力所未逮。这是很多当年的参展人回顾"旧战场"所普遍不满足的。

在"现实"作为客体存在的今天,过去和未来是以什么样的"观念"进入,就意在塑造什么样的现实。因此,"现实"是主观与客观的辩证,也是一个过程。而观念与观念的斗争,却意味着对"现实"阐述的话语权,也即对现实塑造的力量。这是理解今天的"观念"艺术的关键,也是其与"纪实摄影"冲突的关键。

围绕着"真实"展开的论战,其实也就是关于"真实"观念的论战。它展开为观念、现场和在场的关系,现场和历史的关系,最后的归结其实是与摄影主体的关系。即我们怎么界定摄影机背后的主体,这个主体与背后更大的历史叙述观念之间的关系。没有观念的在场,其实是没有"真实性"的,而观念的在场,却必然是历史性的。任何历史现场都建立在某种历史观的辐射之下,同一个历史事件,但是历史时空不一样,摄影机背后的主体就会不同,对"真实"的界定会不同,"真实"的遮蔽与敞开的过程也会不同。

"今天"其实是一个多重时空的汇集。《艰巨历程》的重要,在于它把自己敞开成为"战场"。这里有清晰的红色摄影的传统演变,从新中国第一代红色摄影人时盘棋到或许可以称为第二代的李振盛,到第三代的柳军,都是把肉身投于历史洪流中的现场参与,是镜头与现实的贴身肉搏,这样一个传统的延续、变异,以及终结,是无法重复的属于20世纪的历史。我和时盘棋老先生聊天的时候,发现他对自己的身份和实践无怨无悔,他的摄影是在理想和政治认同前提下,积极主动的结果,与我们今天的刻板想象并不同。其实,新中国的宣传政策里就已经有很多关于摆拍的讨论,宣传照片要不要摆拍,要不要到现场,虚假照片该怎么去评判等等,这些问题并不是今天才出现。围绕这些问题,那个时代的内部已经积累了很多紧张。我相信时先生反复强调拍摄要真实,有那个时代的根据。按照他的描述,此次摄影展选取的这幅表现1958年大跃进谎报亩产的作品,其实恰恰是他的抢拍,是在领导人视察之后,3位解说员姑娘也爬到领导刚才所站的麦垛上嬉闹。可是这一"真实"的场景,在今天却不再重要,证明那个时代的虚假成为这幅作品在展览中的功能,更丰富的解读消失了。而无论李振盛先生在今天如何描述和批判那个时代,他的摄影都是因为"红色新闻兵"的标示而获得意义的。柳军的摄影所代表的拍摄与被拍摄者之间兄弟般的战友情谊,肉身与战争的关系,既是终结,也是开启。在这一传统中,摄影师主体的锻造过程是一个投入大写的历史现场的过程,是一个在此过程中自身承受打击、创伤和压力的过程,也因此分享着时代内部的偶然性、悖论和矛盾的紧张——是时代内部的视角,无论是实焦还是虚焦,都是属于这个时代的——这是它们无法替代的历史价值。这里,摄影者的主体成为时代的透镜,它所折射的所有荣光、苦难与屈辱,都是时代的一部分。因此,这里不存在"小我",而是大写的我,即打开自我,让世界进入。也因此,这里的"我"也是作为受苦人——在政治的庇护消失之后,在世间行走——这正是80年代之后中国纪实摄影的光辉历程,在这个意义上,我把陕西摄影家群体所代表的纪实摄影看成是对这一传统的延续,是以反叛的方式延续,是20世纪最后的尾声。多少有些让人惊异的是,在时盘棋-李振盛-柳军的脉络之后,在今天的这个展览上,陕西摄影家群体的作品其实是整体消失的。或许唯一可以解释的是,这个由陕西摄影家所主导的展览有意无意正是把自己视为属于这一传统的,因此它不证自明。

场上讨论的另一关键词是"证据"。证据其实是作为真实能否成立的一个标准。正是时盘棋老先生反复强调,摄影要真实,不能摆拍。在某种意义上,真实其实不是方法,而是信用。时先生的时代,真实是靠新中国的信用与合法性来背书的。但是今天这个意识形态诸神争斗的时代,在全世界范围内,国家本身的合法性正在面临危机和挑战,新媒体环境下的普遍观念是凡是国家背书都可能是不真实,我们已经进入逆转的时代。这就出现对真实作为证据的另一种呈现,即当代艺术家的方式,以个体的方式取代国家为"真实"背书。纪实摄影的证据是主体走出自我的界限,是对现实的突破,是主体与客体的撞击,才是"真实客观"。当代艺术则反之,当代艺术家更乐意在外部世界扮演拾荒者的角色,它以自我的"主观"作为标准挑选现实世界的碎片,在摄影棚的空间中,把不同历史碎片进行重新剪辑,打上专属的戳记,来完成属于他的作品。以个人作为艺术家的身份为此背书,以扮演上帝的角色来界定"真实"。在这个意义上,当代艺术信奉:真实就是"主观"。但是,作为个体的"主观"对真实的背书多大意义上是可靠的,若要追究这个问题,我们就需要对当代艺术得以展开的美术馆和博物馆的体制展开追究,这就暂时超出了本文的讨论。但是,它的确是一个关键的问题。举个例子说,王庆松先生的"佛堂",如果把佛教换成基督教,它还能进入西方的主流展览体系吗?或者不要说任何佛教徒,就是任何对佛教有同情地理解的中国观众,其观感都不会是"本质的真实"。有意思的是,王庆松所追求的"本质的真实"的表述,恰恰正是传统的国家宣传话语所强调的。

每个人都在自己的时代里面,并不意味着每个人都在历史的"现场"。今天数码化的时代,镜头无处不在,历史的现场却变得不再清晰,"景观"取代了"现场"。犹如当"真实"被解构之后,人们对真相的饥渴却并没有消失；在历史被"虚无"之后，时代对"历史"的兴趣从没有真正泯灭，什么样的历史，谁的历史？正是所有"虚无"之后的"现实"。张大力的自我定位是当代艺术家，不是摄影家。他的作品表现出很大的野心，就是把自己的个人印章盖在20世纪的中国历史之上——一个经典的当代艺术的命题，却是以追究历史"真相"的名义。它暴露了当代艺术自身的一个悖论：一个两重标准。一方面，当代艺术把20世纪红色传统标示为整体的虚假而进行道德的谴责，批判其对历史的践踏或者僭越；但是另一方面，当代艺术却宣称自己具有合法性和优越性，宣称其以艺术名义进行的"造假"是"真实"的。

最后一个有意思的话题，就是战争。80年代目睹的最后一场战争就是对越战争，它在很大程度上也是世界历史的一个转折点，是中国和世界关系发生大转折的枢纽，既是见证，也是过程。柳军作为亲历者和参与者的角色进去，他自己和这个摄影本身也成为这个历史的一部分，这就是摄影的建构功能。柳军和他的战友们共同创造了这些作品，也成为这个历史主体的一种自我表达，很大意义上突破了当时意识形态对战争的表述。这是我们今天回顾中所关注的"真实"，它不能被任何"虚拟"所代替，也无法被任何虚拟所代替，因为特定的历史时空本身不可重复。

但事实上，除非是战地记者，除非是战地摄影，所有战争影像都是"虚拟"的。我们小时候看中国抗日战争的电影长大，犹如美国人看好莱坞战争片长大。战争作为一种影像话语，也是意识形态话语，关键是谁在重构，用什么观念重述？今天的世界格局，突然非常像一战爆发之前的世界，历史会不会重演？战争对今天意味着什么？当我们需要对未来作出一个判断的时候，怎么重新思考战争？李洁军的作品拉开重新反思战争的视角，这样一个视角是重要的。摆拍使得照片背后的动机有一个暴露的可能，也使得战争背后的动机有一个暴露的可能，这种可能的情况下，我们才能反思什么是战争，和战争将给我们带来什么？

其实我们拥有的从过去探索未来的手段就是重构，科幻电影在今天之所以大行其道，是因为我们对未来忧虑，这一忧虑本身是真实的，是今天这个时代真实的反映。当我们用虚拟的方式反思战争，人类从20世纪到21世纪战争的历史，虚拟是有效的方式，只是这个虚拟背后的观念是什么？需要追问战争的正义和非正义，是人民战争，还是侵略战争？是殖民战争,还是反殖民战争？只有这些问题重新被提出,才不至于被历史虚无之雾遮蔽了面向未来的视线。

在今天虚拟和真实之间交相呼应的过程中,今天的战争像电子遥控游戏一样。但是,当你真的到了伊拉克、阿富汗等地的战争现场,实际是血肉模糊,鲜血淋漓的。只是这些能不能进入镜头,呈现为我们可见的影像,才是讨论真实和虚构问题的最大挑战。

在此,《艰巨历程》30周年学术展的出现,意味着摄影本身作为历史的见证者、参与者和未来的预言者,多重身份的重叠与搏斗。它的确不是一个完成,而是新的"战场"的开启。

2017年5月17日星期三凌晨,上海

中篇　作为中国叙述的"台湾问题"

"台独"的历史根源：从"白团"到"台湾帮"

——作为中国叙述的"台湾问题"①

引言：今天的台湾问题

  2016年5月20日，民进党主席蔡英文宣誓就任台湾地区领导人，国民党与民进党的两党政治进入新一轮的蓝绿循环。在很大程度上，这一就职也是2014年3月台湾学生反《海峡两岸服务贸易协议》之所谓"太阳花"运动的成果，当学生们冲击"立法院"，蔡英文、谢长廷等民进党领袖奔赴现场力挺，并非偶然。所谓"太阳花"运动，实质是台湾两党政治危机的内爆，无论蓝绿阵营，这一政治危机其实是共享的，即这一政治危机受制于台湾在世界地缘政治中的历史与现实的位置，及其在后冷战时期的角色，它使得目前台湾的政治图景固化在"台独"或"独台"的困境或危机中。

  自2013年中美首脑在安纳伯格庄园会谈以来，中国与美国形成了"新型大国关系"的博弈框架。事实上，正是中国包括"一带一路"在内的西进战略遏制了美国重返亚太的步伐，并实质上成为西方"普世价值"新的竞争性话语，才是构建中美"新型大国关系"的基石，平衡从来都是动态的角力过程，中美关系从来如此。这一大格局需要先厘清，也是今天进一步分析台海局势的前提。只要这一中美基本平衡不被打破，台湾分离主义的政治空间就会受到压缩。这可以类比70年代初中美建交之后，台湾

---

① 本文节本发表于《开放时代》杂志2016年第6期。

被迫放弃军事威权体制。但是,另一方面,大格局能否锁定,却是以区域博弈为前提的,这就为区域冲突重要性的上升制造了条件,台海问题与南海问题一样——美国借此作为重返亚太的战略步伐,以及制衡中国的砝码,却因此更加活跃。7月12日,所谓"南海仲裁案"宣判菲律宾胜诉,否认中国"九段线",美国率先表态要中国遵守仲裁。7月13日,韩美宣布萨德反导弹系统在韩国部署。一系列重大事件接踵而至,世界局势波诡云谲、风云变幻,2016注定将是不平凡的一年。

这一关系表现在台湾问题上,则是蓝绿共享的、基于冷战的政治意识形态与美国重返亚太之间的配合,与台湾经济事实上承受"中国崛起"强大辐射之间的悖论。这一意识形态与经济发展之间的冲突与扭曲在台湾社会不断内爆,"太阳花"是这一危机的加深和表现。随着民进党新一轮上台,对执政"合法性"的意识形态汲取会进一步加深,涸泽而渔,台湾社会经济发展的困境会因此加剧。在世界经济陷入不稳定和动荡的历史关头,台湾经济发展不搭乘中国经济高速发展的火车,几无可能解决困境。"太阳花"运动以社会运动与政党政治联袂的方式狙击两岸经济融合,并无前途。但是,社会的两极化和撕裂——这一在过去十余年间加速发展的危机,却有可能如失闸列车。

这也意味着台湾问题背后,即处于剧烈变动世界的格局将继续以不同的方式制约和影响岛内的政治格局,因此,需要把动态的变化与结构性制衡结合在一起来测绘。

在此视野中,作为致力于打破"台独"和"独台"困境的艰巨努力,来自台湾内部的"社会主义统一派"(统左派)的声音开始突破重围,在海峡两岸逐渐浮出地表,值得特别重视。"社会主义统一派"包括台湾少数民族(部落)工作队、台湾抗日志士家属联谊会、台湾地区政治受难人互助会、台湾劳动党、夏潮联合会、《海峡评论》杂志、中国统一联盟、人间出版社,以及因应两岸和平发展新形势而于2014年由以上8个团体发起组成的中华两岸和平发展联合会,与劳动人权协会、《远望》杂志、辜金良文化基金会、中华基金会等相关团体,虽然目前属于少数,或极少数力量,但是却是台湾爱国主义光荣传统的继承,它的历史脉络需要新的理解,其发展潜能需要重新评估。自2014年蓝博洲《台共党人的悲歌》在中信出版社出版,至2016年4月《无悔:陈明忠回忆录》在三联书店出版,围绕着两书的议题,两岸都展开了一系列重要讨论。本文以蓝博洲的历史考察和陈明忠的口述史作为左翼的阅读线索,勾勒这一拨重新崛起的历史叙述,即台湾"社会主义统一派"所致力于对台湾历史的拨乱反正;作为对比阅读的则是右翼《蒋介石与白团:最后的帝国军人》一书,它的中文版2015年1月由联经出版公司在台湾出版。事实上,它们分别从左右相反的方向撬动了台湾蓝绿政党政治所共同奠基的历史叙述。

(一) 解开历史叙述的纠结:"二·二八"和白色恐怖的真相

统左派致力于修正的核心历史观不是别的,正是"二·二八事件"与"白色恐怖"。它们触动的是台湾社会的交感神经,也是蓝绿阵营历史叙述的枢纽和关键——只有解开此结,建筑其上的意识形态才会崩解。统左派强调"二·二八事件"实质是国民党腐败导致官民冲突,由此促使抗日的台湾一代年轻精英转向红色中国。蒋介石政权来台最初清洗迫害的恰是外省人,抗美援朝之后,在得到美国支持下,蒋始放胆大开杀戒,屠杀左转的台湾本土精英和平民,一代人倒在血泊中,是为白色恐怖。这一历史被国民党刻意湮没,并被民进党蓄意曲解,——这是今天的海峡两岸首先必须面对的历史大考。2016年4月25日,蓝博洲应笔者邀请在华东师范大学思勉人文高等研究院做了《寻找被湮灭的台湾理想主义》的讲座,通过台湾先烈共产党人郭琇琮的人生故事,他尖锐地指出:台湾人已经成为历史的难民。

其实,上个世纪50、60年代,在红色中国的周边,白色恐怖不仅发生在台湾,也发生在印尼、韩国、越南等地。大规模对共产党和倾向左翼的平民恐怖镇压和大屠杀,都是美国支持下的威权军事政府所为,一如台湾的蒋介石国民党政权。但是,在美国主导的冷战话语霸权之下,这一历史在很长一段时间是被抹杀的。1993年,台北六张犁墓地发现201个在马场町刑场枪决而被时代弃葬的50年代白色恐怖牺牲者。据民间机构的统计,白色恐怖期间被以共党罪名杀害的人数约5000人,被判处徒刑的上万人。而按照陈明忠的估算,因为"匪谍"案件被捕者达14、15万人,其中约40%是外省人,而当时外省人在台湾总人数不到15%,可见白色恐怖并不是族群问题,而是"白色恐怖阶级对所有被统治阶级的恐怖行为"。①

　　2002 年由于台风掀开了一个埋有众多遇难者遗骸的墓葬，韩国李承晚政权对共产党和受牵连平民的大屠杀才陆续在公众面前被披露，2008 年美国档案馆公布的解密档案证实了这场大屠杀，据历史学家统计死难者高达 10 万之众。而印尼在美国支持下通过军事政变上台的苏哈托政权对共产党和平民的大屠杀至少 30 万以上，这却直到美国导演奥本海默 2012 年拍摄纪录片《杀戮演绎》、2014 年拍摄《沉默之象》之后，才得以逐渐为世人所知。更不用说从 1950 年到 1975 年朝鲜战争到越南战争，美国直接军事对抗红色阵营，造成包括平民在内数百万的死亡。其实，如果把 50 年代以来美国在亚洲的行动逻辑与其在拉美、中东的表现放在一起，可以清楚地看到同一逻辑在不同时空中的演示。

　　但是，20 世纪针对共产主义运动而兴起的、包括上述大屠杀在内的法西斯主义行径最终被归结为民族、种族和族群问题，却是 21 世纪的症候。它与今天重新复活的宗教原教旨主义、种族主义和狭义民族主义是同一个历史进程的不同面向——这已经成为今天这个世界上难以打开的巨大纠结，并从中不断内爆出新的暴力和人道灾难。正如非洲学者穆罕穆德·马姆达尼（Mahmood Mamdani）在《好穆斯林、坏穆斯林：冷战与恐怖的根源》一书以清晰的历史脉络所描绘出的那样，美国的中东战略正是今天世界"恐怖主义"的来源。②

　　今天的后冷战时期，世界主流媒体的历史叙述（包括中国大陆在内）在很大程度上依然是在冷战的框架下，并继续形塑着我们对世界的理解，以及中国在其中的位置、海峡两岸的关系。所谓台湾问题的死结其实正是这一序列的后果。在蓝博洲看来，白色恐怖不是仅仅杀了多少人的问题，而是摧毁了日据以来台湾进步思想的传统，也因此消除了台湾社会的良知与正义，以至于整个社会思想意识长期陷入丧失民族主体性的可悲的虚脱状态。

　　蓝博洲讲述了他如何从一个懵懂的乡下野孩子，受现代主义影响找

---

　　① 陈明忠，《无悔：陈明忠回忆录》，生活·读书·新知三联书店，2016 年，第 242 页。
　　② Mahmood Mamdani, *Good Muslim, Bad Muslim: America, the Cold War and the Roots of Terror*, Three Leaves Press, Doubleday, New York, 2004.

不到生活意义的文学青年,在冥冥中,通过文学的方式,忽然与台湾处于地下的、被湮没的红色历史相撞,所受到的心灵震撼和成长历程——这一看不见的"理想主义"顿时攫取了他的全部身心,让他立志要把自己的生命也献祭给这一历史。这究竟是一种什么样的历史力量能够让一个 60 年代出生的台湾文学青年从此放下一切,无怨无悔,自觉地把自己的个体生命与此相联?为了这些被遮蔽与遗忘的故事能够被重新讲述,蓝博洲做了艰苦卓绝的档案调查、大量寻访当事人。对于被权力刻意掩埋的历史来说,重新挖掘的困难,以及各种政治与经济的压力,在今天台湾社会的政治生态下是可以想见的。但是蓝博洲执意用自己手中的笔去穿透既有的冷战历史叙述的铁幕。因为这样的重负和孤寂之路,他有时候也会表露出一丝怀疑,以一己之力对抗这一强大的历史霸权,究竟能否产生意义?对于解开这一巨大的历史纠结,到底能否产生影响?也许我们今天尚无法给出答案,的确。但是,共产主义运动作为 20 世纪最重要的历史,这一在台湾被隐匿和镇压的巨大存在,是必须被面对的,这一巨大的历史纠结和伤口必须被重新打开,民族的未来才有希望。未来是从现在开始的,现在是从过去生长出来的,正如蓝博洲的工作所证明的那样。撬开历史的巨石,缝隙下才会有绿草的生机,才能重新开辟出新的历史视野和历史动力。

通过蓝博洲展示的照片,这些死去的英灵年轻的面孔穿越时空与我们面对面。与这些澄澈的眼神对视,我们会发现他们还活在今天。守护着这些在白色恐怖中为理想主义而献身的英灵们,蓝博洲把自己当年所感受到的震撼如火炬般传递给我们,让我们与 20 世纪最波澜壮阔的历史有了心灵的对撞。历史需要激情,也需要理想,才能够传递下去。历史也是在这个意义上才能被激活。

(二) 从"白团"到"台湾帮":台独的历史根源

其实,蓝博洲讲述的这些故事我们既陌生又熟悉。作为上世纪 50 年代台湾共产党人的故事,不难发现,它们实际上就是 20 世纪中国的故事,与中国 20 世纪社会主义革命的历史血脉相连。蓝博洲用"历史的难民"来形容今天的台湾,批评今天不愿当中国人的大陆人比台湾人还多,都是陷入一种历史的难民记忆里。的确,持续发烧的民国热,把民国看成是一个黄金时代,在蓝博洲看来都是奇怪的谬论,这本身不就是"历史难民"的表现吗？他难掩悲愤地说,蒋介石把进步的抗日青年都抓去坐牢、枪毙,重用一些当汉奸的人,把是非、忠奸都颠倒了,社会价值和正义都破坏了。蒋一方面重用由日本关东军组成的"白团"来训练"国军"反攻大陆,另一方面用依托武力的土改逼出了旧地主阶级反共反蒋、亲美亲日的"台独意识"。大陆一些历史学家对蒋介石的肯定,在他看来怎么样都无法接受,蒋有什么"民族大义"?! 不过是坚持所谓"汉贼不两立"而已。现在竟然还有人歌颂蒋经国是民主,这是历史事实的颠倒,他不得不如此,国民党的独台政策就是从自称也是台湾人的蒋经国开始的,因为反攻无望而开始搞独台,即不改变国号的台湾独立。

蓝博洲提到的"白团"问题,1996 年台湾林照真曾出版《覆面部队:日本白团在台秘史》初揭面纱;2008 年《朝日新闻》前驻台北特派员、日本媒体人野岛刚开始调查此事,他撰写的全面披露这一历史的《最后的帝国军人:蒋介石与白团》一书,2014 年出版于日本,2015 年在台湾联经出版公司出版中文译本。不是"二·二八"之后,而是自 1949 年 7 月败退台湾伊始,蒋介石就开始秘密组建和重用前日本帝国旧军人为成员的"白团",他们同年秋天陆续抵达台湾。这是一个对抗红色中国、前后延续 20 年(1949—1968)的大规模、有组织性的军事支援活动,与抗美援朝战争和越南战争几乎平行,其实并不奇怪。"白团"名称来源于日本前陆军少将富田直亮的中文名"白鸿亮",以"白"为姓,正是包含了对抗共产党"红色"之意。中华民族刚刚浴血奋战把日本帝国主义的殖民统治扫除台湾,蒋介石就从后门把这些民族敌人引进宝岛,这难道不足以让蓝博洲质问和嘲讽蒋的"民族大义"究竟何在吗？蒋本非不自知,作为二战之后机密等级最高的军事机密,为了掩人耳目,所有日本军人都伪造了中国名字的护照。可以说,在任何意义上,这一"白团"都属于蒋介石政权在台湾的"白色恐怖"的序列之中。

1945 年 8 月 15 日,日本天皇通过"玉音放送"表示接受《波茨坦公告》投降。而在玉音放送之前,蒋介石就已经在重庆发表了被日本人感恩戴德称为"以德报怨"的著名演讲:"要知道如果以暴行答复敌人的暴行,以侮辱答复他们从前错误的优越感,则冤冤相报,永无终止,绝不是我们仁义之师的目的"，①——其"终止"在于反共。此时，蒋介石已经在考虑利用日本军人来对付共产党。中国的日军头号战犯是冈村宁次，他不仅是设置"慰安妇"的始作俑者，也是1933年臭名昭著的"塘沽协定"的强硬主导者，由蒋介石授意何应钦与之签署的这份协定，事实上承认了"满洲国"割让给日本，并为日本进入华北敞开大门；冈村宁次更在侵华战争后期成为日本侵略军总司令。这位始终处于侵略中国前沿阵地、最终担任中国派遣军总司令、被延安的中共列为榜首的头号战犯，在蒋介石的庇护下，成功逃脱东京大审判，并成为日后日本对台湾政权的主要支持势力。

1945年12月23日，蒋介石接见囹圄中的冈村宁次，冈村对蒋此次的印象是"始终带着微笑，充满令人感动的温柔敦厚"。② 在中国关押期间，国民党知日派持续拜访冈村并向他咨询反共作战的建言。1948年1月26日，石美瑜担任审判长的上海战犯审理法庭中午休庭时，石召集法官们来到审判长室，取出盖有国防部长徐永昌大印、写着"无罪"的判决书，告知大家：

> 我坦白告知各位，这起案件已经由高层决定了。我对此无能为力，大家现在就在这份判决书上签字吧。
> 我很清楚大家的心情，因此也无法勉强各位。只是，在隔壁房间里，国防部派来的军法官已经在那边待命了。就算我们不署名，他们也会立刻接手整起案件，结果还是一样的——唯一不同就只是接下来，我们会被全体带到警备司令部的地下室去而已。③

1948年11月，曹士澂在国民政府国防部处置冈村宁次的会议上强调："众所周知，冈村一向坚守反共立场，若是将他处以死刑，正好称了中共的意。相反地，将他释放回到日本，则是相当有利的决定；冈村必定感于这份恩义，在日本继续坚持反共的立场，并且很可能在将来的反

---

① （日）野岛刚，《最后的帝国军人：蒋介石与白团》，台北：联经出版公司，2015年，第113页。
② 同上，第119页。
③ 同上，第132页。

共战争中,成为支援中国的一股力量。"①曹正是后来组建"白团"的主要推手。

在国内外舆论强烈的抗议声中,1949年2月4日,冈村宁次以"无罪"之身搭乘美国军舰"威克斯号"安然回到日本,同船抵达横滨港的还有260名战犯。港口高悬日本国旗迎接,驻日盟军总司令部(GHQ)参谋第二处的利米中校接应时表示:"这是我的上司,为了将军的到来而特地悬挂的"。GHQ副参谋长威洛比少将派人去医院见冈村,后赠送美军将官的营养口粮和盘尼西宁。冈村则直率地提出"为了将南下的共军阻挡在扬子江一线,希望美军能够派遣两个师到华中地区"。至此,GHQ-日本旧军人势力-蒋介石的反共联线已经开始形成。②

1949年4月,曹士澂赴日本任中华民国驻日代表团第一处处长,主要任务就是"集结日本正规军人组成'国际反共联盟军',对共产党发动反攻计划,随后演变成在日本组织军事顾问团,前往台湾助战的计划"。1949年5月30日他在与冈村密议之后,拍电报给蒋介石:

> 麦克阿瑟将军和美国国策之前的矛盾已然表面化;将军希望能够确保远东,并在此展开反共活动。我国刚好可以利用这点,发动反共同盟、组织国际联军,在亚洲展开长期抗战,并且获得最后的胜利。除此之外,东京是东亚各国代表机构云集的场所,在麦克阿瑟的反共精神号召下,联合各国共同合作也较为容易,这也是相当有利的地方。③

1949年7月30日,蒋介石两次召见曹士澂,深思熟虑之后批准了曹的方案,由冈村宁次担任"保证人"的中日反共联盟"白团"正式诞生。20年间,先后有83名日本军官加入"白团",其中82名上过中国战场。

1949年12月7日,即日本投降4年之后,中华人民共和国成立3个

---

① (日)野岛刚,《最后的帝国军人:蒋介石与白团》,第129页。
② 同上,第136页。
③ 同上,第150页。

月,蒋介石政权不得不全部败退台湾。冈村宁次1949年12月31日给蒋介石的信,明确描绘集结"反共同志"支持蒋政权的蓝图,"我国的反共同志,对于阁下确保台湾、长期坚持下去,并且在时机到来之际反攻大陆这件事,全都深信不疑,并且深深祈愿阁下的成功"。①

由此,可以再聆听一下蒋介石在白团担任教官的"训练营"上的训话:

> 以往东方各国中,要算日本的军事进步最快,而且文化社会与我们相同,尤其是他们刻苦耐劳、勤俭简朴的生活习惯,与我国完全相同,所以这次决定请日本教官来训练你们。……唯有以东方人知道东方人的性能,东方人知道东方人的道路,这样训练,才能真正复兴东方固有的道德精神,建立东方的王道文化,完成我们的革命事业,洗雪过去的重大耻辱。
>
> 但是也许有人会说,日本同我们经过8年战争,过去他们侵略我们,做过我们的敌人,现在我们打了胜仗,还要请他们来当教官,实在不能使人悦服。大家是不是也有这种观念呢?如果也有这种观念,那就是一个极大的错误。②

在这篇讲话中,蒋介石反省了中国凭什么打败日本?"一半是靠着总理的主义和正确的国策,一半是靠着友邦美国的援助,才有此侥幸的胜利。"在蒋的视野中,人民战争并不具有任何决胜的意义。这段话,应该请海峡两岸的民国"历史难民"们多读几遍。一面是对日本侵略者的"温柔敦厚"、"以德报怨",一面是对岛内长达20年的白色恐怖,这一基本事实还不足以说明历史的"真相"吗?

1972年2月,尼克松访华;受此影响,9月日本首相田中角荣访华,中日闪电建交。蒋介石陷入悲观绝望,富田直亮召集前白团成员署名"共存共亡"决议书递交给蒋,为其打气。1975年蒋去世之后,蒋经国恳请富田直亮继续留在台湾,要"接受白将军的指导",并授予其上将军衔,"白将

---

① (日)野岛刚,《最后的帝国军人:蒋介石与白团》,第102页。
② 蒋介石,《革命实践研究院军官训练团成立之意义》,载野岛刚,《最后的帝国军人:蒋介石与白团》,第414—415页。

军"成为台湾第一个外籍军事将领。回到日本的白团成员则组成"冈村宁次同志会",其活动档案秘密部分保存在靖国神社档案室。①

更重要的是,回到日本的白团成员成为战后日本所谓"台湾帮"的主力,他们构建了蒋介石政权与日本右翼前军人势力,以及与此相联系的战前财阀、政客与官僚等军国主义余孽组成的反共大联盟,成为战后 50、60 年代日本政坛的主导性力量。被认为是"台湾帮"之祖的岸信介,正是现任日本内阁总理大臣、自民党总裁安倍晋三的外祖父。

岸信介是操纵伪满洲国的五巨头之一,东条英机内阁成员,远东国际军事法庭甲级战犯嫌疑人。1957 年作为甲级战犯的岸信介在美国的支持下,出任自民党总裁和内阁首相,这曾被《朝日新闻》认为是日本无法追究战争责任的原因。岸信介上台后即多次访问台湾,与蒋合作反共大计。1960 年 1 月 14 日,岸信介强行推行和批准与美国签署新《美日安全保障条约》,增加"远东条款",即美日安全防卫的范围以日本为中心,包括"菲律宾以北,中国沿海和苏联的滨海边疆区",②此条约在日本曾激发出战后最浩大的社会运动,几十万人上街示威,即为著名"安保斗争"。1960 年 7 月岸信介遇刺受伤,辞职下台。1969 年台湾在联合国的中国代表权动摇,岸信介鼓动台湾放弃安理会席位的同时保留一般成员国席位。从扶蒋反共到支持"两个中国",日本右翼反共、反华、亲美、亲台的政策路线在岸信介手中已经完成了它的自我逻辑,台湾正是其逻辑中的重要扣环。在岸信介之后,其胞弟佐藤荣作自 1964 至 1972 年长达 8 年的执政期间,追随美国,继续执行岸信介的路线,自行延长《日美安全条约》,出台"台湾归属未定论"。但中美建交,美国并不通知日本政府,佐藤荣作因此下台。

1972 年日本邦交正常化之后,"台湾帮"进入更加制度化、程序化的组织过程,成为有组织、有纲领、有政策方针和行为目标的政治势力。1973 年被认为是日本"台湾帮"正式形成的一年,出现了两个组织形式,一是"日华关系议员恳谈会",是老巢和据点;另一就是"青岚会",由年轻的自民党右翼议员组成。这两个组织的幕后策划者都是岸信介。他们把

---

① 野岛刚,《最后的帝国军人:蒋介石与白团》,第 339 页。
② 林晓光,《战后日本的"台湾帮"与中日关系》,《台湾研究》2004 年第 4 期,第 46—50 页。关于日本"台湾帮"的详情,可参见(日)本泽二郎,《日本政界的"台湾帮"》,上海译文出版社,2000 年。

持了日本的安保和外交决策大权。① 其主要诉求就是在日美安保体制的框架内与台湾加强安全合作,把台湾纳入美日军事同盟框架和战区导弹防御系统,宣称安保体制适用范围包括"台湾海峡"。冷战之后,"台湾帮"势力东山再起,势力更加强大。1996 年《日美安全保障宣言》和 1997 年《日美防卫合作和指针》连续出台。"台湾帮"对李登辉、陈水扁的上台,都起了关键性作用,已然是台独势力的鼎力后盾。李登辉的"两国论"抛出后,"台湾帮"即为日本支持分裂中国之政治势力的大本营,不断策划李登辉访日计划。与此同时日本否认侵华、殖民"满洲国"为侵略历史翻案言论甚嚣尘上,也就势所必然。

从蒋介石"以德报怨"任用"白团",到李登辉公开"台独"主张,其间的逻辑其实是一致的。这即体现为蒋介石在战后台湾极其困难的经济环境下,花大价钱收买和优待"白团"成员;也表现在李登辉上台后,不惜大量重金收买日本各界重要政治人物。其方式主要有政治捐款、提供活动资金、认购日本政治家的集资宴会券、邀请访台、以学术研究名义提供经费,大型建设项目招标向日本公司倾斜等。石原慎太郎曾解释日本公司拿下台湾高铁的政治意义说"日本内阁成员就能正式访问台湾,来台参加剪彩仪式"②,从而提升日台"实质性"关系。

历史并没有结束。据台湾《中国时报》报道,2014 年 4 月日本"白团"团长富田直亮(白鸿亮)逝世 35 周年前夕,白鸿亮之子,时年 77 岁的富田重亮再度访台,参访当年白团成员在台足迹。③ 另据日本《产经新闻》2015 年 9 月 22 日报道,日本首相安倍晋三当日前往静冈县小山町为外祖父岸信介扫墓,专程向外祖父报告解禁集体自卫权的安全保障相关法案在"国会"通过的消息。④

1945 年日本投降后,以士绅家庭为主的皇民化家庭,在土改中是利益受损者,他们构成了台独势力在台湾的温床。这就是陈明忠提出来的

---

① 薛龙根,《论析日本的"台湾帮"》,《台湾研究》2000 年第 4 期,第 48—54 页。
② 林晓光,《战后日本的"台湾帮"与中日关系》,《台湾研究》2004 年第 4 期,第 46—50 页。
③ 2014 年 04 月 28 日中国新闻网《台媒解密历史:蒋介石密组"白团"策划反共》,http://www.chinanews.com/tw/2014/04-28/6111506.shtml。
④ 《安倍晋三为外祖父岸信介扫墓,坟前报告安保法案通过》,澎湃国际 2015 年 9 月 22 日,http://www.thepaper.cn/newsDetail_forward_1378028。

重要的"台独土改起源论"的判断,他发现"台独"分子实际上多是因国民党的土地改革而没落并流散在日美等地的地主子弟,他们进一步与台湾中小企业主结合而壮大,这些人中很多也是地主在土改后获得"四大公司"股票转型而成。① 他从狱中亲身经历发现,白色恐怖时期真正的"台独案者"是 1960 年之后才逐渐增加的,这符合海外"台独"运动的开始时间,而与 1947 年"二·二八"事件在时间上差距太多。

1960 年王育德在日本成立"台湾青年社",出版鼓吹"台独"的《台湾青年》杂志,1965 年改名为"台湾青年独立联盟"。台独"基本教义派"大佬黄昭堂曾任该社中央委员会委员长。1970 年,总部设在美国的"台湾独立联盟"成立,黄为中央委员,并自 1995 开始担任总本部主席,"台湾安保协会"理事长。2000 年陈水扁上台以来,黄被封为第一、二、三届"总统府国策顾问"。2002 年 5 月,由黄昭堂为共同召集人的"台独基本教义派"发起"台湾正名运动联盟",鼓吹"台独建国"。黄昭堂坦承:"日本方面对台独联盟成员从未有压迫动作,甚至曾私下表示,希望台湾早日独立,因为如此比较合乎两国利益"。1996 年台海危机,日本防卫厅邀请黄昭堂参观陆上自卫队举行的年度军事演习,公开为台独势力撑腰。② 黄既然是李登辉和陈水扁的鼎力支持者,自然也是蔡英文的力挺者。所以他于 2011 年手术中突亡,蔡第一时间紧急赶赴医院。③ 2010 年安倍访问台湾,特别要去访问民进党,并拜会蔡英文。④ 今天的日本右翼势力与"皇民化台独"派的合谋,已经是一个不用掩饰的"阳谋"了。

由此,陈明忠质疑"台独"的"二·二八"起源论,并引证台湾历史学家戴国辉的论点,即"台独"运动的形成以 1949 年中华人民共和国的成立为契机,是国民党退到台湾以后的事情,与"二·二八"事件无关。

---

① 陈明忠,《无悔:陈明忠回忆录》,第 219 页。
② 张凤山,《黄昭堂——"台独联盟"元老之一》,中国网:http://www.china.com.cn/chinese/TCC/180711.htm。
③ 《台媒:台独大老黄昭堂手术中骤亡 绿营震撼》,中国新闻网,2011 年 11 月 17 日,http://www.chinanews.com/tw/2011/11-17/3467640.shtml。
④ 邓婧,《"家族制度"对日本亲台右翼政客的影响——兼论日本右翼与"台独"势力的结合》,《现代台湾研究》2015 年第 2 期,第 30—36 页。

（三）红色血脉：作为反抗帝国主义的民主/民族革命的台湾历史

只有把上述被隐藏的历史揭开，才能明白为什么被国民党屠杀的这一批人都是台湾年轻的知识精英。台湾作为日本的殖民地，一代最优秀的年轻人首先是在反殖民运动中背叛自己出身的皇民化阶级。他们欢呼台湾回归祖国，却被国民党"二·二八"事件中表现出的腐败所戕害，在痛心疾首地追寻理想的过程中，他们的认同从"白色祖国"转向了"红色祖国"。这一鲜血接续的红色血脉虽屡遭酷压，却如地泉，从未消失。日据时代第一波反抗日本侵略者的爱国民主运动，在30年代被剪灭；而"二·二八"之后转向红色中国的民族民主解放运动，至50年代也基本被杀绝；70年代在陈映真和《夏潮》杂志的影响下，通过乡土文学的论争，启蒙了蓝博洲这一代60年代出生的新人，其《台共党人的悲歌》就是通过奋力挖掘两岸关系中这一失踪的共运史，使之能够重新突跃出地面。而受难者与幸存者陈明忠先生就是在狱中被这些慷慨就义的烈士们所感召，成为这一血脉承前启后的历史传递者和证人。

50年代，台湾年轻的外科医生郭琇琮写给妻子的最后字条是把自己的骨灰撒在这片热爱的土地上，或许对老乡种空心菜有些帮助——当年轻的蓝博洲听到这样的遗言时，如遭雷击，台湾曾涌现过如此优秀的人物，之前却从不知道，这激发他去追寻他们的遗踪。这个意义上，社会主义和共产主义的理念，并不仅仅是西方舶来，更是中国，包括台湾本土在特定历史脉络下凤鸣谷应，呼应出来的理想，这一过程并没有结束。正是在寻找的过程中，青年知识分子与社会主义、共产主义相遇并结合，这本身也是中国革命能够取得成功的重要理由。只有把这一历史与新中国的建立重新并置在一起，才有可能把台湾被湮没的历史血脉接续下去，把今天中国社会主义革命的使命接续下去。

蓝博洲在讲座演示的PPT中，有一张手书的《安息歌》。这是和郭琇琮同一天走向刑场的年轻共产党人许强手抄给妻子的遗书，他是台北帝国大学医学部第一届优秀毕业生，他的日本老师曾认为，如果亚洲有人能够得诺贝尔医学奖，许强会是第一个。但是，他义无反顾地走上了革命之路。遗书没有私语，其实是两首歌的歌词，一首是《万里长城》，另一首就

是《安息歌》。《安息歌》是他在牢房里向从大陆来的难友学会的:

> 安息吧!
> 死难的烈士,
> 别再为祖国担忧。
> 你流的血照亮着路,
> 我们会继续向前走。
> 你是民族的光荣,
> 你为爱国而牺牲。
> 冬天有凄凉的风,
> 却是春天的摇篮。
> 安息吧!
> 死难的烈士,
> 别再为祖国担忧。
> 你流的血照亮着路,
> 我们会继续向前走,
> 去争取民主自由。

有意味的是,"民主"的下面,许强用笔添加了一个"族"。在他的理解里,"民主"与"民族"的自由,正是互相联系、无法分割的追求。

据台湾年轻学者邱士杰的考证,《安息歌》起源于抗战胜利后的昆明,是对 1945 年西南联大反内战学生运动被国民党弹压的"一二·一惨案"死难者的悼念,歌词由上海学生、地下共产党、著名报人成舍我的女儿成幼殊为上海各界公祭大会所写,并在反内战运动中传唱至全国。① 但是,惨案发生 12 天之后,即 12 月 23 日,蒋介石就以"令人感动的温柔敦厚"接见了冈村宁次。而这一反抗国民党在大陆法西斯暴行的歌曲,成为台湾"白色恐怖"中牢房的战友每天送别年轻的台湾共产党人走上刑场的告别曲,它所讲述的"内在于台湾的中国革命"不正是一个民族共同的历史

---

① 邱士杰,《内在于台湾的中国革命:〈安息歌〉的故事》,《文汇报·信息雷达》,2013 年 2 月 11 日,http://info.whb.cn/xxld/view/28034。

与命运吗?

午夜时分,我在网上找到这首歌的视频,①当深情悲壮的旋律从夜深人静的历史深处回响起来,心潮跌宕起伏。与《安息歌》抄录在一起的是《万里长城》,这首曾传唱中国大江南北的抗日救亡歌曲:万里长城万里长,长城外面是故乡。曾被日本占领的东三省的命运,被台湾的先烈视为回归祖国的信念。

其实,"台独"作为日美殖民主义、军国主义和帝国主义的遗产,对于1949年以来的新中国来说,却是基本判断。

1963年10月9日周恩来与日本前首相石桥湛山的谈话,分析了日本"有些人"对台湾的"感情"。第一种是殖民主义的感情,认为台湾是日本的殖民地,中国曾经把它割让给日本,同日本有50年的关系,希望台湾从属于日本。既然没有在中华人民共和国管辖之下,就应该仍然回到日本的手里。周总理指出,这种想法是不正义的,是帝国主义思想,凡是有正义感的人都不会赞成这种想法。第二种感情是军国主义的感情:

> 如冈村宁次,他本来是头号战犯,应该受国际法庭的制裁。但是蒋介石却有意识地把他留在中国,后又放回日本。这些老军国主义分子对蒋介石有好感,对中国人民没有好感,他们要帮助蒋介石反攻大陆,蒋介石也想利用他们过去侵略中国的战争经验。他们互相勾结在一起,至今仍有往来。有这种思想的人只是日本极少数的右翼分子。他们仍想复活军国主义。②

在这篇对谈中,周总理点名批评岸信介政府"不愿意促进中日友好,反对中日邦交正常化",并制造了1958年4月30日的长崎岛侮辱中国国旗事件。他一针见血地指出,日本政府如果把台湾问题看成是中国的内部问题,和新中国建立关系,让中国自己去解决台湾问题,问题就不复杂。但是美国要控制日本,日本完全是被动的,不得不同受美国控制的台湾缔

---

① 《安息歌》网络观看地址 http://my.tv.sohu.com/us/17952588/16871015.shtml,署名为"飞鱼云豹音乐工团"敬制,这是台湾原住民音乐团体,属于统左派。
② 周恩来,《以积累渐进的方式推进中日邦交》,《周恩来外交文选》,中央文献出版社,1990年,第342—348页。

结"合约",中华人民共和国却被排除在外。国际关系如此复杂是美国造成的,是日本追随美国造成的,不是中国造成的,这是我们难处,不是你们的难处。台湾问题是中国的国内问题,是美国插进来把它搞成了国际问题。美国人怕我们和蒋介石谈判,怕蒋介石抛弃美国,同时美国也不愿意支持蒋介石反攻大陆,怕打起来对美国不利。美国的做法是要保留在台湾和台湾海峡的军队,保留军事基地。蒋介石反对美国这种做法,怕有一天自己被遗弃,美国人自己控制台湾。在这一点上,蒋介石反对制造"两个中国"。这和东德、西德等其他国家的情况不同,台湾的现状是由中国的内战形成的,没有美国扶植,台湾政权一天也存在不下去。蒋介石只是害怕被美国抛弃,被替代,才反对独立。所以蒋去世之后,国民党滑向美国保护下的"独台",已势所必然。

事实上,50年代的国民党就一直积极经营对美国国会和社会组织的游说活动,形成了以排除中华人民共和国入联合国为目的、推行麦卡锡主义的"百万人委员会"。从麦卡锡时代到今天,台湾以黑金政治手段和各种智库、基金会、研究院、文化交流机构和情报网展开游说活动,基于共同的反共意识形态,营造国会内外亲台的"台湾帮",并通过新闻媒体宣传中国威胁论。① 一头向美国的"台湾帮"政治献金,另一头向日本的"台湾帮"政治献金,不惜做"散财童子"的台湾当局,从国民党到民进党,积极寻求美日霸权庇护下的依附地位,其行径并无二致。从蒋介石与岸信介的密切合作,到岸信介孵化的"台湾帮"和安倍晋三对民进党的支持,日本右翼的军国主义逻辑一以贯之。8月3日,安倍改组内阁,出任防卫大臣的是极右翼稻田朋美,她曾多次高调参拜靖国神社,否认南京大屠杀的存在和日本侵略历史,宣称东京审判非法,主张日本拥核。安倍内阁已经比以往任何时刻都接近修改和平宪法的修宪目标。②

在两岸关系陷入僵局之际,重温周总理的讲话,具有特别切实的意义。1971年,周总理和基辛格谈判的首要就是台湾问题,"一个中国"的

---

① 参见孙哲、张春,《美国在台"特殊利益"的建构》,《台湾研究季刊》2005年第1期,第24—32页;贾妍、信强,《从"中国帮"到"台湾帮":美国国会亲台议员与美台决策》,《太平洋学报》2005年第5期,第35—46页。

② 张迎春,《稻田入阁——安倍内阁到了最危险时刻》,中评社北京8月20日电,http://www.crntt.com/。

问题不解决,就不可能建交,这是底线。制衡美国,以及美日霸权结构,是解决台湾问题的前提,过去如此,今天更是如此。只有世界霸权格局的切实改变,才能有"一个中国"的真正实现。

1976年,已经是中美建交之后,陈明忠却在台湾再次被抓进大牢,严刑逼供,九死一生,留下终生残疾。在海外保钓人士的营救下,得以免于死刑,改判15年徒刑。在他看来,"70年代初国际形势变化,'中华民国'失去在国际上代表中国的合法地位,在岛内,党外又在选举中兴起,国民党更加害怕。但它又有美国的压力,美国暗中支持'台独',台面上要蒋经国实现台湾民主改革,开放民主党派。所以蒋经国不能直接对党外下手,只能设法证明,党外人士后面是共产党。美国痛恨共产党,只要牵涉到共产党,就不管什么民主人权了,杀'台独'分子不可以,杀共产党他就不管",①这就是他再陷囹圄的根源!11年后,1987年陈明忠获准"保外就医",1988年蒋经国去世后获准减刑,1990年才获准可以出境——此时东欧剧变已经发生。

今天中国革命的历史一页已经沉重地翻过去了,很多人愿意把它永远地埋葬,而不是打开,这就是近年来大陆革命烈士被蓄意污名和诽谤的故事不断发生的原因。因此,台湾"统一社会主义派"给大陆的挑战,或者说激发是:今天中国革命的历史究竟应该怎么样讲述?如何重新回到革命的理想主义来兑现中国作为社会主义国家的宪法承诺?它是真真切切用海峡两岸先烈的鲜血换来的。共产党对于社会主义的承诺在今天,怎样通过革命历史的再讲述获得践行?魂兮归来,这是今天纪念两岸革命英烈的历史使命。起英灵于地下,蓝博洲把自己变成了一个招魂者,让过去引领未来,社会主义中国的未来。

今年是"五·四运动"97周年。从"五·四运动"到抗日救亡的"一二·九"运动,再到西南联大"一二·一"反国民党、反内战的学生运动,它的延长线正是"二·二八事件"之后台湾青年知识分子的爱国民主运动。这一历史血脉是张志忠、郭琇琮、许强、钟浩东、蒋碧玉、陈明忠等为代表的一代台湾精英用青春的生命和热血铸就。"你流的血照亮了路",历史不是别的,是血脉。只有牺牲的英烈从历史的暗夜中浮现,才能让晦暗的历史重新有光。

---

① 陈明忠,《无悔:陈明忠回忆录》,第167页。

（四）作为台湾问题的"新民主主义论"与"转型正义"

台独一方面是国民党反共意识形态在美日主导的冷战地缘结构中的位置所决定的，另一方面则是国民党作为资产阶级民主革命的不彻底性和软弱性所滋生出的，民进党其实继承了这个衣钵——正是在这一意义上，我们需要重新来讨论新民主主义的问题。

1945—1949年之间，台湾是中国实现民族民主解放斗争，即新民主主义革命的重要组成部分。1949—1987，台湾陷入近40年的军事威权和白色恐怖，是美、日主导下的冷战前沿，左翼力量遭到残酷镇压，《无悔：陈明忠回忆录》就是鲜明写照。1972年，尼克松访华，台湾问题首当其冲，中美通过艰苦谈判确立"一个中国"原则，由此迫使台湾威权政府在1987年宣布党禁、报禁解除。1989年之后，苏东解体，"社会主义市场经济"在大陆确立，历史被西方阵营宣告终结。世界大势所向，往往也是台湾船头所向。今天，破冰之后的台湾却如巨轮卡在历史剧变的转折处。报禁解除后的传媒制度深陷市场化导致的恶质化，成为民主之殇；党禁解除后的台湾政治生态则落入两党恶斗的泥淖，无法自拔；社会贫富两极分化，资本外逃，社会经济停滞并大踏步倒退。两岸关系百转千回。

1989之后的世界大潮已经回旋。在所谓"第三波民主化浪潮"退潮之后，暴露的却是坚硬而严酷的现实。21世纪面临的是新自由主义全面破产的新局势——作为冷战前沿而崛起的亚洲四小龙，基于地缘政治从西方阵营获取的经济红利已经消耗殆尽。通过把海峡对岸制造为"他者"的敌对路径依赖：政治和经济的，也已经走到了尽头。这是今天的世界大势。这既体现为美国和北约为代表的政经军工一体的世界霸权体系正在面临1989年以来最严重的经济、社会和政治的危机；也表现为拉美"21世纪的社会主义"从理论到实践的困境——拉美的地缘政治和经济依附地位所决定和制衡的结果；更深刻的现象则是中国的崛起，无论如何评价，这都是世界史意义上的大事件。这就是今天新的三个世界的格局，不管愿意与否，中国事实上已经构成制衡美国单极世界不可替代的力量。因此，无论如何理解作为"中国"的存在，它都必然是如何理解21世纪社会主义的出发点。

极富意味的是,陈明忠在出狱后痛切地思考的正是社会主义与中国的前途问题。"新民主主义论"是他的核心关切,这也是大陆思想界激辩的敏感话题——陈先生对此一脉络及其背后的复杂势力并不了解。这里,我愿意更多从台湾和大陆对比的情势出发来理解陈先生的表述。

首先,中国大陆作为宪法所规定的社会主义国家是否要退回到"新民主主义"阶段,"社会主义市场经济"是否意味着"新民主主义"? 按照毛泽东的阐释,从中华人民共和国成立到社会主义改造基本完成,这是一个过渡时期,中国革命即已经从新民主主义阶段过渡为第二阶段,即社会主义革命阶段,其标志就是革命政权的转变。而实现社会主义改造,是与实现国家工业化,即从农业国转变为工业国联系在一起的。大陆关于新民主主义的争论,以《炎黄春秋》杂志为代表的一派观点认为改革开放的历史证明社会主义过渡是错误的,中国目前从经济结构、社会结构到政治结构实际上是新民主主义,因此政治改革的目标就是回到新民主主义阶段。由于这一派实际上属于改旗换帜派,否定毛泽东时期的发展道路,其真正的意图是西方式的社会民主主义。① 这和陈明忠先生的思考路径完全相反,这是首先需要厘清的。

陈先生从落后国家的社会主义道路出发,试图超越所有权问题来探讨中国改革开放以来"社会主义市场经济"的意味,这里涉及的都是极其重大的理论问题,限于篇幅,这里无法做更深入的展开和讨论,需另文讨论。无论我们是否同意其阐述,其旨归依然是"一国社会主义"的延伸,"有民族主义的概念,才能反对帝国主义",他据此批评台湾一些从美国回来的左派知识分子不明白这一点。②

陈先生强烈认同毛泽东的《新民主主义论》有其内在的理路,新民主主义的首要任务是各被压迫民族、各殖民地及半殖民地从帝国主义之下解放出来,它是由无产阶级政党所领导的,是反帝统一战线的形成。毛泽东指出殖民地半殖民地的资产阶级"在经济上和政治上是异常软弱的","中国的民族资产阶级,即使在革命时,也不愿意同帝国主义完全分裂,并

---

① 曹天予,《当代中国改革中的社会民主主义思潮》,载曹天予主编,《社会主义,还是社会民主主义——中国改革中的"民主社会主义"思潮》,香港:大风出版社,2008年,第1—25页。
② 陈明忠,《无悔:陈明忠回忆录》,第270页。

且他们同农村中的地租剥削有密切联系,因此,他们就不愿和不能彻底推翻帝国主义,更加不愿和更加不能彻底推翻封建势力。这样,中国资产阶级民主革命的两个基本问题,两大基本任务,中国民族资产阶级都不能解决"。① 过去的国民党是这样,今天的国民党依然如此,国民党并没有完成孙中山先生提出的"三民主义"的民主革命纲领。今天的国民党应该超克的正是蒋介石所代表的资产阶级政党的软弱和妥协,回到孙中山开创的新民主主义革命之路,才是解决台湾政治困境的出路。正如在白色恐怖中坐牢最久的台湾马克思主义政治犯林书扬所分析的,台湾属于"新殖民地资本主义","新殖民地资本主义的主要特征,在于其资本循环运动中,数个关键性的环节,无法摆脱,甚至被吸进外资经济强权的更大的资本环流中,不得不接受结构性的不平等交换,或不公正竞争。经济的依附性反映为政治的附庸性。这就是不论民进党或国民党,在其对外关系上常以'西方民主阵营'的一员自居,谨守从无'反帝'意涵的对外政策的理由。"②作为"统左派"最重要的理论家,这一分析切中肯綮。

在此意义上,台湾作为中国问题,是中国未完成的新民主主义革命的最后阶段。一国两制作为"中国特色的社会主义"展开,只能是建立在反对帝国主义的民族、民主统一战线上的,"两制"是新民主主义和社会主义的有机结合。犹如毛泽东当年的论述,新民主主义革命之所以是新的,正在于有十月革命之后的苏联存在,领导和援助全世界无产阶级和被压迫民族反抗帝国主义战争;在今天,作为社会主义国家的中国崛起并成为制衡单极世界最重要的和平力量,台湾的新民主主义任务只能,也必须是在与社会主义中国的关系里获得表达和完成。这就是陈先生强烈的问题意识和政治意识。

为此,作为被国民党迫害和关押达 21 年之久、台湾最资深的政治犯,陈明忠劝谏和推动当时的国民党主席连战"有责任与义务去大陆与共产党和解",使得犹豫不决的连战很感动,当场作出去大陆的决定。他说:

---

① 毛泽东,《新民主主义论》,《毛泽东选集》第二卷,北京人民出版社,1966 年,第 634 页。
② 林书扬,《台湾社会的战后阶级结构和两岸问题》,写于 2001 年 10 月,参见《林书扬文集》第三卷《有了统一才能自决》,台北:人间出版社,2011 年,第 129—130 页。

当年国共内战,我们心向共产党,被国民党搞得家破人亡。应该说,内战让很多人受苦。但现在时代不一样了,你们两党应该和解,不要再因为两党不和,让无辜的百姓受牵连。如果你们能这样做,我们的苦就没白吃。我向连战强调,两岸分裂是国际"冷战"与国共内战造成的历史悲剧!①

对此,有难友很不理解与体谅,甚至为之绝交。其实,陈先生完全是从民族大义出发,而不是任何个人荣辱得失,这才是真正的民族大义! 只有在认同民族大义的基础上,才有统战的可能。2015年4月公布的最新的《中国共产党统一战线工作条例(试行)》里,对于统一战线的阐述是:"统一战线,是指中国共产党领导的、以工农联盟为基础的,包括全体社会主义劳动者、社会主义事业建设者、拥护社会主义爱国者、拥护祖国统一和致力于中华民族伟大复兴爱国者的联盟。"②工农联盟和社会主义是所有统战工作的基础,舍此就不可能有真正的统一。由此提出的历史使命正是中国的社会主义制度如何在新的历史条件下不断巩固与提高,这将是决定性的。这在另一个意义上论证了只有社会主义才能救中国,才能解决台湾问题。而中国在社会主义道路上的所有曲折和困苦,其实都内在于台湾的命运之中。

蔡英文上台之后,把推动"促进转型正义条例"作为首要政治目标,既是针对国民党合法性的釜底抽薪,也是为了抽掉大陆统战的基础,为其彻底的"台独"铺路,或者说断路。在这个意义上,民进党不可能认同新民主主义革命,这正是陈明忠思考"新民主主义论"的语境。民进党自身既然根源于日本军国主义庇护下的地主阶级,发展的轨迹与日本右翼之间声气相合、互通款曲,与生俱来带着封建主义、帝国主义的基因。其所谓"转型正义"的核心正是以揭示"二·二八"事件和白色恐怖的真相为诉求。但是,这却是以历史话语解释权的争夺为前提的。蔡英文上台后新任命的"国史馆"馆长吴密察出台新规定,陆港澳的学者不能查阅保存在该馆

---

① 陈明忠,《无悔:陈明忠回忆录》,第275页。
② 中共中央印发《中国共产党统一战线工作条例(试行)》,中国政府网,2015年9月22日,http://www.gov.cn/zhengce/2015-09/22/content_2937054.htm。

的历史资料,对台湾人士则实行"申请预约制",学界哗然。吴密察在"太阳花"、"反课纲微调"运动中表现活跃,多次发表"反中"、"独派"言论,所以蔡英文任命其出任"国史馆"馆长,其意图正是垄断中国近现代史的学术资源、掌控学术话语权。① 在这样的行径下,"转型正义"的真相还有可能吗?

事实上,如果民进党只针对国民党,不针对当年支持、纵容和豢养国民党的美日帝国主义势力,相反,取国民党而代之,无视民族大义和民众福祉,继续在寻求美、日军事力量的庇荫下成为围猎中国的棋子,就并没有任何"正义"可言。

按照陈明忠的批判,"是美国为了自己的利益,围堵中国,想要困死中国,20年不承认中国;保护了被人民唾弃的政府,让它随意残杀支持新中国的人,还连累一大批无辜。是谁'不义',不是美国吗? 同样地,美国扶植韩国的李承晚、越南的吴庭艳,让他们残杀韩国跟越南的左翼分子和民族主义者。……造成台湾将近40年'戒严'的元凶,不是美国吗? 民进党为什么不去算美国的账,不去跟美国要求'转型正义'?"

> 就是因为50年代的残杀,让台湾人民对国民党充满了怨恨,民进党才能借此出头。民进党难道不是踏在左派跟无辜者的血迹上前进的吗? 民进党曾经对那些牺牲的台湾左派,表达过一点起码的敬意吗? 民进党只听那个罪恶之源——美国的话,怎么还有脸跟别人讲"正义"呢?②

更不用说今天的民进党对日本殖民史的肯定,不仅表现在修改教科书、宣称慰安妇是自愿等对社会基本认知的扭曲,更是自觉寻求与日本右翼军国主义的联盟,这恰恰是对蒋介石反共衣钵的真正继承,也是对白色恐怖"暴力"的真正继承。在认同美日帝国主义霸权的世界格局下,"转型正义"扬汤止沸,以族裔政治来取代和混淆民族解放和人民福祉的正义,

---

① 刘相平,《台"国史馆"新规暗藏一石数鸟之计》,中评社北京8月9日电。中评网,http://www.crntt.com/。

② 陈明忠,《无悔:陈明忠回忆录》,第276页。

以族裔政治掩盖阶级问题,是其实质。种族主义和狭义民族主义的右翼民粹主义正是法西斯主义的温床,台湾社会不断出现的族群冲突和社会暴力,正是其表现。这样的"转型"不可能转向新的和平,而是相反。破解族裔政治与暴力、恐怖主义的互生关系,才是消除台湾内部与外部暴力的唯一途径。

自苏东解体之后,美国主导下的北约不断扩张和东移,战火相继在阿富汗、伊拉克、利比亚、叙利亚等地燃起,无人机下生灵涂炭,难民潮席卷欧洲,恐怖主义如影随形,欧洲也不再太平。当新自由主义主导下的全球化使得世界贫富两极化加剧,因此重新燃起对国家保护主义的渴求,此为右翼民粹主义兴起的根源,它与新自由主义是一体两面的伴生关系。当国家丧失了保护和回应底层的能力,族裔民族主义就成为救世主,它是国家失败的后果,而不是相反。在这个意义上,台湾右翼民粹主义的表现,是世界范围内右翼民粹主义势力上升的一个表现,也是世界范围内新自由主义失败的后果。今天,任何意义上的世界正义,都必须首先处理此一议题。

由此,后冷战时代进入重要转折点。

结语:作为"台湾问题"的中国叙述

台湾从 5 月 20 日蔡英文宣誓就职以来,一直拒绝对"九·二共识"作正面回应,两岸关系降至冰点。7 月 18 日,蔡英文在接受《华盛顿邮报》专访中,以"民意"为由明确表示不承认"九·二共识"。而稍早的 6 月 25 日,为二战中在冲绳岛战役中加入日军战死的数万台湾士兵招魂的"台湾之塔"在冲神岛落成,蔡英文以"总统"之名为铭文落款,参加落成仪式的有激进台独政党"时代力量"、"台联党",而"时代力量"正是"太阳花运动"的产物。① 从民进党到"时代力量",台独势力日益需要以彰显其与日本军国主义的联系来获得"本土化"的资源。把政治生命绑在日本右翼军国主义的战车上,背后依赖的正是作为冷战延续的美日军事同盟。但是,这

---

① 《国民党不立碑:台湾战士苦等 70 年……"台湾塔"冲绳落成》,2016 年 6 月 28 日,东森新闻网:http://www.ettoday.net/news/20160628/724796.htm。

一依赖已经不那么可靠了。

今天的世界格局急速变化,中美之间的博弈则成为决定世界大势的基石。6月18日习近平在访问塞尔维亚期间的第一场活动是向1999年被美国为首的北约轰炸的前驻南斯拉夫大使馆旧址献花圈、吊唁死难烈士,这也是17年来中国领导人首次亲临现场。1999年科索沃危机,北约在没有获得联合国授权下,第一次以"人权高于主权"的宣称,持续发动长达78天的大规模空袭。这成为后冷战时期的一系列症候性事件的开端。从前社会主义阵营下的科索沃危机、颜色革命,到中东"阿拉伯之春"、乌克兰危机,后雅尔塔时代的地区危机不断。今天,族群冲突与难民问题成为21世纪最大的国际政治,接续的正是苏东解体之后的世界形势。6月25日,几乎与英国脱欧同时,中俄两国领导人共同签署了《关于加强全球战略稳定的联合声明》和《关于促进国际法的申明》,剑指"一些谋求获得军事优势地位的国家和联盟顽固拒绝讨论削减和限制保障其拥有决定性军事优势的武器,这正是全球战略平衡与稳定遭到破坏的重要根源",世人瞩目。中俄重申维护和巩固二战以来的世界和平格局,回应的是当今世界的动荡,针对的是第三次世界大战酝酿的危险,由此呼唤新的反法西斯统一战线的形成。在这一轮新的世界格局的重组中,在所谓"新的冷战"降临的时刻,中国的角色和责任之重前所未有。

今天"华盛顿共识"已经百孔千疮,但是出路何在?就台湾问题而言,与反共意识形态的历史叙述正面交锋,已经无法回避。事实上,以龙应台为代表的"国民党史学"早已乘着马英九政权对美国所标榜的西方民主人权价值服膺的翅膀,成为大陆"民国热"和"翻案史学"的推手,所谓"历史虚无主义"的盛行,其功厥伟。在这一推动大陆加入"历史难民"的意识形态的"难民潮"中,我们的市场化传媒配合默契,成为意识形态阵地失守的典型表征。而反抗和批判这一叙事的力量,却被既有的霸权结构压抑于无形。因此,让"失踪者"归来,①为牺牲者正名,不仅仅是台湾统左翼的历史使命,更是20世纪以来社会主义中国叙述不可分割的重要组成。

在这个关键时机,中国共产党外联部应该联合统战部一起正式邀请

---

① 参见张方远,《大陆思想史里失踪的台湾斗士》,2014年5月19日,观察者网:http://www.guancha.cn/zhang-fang-yuan/2014_05_19_229447.shtml。

台湾合法政党劳动党主席组团访问北京,不以其小,而是以共同的政治认同为纽带,建立两党之间真诚的合作关系,并以两党联盟的形式作为统战的主体,而不是对象。由此,把统战的主体延伸到台湾社会内部,以建立更加有效而广泛的统一战线,并以此作为构建"一国两制"的政治基础。这是通往社会主义的大门,也是"社会主义统一派"存在的意义,即以社会主义为愿景的台湾社会的生存与发展,——它可以,也应该在一国两制的框架下进行。即不再是以台湾国民党或民进党之两党政治为统战诉求,而是谋求以台湾的社会主义政党为主体,以认同社会主义中国为基本面、打破党派界限的统一战线。如此,才有可能真正打破海峡两岸的危机结构。而其中,台湾经济困境的破局是关键,因此,通过谋求与劳动党为代表的"社会主义统一派"合作为管道,以大陆广阔的市场自下而上地支持和辅助台湾草根社会,特别是乡村社会的经济发展,农村包围城市,把利益直接输送到最底层社会,走"群众路线"的统一战线,才有可能从根本上赢得台湾的民心,并由此促使台湾"社会主义统一派"领导的社会运动更多地延伸至社会基层经济组织中去。使其从城市劳工运动出发,尽可能拓展到乡村合作社等各种经济组织,充分利用大陆采购台湾农产品的有利机缘,以政治为经济,以经济为政治,形成政治和经济相结合的组织资源,并以此方式对接大陆市场,使得大陆的让利能够通过统左派,真正流向台湾基层社会,为台湾底层的社会民众的福祉助力。

只有通过统左派让利给台湾民众,统左派才有壮大的物质基础与社会声望。而不是绕过统左派,被台湾既有的政经架构所绑架,从而丧失主导权。今天的台湾问题,说明过去的统战路线和方针需要反思,对台工作中的官僚主义和形式主义也亟需打破。既要重新检讨围绕大陆对台湾的让利渠道所形成的利益集团,切断被输送到反共阵营中的利益链条,割除对台独势力的输送;也需要甄别到大陆口头说自己是统派,却从未在台湾为统一运动作任何贡献的机会主义分子;按照蓝博洲的描述,今天台湾骂人最脏的话还是:你是共产党!这其实是白色恐怖时期的"恐共"心理在台湾这个反共社会的延续,"亲中"的帽子成为污名化的方式。这使得站队,而不是批判性的反思,成为台湾社会"政治正确性"的方式。因此,要营造和保护支持统战路线的台湾各界人士发声的平台和管道,使之能够形成遏制岛内反共话语的合力,而不是任由大陆市场化媒体炒作违背基本史实的"民国热",这一右翼民粹主义的温床。只有这样,才能够打破台湾被台独/独台势力所把控的政治与经济的霸权,让台湾"社会主义统一派"真正强大起来——这已经是时代的迫切要求。这不仅仅是海峡两岸民族经济的融合,更是从新民主主义到社会主义的必由之路,值得海峡两岸的社会主义者携手共同奋斗。"你流的血照亮着路,我们会继续向前走",这是海峡两岸共同之路,也是从危机到转机的世界历史时刻。

　　本文整理自 2016 年 4 月 25 日蓝博洲《寻找被湮没的台湾理想主义》演讲现场的主持评议,2016 年 5 月 4 日初稿,7 月 25 日完稿于上海。

互为镜像　血肉相连

——郭力昕教授《纪录片的政治》序

力昕嘱我为他即将在大陆出版的《纪录片的政治》写一短序，既荣幸也惶恐。首先要祝贺他的著作出版，为我们开启了纪录片两岸学术对话的新渠道。拜读他的书稿，得益良多，他努力构建台湾社会历史与纪录影像之间有机联系，并在此基础上展开的批评视野，使我尤为感佩。

全书围绕着纪录片的"政治"来展开，——从中，一位台湾影像批评者的视角和立场鲜明触目，拳拳之心令人动容。上部着力讨论和批评台湾主流纪录片中泛滥的"感伤主义"和去政治化的"人道主义"，并将之放置在台湾特定的社会、文化与政治的困境中来阐述，这构成了全书最有力量的脉动。他反省了台湾纪录片着重于个人视角、私人事务的"自观"倾向，这种"肚脐眼视野"下的文化感伤主义在纪录片中的表达，成为台湾自我悲情和自我隔绝的病候。在此基础上，他对一系列台湾代表性纪录片作品所作的政治与文化的分析，就具有了入木三分的凌厉。

困境的尖锐核心，其实就是台湾认同。一些台湾学者试图通过后殖民主义理论的视角来重构"自我再发现"的台湾本土运动，既要避免"自恋式的认同"，又要摆脱"殖民框架"的纠缠。但是问题在于，并没有一个不被污染的"本土"，它所经历的创伤，以及今天如何重新回顾、理解和叙述这些复杂与相互缠绕的历史，其实就是台湾今天最大的政治，这些历史创伤都无法只局限在台湾文本土来理解，它是更大的世界政治和两岸关系的缩影与表征。但是，面对这样异常复杂的政治面相，台湾社会却出现了"去政治化的"当下困境：这既包含 80 年代全球化和消费主义进入台湾对年轻人的影响，也深受台湾社会自 90 年代中期蓝绿政党恶斗导致政治生态恶化的困扰,导致台湾人民陷入追求个人安逸、不问现实与政治的内缩性格,无法直面现实的严峻。为此,他呼吁台湾纪录片走出小我,重新回归政治和介入现实。这既要警惕两党恶斗政治的操控和利用,它已经残酷地撕裂了台湾社会;也要警惕市场化逻辑所导致的以甜美、温馨面目出现的纪录片软文,它使得人们丧失社会斗争的勇气和理性分析的能力。这些都是力昕对台湾社会的深切忧虑。

在力昕所勾勒的台湾纪录片的发展脉络中,其实大陆的读者不难发现海峡两岸互为镜像的关系。70年代中期,受台湾乡土文化论争的激荡和台湾内外政治处境丕变的刺激,催生了1980—1990年代以《人间杂志》为代表的摄影与电影的现实主义美学的崛起。但是,这一兴发只持续了大约10年的时间就倾颓了,与大陆新纪录运动的第一波浪潮几乎同步。我的记忆里浮现出1997年夏天的北京,由陈虻领导的《生活空间》主办的第一届国际纪录片展映,台湾李道明先生带来的片子中就包括了吴乙峰导演"全景映像工作室"制作的《月亮的小孩》,纪录了白化病症患者在社会歧视下努力生活的故事。它是台湾新现实主义纪录片中具有开拓性和代表性作品,当时在场的观众感受到的正是它与大陆自80年代兴起的新纪录运动在美学和社会取向上的强烈相似性。今天看来,这种轨迹的相似和交轨应该值得更多关注与读解。

下部就纪录片的政治实践展开,一方面呈现了力昕以影像批评与对话的方式所展开的"政治"参与的维度,以台湾为主,兼及大陆和海外,一个并非外在的旁观视角,而是深深地卷入其中的内部的、能动的与开放的视角;另一方面,也暴露出台湾"政治"本身的巨大困境,第二部所展开的批评实践,并没有能够更有效地回应第一部中所提交的台湾认同的复杂与深度。比如,在评价一位年轻导演的硕士毕业作品《蓝绿对话实验室》(2012)时,一方面对于这样的政治议题可以让年轻一代进行彼此的倾听、对话和论辩,表示欣慰;另一方面该影片也暴露出这些年轻人在进行政治思考和抉择时,其实是基于对台湾社会政治历史的巨大无知之上,这让人深感不安。文章对于影片中出现的大陆交换生评价甚高。近期,我有幸在复旦大学新闻学院举办的纪录片放映活动时,有机会和同学们一起观看并分享了对这部作品的感受。放映过程中,当那位大陆交换生以一副典型的公知腔对台湾民主进行慷慨陈词时,现场往往激发出阵阵哄笑。

这是发生在台湾"反服贸"学生运动如火如荼之时,这一运动给力昕的书稿加了一个没有出现的结果。当社会运动以如此的方式呼应我们对政治的吁求时,它带给我们更多的是新挑战,而不是解决。

虽然我和力昕是相交甚久的老朋友,但是在读完这本著作,掩卷之余,仍然感到我们之间需要更深入的对话,两岸之间需要更深入的理解,特别是对彼此政治困境的互相观照。这不仅因为两岸政治的困境有强烈的连带关系,打断骨头连着筋,也是因为纪录片的美学从来都与此血肉相连,无论它是以去政治化的方式,还是泛政治化的方式,——这也体现在力昕对大陆三部纪录片的理解和分析上。

在这个意义上,如何以纪录影像的方式打开新的政治可能,是我们共同面对的使命。

2014年7月13日,上海

下篇　新中国少数民族影像:历史与政治

新中国少数民族影像书写：历史与政治
——兼对"重写中国电影史"的回应[①]

2002年盛夏，我去北京参加一个纪录片论坛。陈光忠老师送我一本厚厚的、刚出版的大书《新闻电影——我们曾经的年代》，是为纪念中央新闻纪录电影制片厂成立50周年而出版的回忆录。陈老师附了一张信笺，写着：

新雨：
  翻阅《新闻电影》可能有助于你了解中国纪录片的历史。
  电视纪录片的存在与发展是离不开纪录电影的链接。
  简单地将纪录片划为"新"与"旧"，其科学性的依据和说服力均不够充分。
  本人是纪录片的"发烧友"，非常高兴看到你的探求勇气和研讨成果。
  匆匆祝好。

陈光忠　2002年7月29日

这张用钢笔手书的信笺一直被我夹在这本大书中，保存10多年了。当时我正在致力于阐述从80年代后期开始出现、以电视为主要表现形态的"新纪录运动"，陈老师表达了他的不同意见。"新纪录运动"作为"90年代"在中国登场的预告与宣言，有其丰富的时代肌理，中国从"启

[①] 本文节本发表于《上海大学学报》2015年9月，第32卷，第5期。

蒙"的 80 年代向"市场经济"的 90 年代转变,新纪录运动以此为历史前提,也是这一时代的表征与见证。但是,陈老师短笺触动我的并不是 90 年代以来的"新纪录运动"能否成立,而是在一种重大的历史性断裂之后,新中国纪录电影的历史如何获得新的理解?这一迄今为止并未取得足够新进展的重要话题。这其中,少数民族影像史尤其深切而敏感。

2007 年王华跟我读博士之前,在西北民族大学语言文化传播学院任教,对少数民族问题有感触,也对少数民族地区有感情。他有意把研究视角放在新中国成立之后的少数民族纪录影像历史研究,虽然难度很大,我还是鼓励他以此作为博士论文。既往研究的欠缺,资料搜集之不易,都是可以想见的,王华尽了最大的努力去克服这些困难,每天泡在图书馆查找和检阅尘封已久的旧杂志和报纸,包括大量电影史书、各省方志,竭力描述这一不应该被"尘封"的历史过程,这个工作在今天的意义已经变得越来越重要。王华的书稿《民族影像与现代化加冕礼——新中国少数民族题材纪录片历史与建构(1949—1978)》[①]即将出版,我愿借此机会补偿向陈光忠老师等老一辈电影纪录工作者致敬的心愿,也以此回应近期关于"重写中国电影史"的讨论。[②]

(一) 少数民族影像概念的建构:从"华语语系"到"华语电影"

——一个批评性回顾

这是一段独特的无法重复的影像历史,也是一段似乎正渐行渐远的中国历史。今天的重访,困难的其实倒并不是资料之不易,更关键的是能

---

① 该书即将由北京大学出版社出版,本文很多史料来自此书,不一一赘述。
② 相关讨论有鲁晓鹏、李焕征,《海外华语电影研究与"重写电影史"——美国加州大学鲁晓鹏教授访谈录》,《当代电影》2014 年 4 期,第 62—67 页;李道新,《重建主体性与重写电影史——以鲁晓鹏的跨国电影研究与华语电影论述为中心的反思和批评》,《当代电影》2014 年 8 期,第 53—58 页;石川、孙绍谊,《关于回应"海外华语电影研究与重写电影史"访谈的对话》,《当代电影》2014 年第 8 期,第 58—64 页。鲁晓鹏,《跨国华语电影研究的接受语境问题:回应与商榷》,《当代电影》2014 年第 10 期,第 27—29 页;俪苏宁,《平等对话共同推进——中国电影研究在国内与海外》,《当代电影》2014 年第 8 期,第 45—47 页;丁亚平,《论中国电影史研究的嬗变及其新走向》,《当代电影》2014 年第 8 期,第 48—52 页;陈旭光,《"后华语电影":"跨地"的流动与多元性的文化生产》,《艺术百家》2014 年第 2 期,第 64—70 页。鲁晓鹏、李道新等,《跨国华语电影研究:术语、现状、问题与未来》,《当代电影》2015 年第 2 期,第 68—78 页。

够把握它的理论视角之匮乏与混杂并存。

今天的海外中国电影研究曾被概括为四大范式:"国族电影"(Chinese national cinema)、跨国中国电影范式(transnational Chinese cinema)、华语电影范式(Chinese-language cinema),以及华语语系电影范式(Sinophone cinema)。① 其中,"国族电影"指称的是中国大陆以"民族主义"为框架的电影研究。通过批判"国族电影",或比照欧洲宗主国与殖民地关系而生造出"华语语系电影"(Sinophone cinema),或转向"华语电影"(Chinese-language cinema)、"跨国中国电影"(transnational Chinese cinema)。无论何种范式,用后殖民主义理论来描述新中国少数民族影像历史已成基本路数,它构成了与既往的中国官方电影史学的尖锐冲突,也成为大陆电影史学界对主体性丧失的焦虑。由于传统的官方电影史学范式在80年代之后与西方接轨的电影学术界饱受攻击,也使得这种后殖民主义的声音变得非常响亮。但是,王华在史料梳理和研究过程中,发现这些理论与新中国少数民族的影像实践之间,其实扞格不通,存在严重龃龉。

后殖民主义理论70、80年代在欧美学术界出现,本身具有打破西方中心主义学术话语霸权的解放功能,是以殖民地的第三世界视角,对作为宗主国的西方帝国主义政治与文化遗产进行理论清算。但是,这一清算同时反对任何整体性、结构性的"宏大"叙述,特别是传统马克思主义基于"阶级"的基本理论立场,以及"民族国家"作为压抑内部差异性的力量。在后殖民主义者看来,二战之后的历史证明全世界无产阶级的联合已经失败,"1914年,当马克思主义政党的德国社会民主党人支持战争时,那个特别的梦(指国际社会主义)就已经结束了。……全世界的工人无法联合起来,也不会去联合起来"。② 阶级从属于国家,国际主义被阶级分化了,所以要以"族裔"取而代之作为基本立场,——由此,文化的异质和差异就成为核心关注,文化认同与多元主义是其理论旨归。但是,当西方中心主义让位于"文化多元主义"的现代性观念,后殖民主义与全球化的资

---

① 鲁晓鹏,《华语电影概念探微》,《电影新作》2014年第5期,第5页。
② 《不带身份认同的立足点(上)——斯皮瓦克、严海蓉访谈》,《国外理论动态》2007年第2期,第32页。

本主义意识形态之间却产生了复杂和暧昧的关联。后殖民主义把需要从结构和空间上说明的资本主义全球化问题还原为地方化的经验论,这不仅抬高和促使了"种族"划分的意识形态,还以地方差异之名拉平了全球化的差异。这种身份政治的理论在方法论上恰恰是个人主义的,它混淆个人成功与整体成功的界限,"同时抹去早期激进的集中于群体及其整体解放的历史"。① 因此,对差异的非社会化态度,使得差异的历史和现代历史的整体性都丧失了意义:

> 与它的自我表白相反,后殖民观点正通过把后殖民认识论扩展到全球和把它向后投射到过去而整合自己,无视自身的历史定位与其他历史之间、过去与现在之间的结构差异。②

"在把自身投射到过去屏幕上的过程中,后殖民主义推出自己,不但代替了基于殖民者和被殖民者之区别的,或基于第三世界思想的认识论,而且也代替了这些认识论所激发的革命政治运动"。③ 因此,当实质已变成为虚无主义的后殖民主义作为一种元理论进行扩张时,对它最有力的批评方式就是把它再历史化。

斯皮瓦克曾反思自己在 80 年代、后来被称为"后殖民主义"的理论写作其实是基于南亚的经验,"由于霍米和我都没有从一个宽广的视野来对后殖民多加思考,南亚模式,这个丰富的领域,开始成为台柱子。我不反对南亚模式,但是你不能根据南亚模式来思考拉美,也不能根据南亚模式来思考后苏联世界(the post-Soviet world)所发生的事情,日本、韩国、台湾,在被称为亚洲的地方,也不能根据南亚模式来思考"。④ 与此同时,她坚持认为今天的"民族主义"是对霸权的复制,"我认为问题并不只是社会主义和资本主义者两个阵营的区分不再存在,问题还在于我们不能根据

---

① (美)阿里夫·德里克,《跨国资本时代的后殖民批评》,王宁等译,北京大学出版社,2004 年,第 70 页。
② 同上,第 67 页。
③ 同上,第 68—69 页。
④ 《不带身份认同的立足点(下)——斯皮瓦克、严海蓉访谈》,《国外理论动态》2007 年第 3 期,第 44 页。

延续了一个世纪的民族主义斗争来思考主权。……如果我们按照国家主权模式以过时了的民族主义斗争的名义行事,那么我们就会复制全球博弈"。① 即便这一理论发现国家的缺席会瓦解其完成"抵抗"的需求,斯皮瓦克对于"国家"的界定依然是"后殖民主义气息"式的。她发现把社会责任交给"非政府组织"的时候,往往是让美国国际开发署(USAID)和世界银行控制南半球的国家,所以她重新吁求国家的责任,"我们只有在南半球把国家重铸为一种抽象结构,一种多孔的抽象结构,以便这些国家能够联合起来,反对国际化通过经济结构重组而进行的剥削,只有这样,更多的地缘政治因素才会发挥作用"。② 当"国际主义"只能建立在用抽象的方式去处理国家的前提上,姑且不论这样的"抽象"——以便完成其普遍性,"多孔"——以便容纳多元异质性,在政治上如何实现;也暂时不论这一表述与后殖民主义内部理路之间的悖论;它表明今天的后殖民主义已经不能回避和无法解构对于整体与结构的叙述。对后殖民主义进行全面评述不是本文的任务,这里只指出一点,即这一理论本身需要还原到产生它的历史语境中去理解与批评。

由此,可以检讨其进入中国的路径。这一话语在90年代进入中国学术圈,以反"民族主义"为旗帜,首先被运用在对新中国革命和社会主义建设的历史、现实和国家权力进行回溯式解构,并因此与市场经济和资本主义全球化在中国的高歌猛进联袂而行,形成了某种隐秘或公开的合谋关系。这一历史语境的错位,表现在无视新中国本身是反抗帝国主义的民族、民主解放运动的成果,——中华民族正是在这一过程中获得新的锻造,而是将新中国简单粗暴地指认为汉民族帝国主义。在这个意义上,"西方中心主义"恰恰是通过后殖民主义理论外衣在中国进行新的学术殖民。它把民族国家作为首要解构的对象,却丧失了对"中国"动态历史视野的把握、内部复杂性和差异性的辨识,从传统帝国到现代中国直到今天的所谓"新中华帝国主义",一以贯之,都是以汉/少数民族构成二元对立为前提。由此,这类后殖民主义理论强调新中国的国家政权通过将少数

---

① 《不带身份认同的立足点(上)——斯皮瓦克、严海蓉访谈》,《国外理论动态》2007年第2期,第32—33页。

② 同上,第32页。

民族浪漫化、他者化和客体化,巩固了汉族的中心地位,是汉族中心主义对少数民族的驯服。是以消除种族、民族、阶级、性别与地区之间的差异和紧张,将边缘占为己有,目的是为了建构一个想象的、同质的国家认同,是内部殖民主义和内部东方主义的表现。

在海外中国研究中,这些观点最鲜明地体现在史书美的"华语语系"(Sinophone)研究上,它被认为是"新世纪以来最受注目的论述力量之一",① "史教授承袭后殖民主义和少数族裔文学说法,将中国——从清帝国到民国到共和国——也看作是广义的帝国殖民主义的延伸,如此,她定义的 Sinophone 就与 Anglophone、Francophone、Hispanicphone 等境外文学产生互相呼应。她同情僻处中国国境边缘的弱小民族,遥居海外的离散子民。她的华语语系带有强烈反霸权色彩;对她而言,人民共和国对境内少数民族以及海外华语社会的文化政策,不啻就是一种变相的殖民手段"。② 海外离散人群和中华人民共和国境内的少数民族被等量齐观,这意味着什么呢?其意味不言自明。史书美在大陆被翻译出版的《反离散:华语语系作为文化生产的场域》③一文中,"离散"已经被当作是一个阶段性存在,目的是为了终结,就是其逻辑的必然结果:

> 在移民群体中,"华语语系"是移民前语言的"残留"(residual),由于这一性质,它在很大程度上出现于世界各地的移民群体之中,以及华人占多数的移居者殖民地中。就此而言,它只应是处于消逝过程中的一种语言身份——甫一形成,便开始消逝;随着世代的更迭,移居者及其后代们以当地语言表现出来的本土化关切逐渐取代了迁徙前关心的事物,"华语语系"也就最终失去了存在的理由。因此,作为一个分析的和认知的概念,"华语语系"不管在地理学意义还是在

---

① 王德威,《"根"的政治,"势"的诗学——华语论述与中国文学》,《扬子江评论》2014 年第 1 期,第 5—14 页。
② 同上,第 7 页。史书美的主要观点集中在 *Visuality and Identity: Sinophone Articulations Across the Pacific*, Berkeley and Los Angeles: University of California Press, 2007。
③ 史书美,《反离散:华语语系作为文化生产的场域》,赵娟译,《华文文学》2011 年第 6 期,第 5—14 页。

时间意义上都是特定的。①

虽然王德威在《"根"的政治,"势"的诗学——华语论述与中国文学》一文中,承认史书美把清以来的中国视为殖民与被殖民的关系,"难免以偏概全"。但是他在此基础上借以修正的"后遗民"概念,以及"我所期望的华语语系文学研究不是差异的轻易确立或泯除,而是识别间距,发现机遇,观察消长",其实是用"间距"代替"差异",变"切割"为"博弈"、为"移花接木","不曾发生的历史不代表不可能发生的历史,最不可思议的虚构未必不击中最现实的要害",只是这个需要被"间距"、被"击中"、被"消长"的"现实"究竟是什么呢? 却同样是不言自明的。"提到现当代中国文学,论者立刻想到中国大陆所生产的文学,而且每与'中华人民共和国'的'大叙事'作出或正或反的连接",正是为了摆脱这种或正或反的连接——"'中国崛起'的联动产物","势"才需要被祭出。如此,"中华人民共和国"的"大叙述"才能够被处理成一个"阶段性存在"。鉴于史书美的"华语语系"所着眼的"去中国化",无论是从历史,还是现实,都不过是自掩耳目,因此,正视此一"现实"而寻求"其他理论突破的可能",也是"势"所必然吧。只是,这里的"因势利导"指称的是否是同一种,抑或是另一种曾席卷全球的"历史终结"之大潮? "这一倾向和动能又是与立场的设定或方位的布置息息相关,因此不乏空间政治的意图。更重要的,'势'总已暗示一种情怀与姿态,或进或退,或张或弛,无不通向实效发生之前或之间的力道,乃至不断涌现的变化。"此一摇曳生姿的描述,实在是让读者浮想联翩。

并不奇怪的是,"华语语系"与海外"新清史"研究有明确的呼应,或者说延伸。在史书美文章大陆翻译版中被删去的内容中可以看到:

> Studies of Qing imperialism of the eighteenth and nineteenth centuries have, in the past two decades, also shown the continuous

---

① 史书美,《反离散:华语语系作为文化生产的场域》,赵娟译,《华文文学》2011年第6期,第9页。中文学术界对"华语语系"的批评,参见黄维樑《学科正名论:"华语语系文学"与"汉语新文学"》,《福建论坛》(人文社会科学版)2013年第1期,第105—111页。朱崇科,《华语语系的话语建构及其问题》,《学术研究》2010年第7期,第146—152页;《再论华语语系(文学)话语》,《扬子江评论》,2014年第1期,第15—20页。

effects of this imperialism on those internal colonies within China today: Tibet, Inner Mongolia, and Xinjiang, for instance. (18、19世纪关于清帝国主义的研究在过去 20 年里也表明清朝在今中国的西藏、内蒙古和新疆等地区进行内部殖民的后续效应。)①

被删去的原文还包括：

In today's China, the imposition of the Hanyu and the Han script on its non-Han others-Tibetans, Uigurs, Mongolians, and so forth-is akin to a colonial relationship, a relationship that most dare not criticize for fear of China's ire(今日中国强行在少数民族地区——比如西藏、维吾尔、内蒙古等地区强行推广汉语和汉字学习——这其实反映了一种殖民关系，这种关系是绝大多数人因为惧怕惹怒中国而不敢批评的一点。)②

史书美强调"华语语系"这个概念不与民族、国家绑在一起，诞生的目的就是为了让其消失，这才是其使命。在这个意义上，把"华语语系"在文学和电影研究领域引爆的论争，与今天"新清史"研究在海峡两岸历史学界和媒体上的激烈论争结合起来思考，应该会对问题获得更多的理解。③它的背后其实是中国研究的范式问题。

---

① 曾琳，《读史书美"反离散"原文及中译文有感》，《华文文学》，2014 年第 2 期，第 41 页。
② 同上。
③ 中国史学界对"新清史"的回应与反驳见：2010 年 8 月，中国人民大学清史研究所主办"清代政治与国家认同"国际学术研讨会，系首次在中国大陆举行的以"新清史"为主题的学术研讨会，研讨会论文集《清代政治与国家认同》2012 年在北京社会科学文献出版社出版；2012 年秋，台湾"中央大学"人文研究中心就清帝国性质议题举行研讨会，会议论文《清帝国性质的再商榷：回应新清史》2014 年在台北远流出版社出版。近期围绕"新清史"研究在史学界和媒体上的激辩，可参见钟焓，《北美"新清史"研究的基石何在》，载达力扎布主编，《中国边疆民族研究》第七辑，2013 年；汪荣祖，《清帝国性质的再商榷》，2014 年 7 月 27 日《东方早报·上海书评》；姚大力，《不再说"汉化"的旧故事——可以从"新清史"学习什么》，2015 年 4 月 12 日《东方早报·上海书评》；汪荣祖，《为新清史辩护须先懂得新清史——敬答姚大力先生》，2015 年 5 月 17 日《东方早报·上海书评》；姚大力，《略芜取精，可为我用——兼答汪荣祖》，2015 年 5 月 31 日《东方早报·上海书评》；《汪荣祖再答姚大力：学术批评可以等同于"打棒子"吗?》，http://www.thepaper.cn/newsDetail_forward_1343605，2015 年 6 月 21 日。

相较之与上述概念,"华语电影"(Chinese-language cinema)90年代初由台湾、香港学者提出,90年代中期得到发展,背景是当时大陆、港、台合拍片的出现,2000年之后在海外电影研究中逐渐占据了话语主导权,并很快扩展和影响到大陆的电影研究。① 它其实是80年代之后两岸三地政治、经济与文化格局变动的反映和体现,也是对中国电影生产在这一过程中逐步走向产业化、全球化过程的呼应。"华语电影"的主要倡导者华裔美国学者鲁晓鹏曾在史书美的书评中尖锐批判"华语语系"其实就是"抵制中国"。② 但是,有意味的是,"华语电影"却在去民族、去国家化上与"华语语系"分享了共同的逻辑前提:

> 华语电影研究也是把民族和国家拆开。"nation-state"有时候翻译为"民族国家",或"国族",而华语电影研究的出发点是民族性。什么是民族(nation)？民族是历史记忆、深层记忆、语言、文化这一类。什么是国家(state)？国家是疆界、政体。疆界你不能动它,政体你也不能动,但是华语电影本身所具有的跨区域性,构成了其方法论的特点。

这有点像杜维明先生阐述的"文化中国"概念。……"文化中国"这个概念就是超越疆界。就像杜先生的"文化中国",台湾学者最先

---

① 鲁晓鹏,《华语电影概念探微》,《电影新作》2014年第5期,第4页。
② 鲁晓鹏对史书美的 *Visuality and Identity*：*Sinophone Articulations Across the Pacific* 一书的批评性书评见：Modern Chinese Literature and Culture(MCLC),Volume 20,Number 1(Spring 2008),http://u.osu.edu/mclc/book-reviews/visuality-and-identity/。他质疑道：
There seems to be only one proper function for the Sinophone: resisting China. If it does not do this job, it is bad. Once again, my question is: what is China? Or what is China-centrism? Is it the sheer dominant size of the landmass and population? Is it the government's policy toward Taiwan and Hong Kong? Is it how language and dialects are used on a daily basis by the Chinese people? Are 1.3 billion people one monolithic entity? What is the relationship between, say, a Minnanese-dialect user in Fujian Province, and China-centrism? Does this particular dialect-user under direct Chinese rule within the Chinese nation-state feel less frustrated (and angry) than the Sinophone (Taiyu) user from across the Straits?（看起来,华语语系唯一合适的功能就是抵制中国。如果它不这么做,就是坏的。再一次,我想问的是：什么是中国？什么是中国中心主义？只是领土和数量上的优势吗？这是政府对台湾和香港的政策吗？汉语及其方言是否是中国人的日常生活？13亿人民是铁板一块吗？再比如,福建闽南语与中国中心主义是什么关系？在中国人统治的民族国家里说方言的人群比海峡对岸说台语的华语语系人群少一些沮丧或愤怒？——笔者译)

兴起了"华语电影"研究。其中有很多共同之处,很多都是不谋而合:
疆界和国家讲不通,就把民族和国家拆开,就从民族、语言、记忆、叙
事这些方面着手。①

"华语语系"研究以排斥汉语和中国大陆为前提,而华语电影则以汉语
电影为"文化中国"的主体,以区别与国族电影(Chinese national cinema)
的国家范式。但是,这一论述因为无法处理少数民族语言电影而备受批
评,鲁晓鹏承认:"华语的提法绕过了国族政治的尴尬,促使了中国内地、香
港、台湾地区的沟通和交往。20年过去了,华语电影的概念得到广泛的认
可和使用。同时,随着时代的发展,新的问题产生了,华语的概念面临危机
和挑战。它需要得到反思、发展、修正"。② 他对此进行的修正包括:

> 华语电影中的"华",与中华民族中的"华"的意思相同。中华民
> 族是一个多民族、多语言的国家。它包括汉族和汉语,也包括少数民
> 族和少数民族语言。这个含义上的华语,应当包括两岸四地使用的
> 所有语言和方言。其中自然也包括由北京方言演变成的普通话或
> "国语"。华语电影是在两岸四地内用华语(汉语、汉语方言和少数民
> 族语言)拍摄的电影,它也囊括在海外、世界各地用华语拍摄的电影。
> 有些中国的少数民族也居住在中国境外,但是如果他们自己认同中
> 国文化和语言,他们用华语拍摄的电影也可以属于华语电影范围,假
> 如他们愿意。在全球化时代和某些地区(比如新加坡),有时一部影
> 片中使用包括华语在内的几种语言或方言。在影片的制作、投资和
> 发行上,多方介入。这种片子或许可以归类于"跨国华语电影",或
> "多语电影"。③

在这个统揽性的修正中,"文化中国"的"华语电影"其实已经是以中

---

① 鲁晓鹏、李道新等,《跨国华语电影研究:术语、现状、问题与未来——北京大学"批评家
周末"文艺沙龙对话实录》,《当代电影》2015 年第 2 期,第 69 页。
② 鲁晓鹏,《跨国华语电影研究的接受语境问题:回应与商榷》,《当代电影》2014 年第 10
期,第 28 页。
③ 鲁晓鹏,《华语电影概念探微》,《电影新作》2014 年第 5 期,第 6 页。

国的国家认同为前提了。这一修正值得欢迎。事实上,如果没有中国认同在前,任何"文化中国"都只能沦为王德威笔下的"后遗民"。也许正是因此,鲁晓鹏对大陆学者李道新对其"美国中心主义"的批评表示不能接受,事实上,已经有日裔加拿大学者 Mitsuyo Wada-Marciano 批评其华语电影论述是泛中华帝国种族中心主义,①——这其实不过是从"华语语系"的后殖民视角所作的批评。

但是,这一修正是鉴于现实的倒逼和需要,它并没有成为"华语电影"研究的历史观,也没有在其学术理路上获得有效的回响。因此,李道新从中国电影的历史视角对"华语电影"叙述的批评,不仅是重要的,而且是必须的。也就是说,这一"修正"对于中国电影研究来说,也必须是回溯式的,才能进入历史视野。这尤其体现在"华语电影"研究在处理 30 年代左翼电影和新中国电影史的时候,其理论视角与"华语语系"研究其实并无区别。李道新指出,鲁晓鹏判断中国"对内霸权/对外抵抗的双重过程限定了中国民族电影的发展道路与功能","在这样的视野中,作为'国家神话的鼓动者和国家的神话'的中国'民族电影',特别是 20 世纪 30 年代的上海左翼电影和 1949 年中华人民共和国成立以来的'国家电影工业',正是以'想象的、同质的国家认同'脱离了'跨国电影'的语境并独立于'跨国电影'的历史之外,也因此失去了自身的'历史'意义,或只能作为'跨国电影'历史的负面或消极因素来对待"。② 笔者认为这一批评是成立的。不妨再看一下鲁晓鹏对于本文所关注的少数民族电影的论述:

> 在一个同质的民族认同的形成中,电影叙述的制造神话的功能和合法化的功能可以通过缩小国内各民族间的文化差异而获得。国家与民族的统一是新政权关注的重要问题。20 世纪 50 年代后期与 60 年代出现了一个重要的电影类型:"少数民族电影"。通过将少数民族浪漫化和他者化,这种类型实际上巩固了汉族的中心地位。不论这种电影是反映了"民族和谐与团结"或是表达了汉族把少数民族

---

① 鲁晓鹏,《跨国华语电影研究的接受语境问题:回应与商榷》,《当代电影》2014 年第 10 期,第 29 页。
② 李道新,《重建主体性与重写电影史——以鲁晓鹏的跨国电影研究与华语电影论述为中心的反思和批评》,《当代电影》2014 年第 8 期,第 56 页。

从奴隶制、封建主义与愚昧无知中解放出来,它对于中国民族国家的形成和合法性都是至关重要的。自我的证实需要某种形式的他者的在场,将边缘占为已有也是出于中心的意图。消除种族、民族、阶级、性别与地区之间的真实差异和紧张状态,目的是为了建构一个想象的、同质的国家认同。①

这一论述基本上是海外电影研究从"华语语系"到"华语电影"的通论。代表性观点还包括:

> 在像《农奴》这样的少数民族电影中,电影表述服务于抑制边疆地区异己的与潜在的颠覆性因素。源于国家话语的汉族文化领导权进一步强化了既存的权力与知识结构:处在汉族中心视点的掌握之中,少数民族电影象征性地扮演着上天之眼(即"我"这个汉族主体),而把偏远的边疆地区和奇异的文化习俗置于不断的监控之下。这种电影表述的潜台词是:客体(也即少数民族)决不能成为一个认知的完全主体。换句话说,少数民族几乎从未在少数民族电影中占据主体的位置。少数民族不是出演为改变自身的权力力量,相反,总是被表现为民族国家的顺从群体。
>
> 我在这里的评论切合于格拉德尼(Dru C. Gladney)最近的研究,他强调:"少数民族的那种异域化甚至是情欲化的客体肖像,是主要民族汉族的构造中,甚或是中华民族本身的建构中不可或缺的部分。"依照格拉德尼的观点,人们甚至可推想在主要供汉族消费的少数民族电影中,至今还有那些轻歌曼舞的强制性出演,"与呈献给古代中华帝国的贡品有着惊人的相似"。总之,固置于国家文化机器的少数民族电影有效地参与着某种"内部殖民主义"或"内部东方主义",这两者都被证明是确立汉族文化领导权的有效方式。②

---

① 鲁晓鹏,《中国电影一百年(1896—1996)与跨国电影研究:一个历史导引》,《文化·镜像·诗学》,天津人民出版社,2002年,第68—69页。
② 张英进,《中国电影中的民族性与国家话语》,香港:《21世纪》杂志1997年12月,第44期,第80页。

如果说"华语语系电影"(Sinophone cinema)是比照宗主国/殖民地的方式从外部构建了中国殖民宗主国/海外华人（内外少数民族）的二元对立，那么这一"华语电影"的叙述则从内部复制了汉/少数民族二元对立的结构，其中"汉"代表强势的从封建王朝到人民共和国的所有国家权力，因此二元结构就是主奴结构。从相互呼应的内外两个层面，这些比附不是完成了后殖民主义对西方中心主义元叙事的反抗，而是相反，是对西方中心主义由来已久的"亚细亚专制主义"论述的再次臣服，这一在 20 世纪被中俄革命翻转的叙述，在后革命时代改头换面、卷土重来。[①]

今天海外中国电影研究，从饱受诟病的"国族电影"阶段发展到以排除中国大陆为前提的"华语语系"电影，再到以肯定全球化为前提的"华语电影"阶段，如果把这一理论变迁的脉络与中国 80 年代改革开放的历史对读，就能发现更多历史的奥秘。这其中，核心问题恰恰是少数民族电影。当"华语语系"把少数民族及其语言建构在与汉语（国家）对立的二元结构中，"华语电影"排斥的部分正是全球化产业下的少数民族语言电影。这样的"华语电影"概念体现的正是去国家形态的"大民族主义"视点，——这个批评不同于从"华语语系"视角的批评，因为后者先在地把中国指认为本质主义的专制"帝国"，不过是西方中心主义的衍生品；而在于它有效地对"中国"进行了"去政治化"的脱敏，搁置了或者说遮蔽了中国近代以来反帝、反殖民主义的革命与建国的历史，才因此成为后冷战时代西方学术的话语通货或者说"霸权"，并由此进入新时期中国的官方话语，成为今天最权威的中国电影"命名"。这就是为什么当这个理论对上述历史进行回溯的时候，它的视野与"华语语系"高度重叠。在此基础上，则是一系列"跨国"、"跨地区"、"跨地性"诸种名词及新理论席卷而来，成为理论和学术批评的兴奋点。但是，所有这些"杂种性"(hybridity)、各种"跨"性，在很大程度上沦为对中国电影处于全球化时代跨国资本流动和追逐包围的追认，而不是批判。当今天华语电影论述占据主导地位，电影批评却几乎完全被资本吸纳和消声，这二个局面并存，也许并非偶然。在这个意义上，"华语语系"的"政治化"趋势与"华语电影"的"去政治化"看似对

[①] "亚细亚专制主义"与中俄革命关系的讨论，参见拙著《乡村与革命》，华东师范大学出版社，2013 年。

立,实质却分享了共同的历史意识,并在很大程度上得到了今天中国大陆"去政治化"的政治、社会思潮的呼应。因此,这些问题不仅仅是海外学术的问题,同时,或者更重要,它也是中国大陆学术界自身的问题。在这个意义上,李道新对重建中国电影研究主体性的呼吁,就有了新的时代意义,它截然不同于 80 年代李泽厚、刘再复对"主体性"宣扬的历史语境以及历史意义,毋宁说是对后者在今天的某种必要的回拨。

笔者认同鲁晓鹏对新的"普遍主义"的展望:

> It is all the more important to form an inter-Chinese, trans-Chinese, pan-Sinophone, regional, and global solidarity among all subalterns, proletarians, rebels, and progressive people, above and beyond fragmented identity politics. Minor transnationalism is limiting in its self-styled cosmopolitanism, and a bit too timid in political agency. It appears that what is urgently needed is to ponder the renewed possibility of the cosmopolitanism of major transnationalism (read: the Subject or subjects of History) in the classic Marxian sense of the Internationale. "Workers of the world, unite!"(超越碎片化的认同政治,最重要的是形成底层、劳工、反抗者、进步人群之间,大陆中国人、海外华人、泛华语人群的区域性的和全球性的团结。少数族裔或特定文化的跨民族主义会限定在自我中心的普遍主义之中,是不免怯弱的政治设置。现在最迫切需要的是重新思考大写的跨民族主义的普遍主义,作为历史的大写主体或复数形式的主体,以此造就新的可能性;在经典马克思的国际主义意义上,就是:全世界无产者,联合起来!——笔者译)[1]

但是,这里希望强调的是,任何通往"普遍主义"的路径都只能从自己特定的历史出发。如果没有对中国社会主义政治实践的成败经验进行新

---

[1] 参见鲁晓鹏对史书美 *Visuality and Identity*: *Sinophone Articulations Across the Pacific* 的批评性书评: Modern Chinese Literature and Culture(MCLC), Volume 20, Number 1 (Spring 2008), http://u.osu.edu/mclc/book-reviews/visuality-and-identity/。

的历史清理、理解和阐述,就不可能找到超越民族主义的普遍主义的入口。

回到上述对少数民族电影的叙述中,这里不仅没有自 1949 年以来《共同纲领》规定的新生的人民民主共和国之民族平等的政治实践,也无视西藏作为农奴制社会的民主改革具有积极的政治意义。电影《农奴》塑造翻身农奴为新的社会主体的政治诉求今天究竟应该如何评价?《农奴》在创作上以收集大量素材为基础,创造性的启用大量具有农奴经历的非职业演员,用曾经的农奴来出演主角,角色与演员几乎融为一体,这样的"现实主义"追求究竟具有怎样的意义?华裔美国学者张英进曾在上述引文扩展版中分析《五朵金花》具有汉族中心主义的"奇观性",并将之与《农奴》进行比较,承认后者具有难得的"现实主义因素",但是"就意识形态建构和文化政治的层面",它们并无区别。① 这里,"现实主义"美学得以产生的机制既被忽视,也因此丧失了分析的历史维度。

其实,陈波儿 1950 年在《故事片从无到有的编导工作》一文中"提倡从纪录片基础上发展我们的故事片",② 就是从延安到解放区红色纪录电影传统的延伸,延安电影团第一部电影即为纪录片《延安和八路军》。1947 年在接受"满映"基础上成立的东北电影制片厂,在战争中陆续完成 17 辑电影《民主东北》,其中 13 辑是纪录片,有 3 名青年摄影师在拍摄锦州战役义县战斗、攻克锦州的巷战、突入沈阳铁西区的战斗中牺牲:

> 我们的摄影人员既是摄影师又是战地宣传鼓动员,部队战士看到摄影师到来,都说:我们好好打,争取上电影。战士们把能上电影看作无上光荣,摄影队到哪个部队都受到欢迎。电影成为鼓舞士气的武器,摄影师总是要随尖刀连、尖刀排、尖刀班到最前沿去。有摄影队在的连队,战士打起仗来更勇敢、更带劲。我们的摄影师都是有很好政治素质的人员,他们多数都在人民解放军中受到共产党的多年教育,经受过战争的锻炼和考验,都对中国人民的解放事业无限

---

① 张英进,《影像中国》(第五章:"从少数民族电影"到"少数话语"——协商国家、民族与历史),上海三联出版社,2008 年,第 191 页。

② 吴迪,《中国电影研究资料 1949—1979》(上卷),文化艺术出版社,2006 年,第 59 页。

忠诚,都以自己能为人民电影事业做出贡献为最大光荣。我们的摄影师们一不怕苦、二不怕死,流汗、流血,甚至不惜牺牲。①

这里,如何用西方的电影理论来理解这种全新的摄影机、拍摄者与被拍摄者三者互相交融、互相激荡的关系?可以用西方战地记者的职业和伦理要求去理解这种以消弭"自我"与"他者"关系来追求的"真实性"报道吗?这里,真实性不是依靠保持距离的"他者"视角,这种西方新闻专业主义的诉求来完成,而是建构拍摄者与被拍摄者融为一体的政治主体实践,也是一个分享共同的视野和情感的经验过程,即以消除"客体"的方式重建大写的"主体",以复数的第一人称"我们"为直接发声的主体,才为"真实",这是一种"主体性"的真实理论,区别与"客观"真实。事实上,只有全新的党的纪录电影理论,才能够理解和解释这种用生命献祭革命的"现实主义"纪录电影实践,或曰人民电影。1950年,袁牧之在《关于解放区的电影工作》一文中解释道:"在1946年建立东北电影制片厂的初期,都是从先用摄影机直接反映工农兵斗争生活的新闻纪录片做起,然后再过渡到加工较多的艺术片。我们的艺术干部们一方面直接地走向工农兵群众中,以寻求他们创作生活的源泉;另一方面又间接地拍摄新闻纪录片获取经验。"②这就是包括《农奴》在内的电影"现实主义因素"的历史来源及其意义,这一"现实主义"脉络值得重新梳理。

另一方面,如果说"抑制边疆地区异己的与潜在的颠覆性因素"具有某种真实性的话,这部电影所要"抑制"的"他者"正是新生的共和国从不讳言的政治敌人:从帝国主义、封建主义、狭隘民族主义到大汉族主义。难道今天需要为这种种"异己的""颠覆性因素"翻案、为农奴制翻案?为英国殖民主义对西藏的觊觎和侵略张目?为西藏的分离主义辩护?这套理论主张究竟是属于殖民主义,还是反殖民主义?这些从"后殖民主义"理论而做的延伸是否已经走到了自己所主张"正义"的反面?

在这样的叙述框架下,消解这一国家影像强权的方式就是回到文化

---

① 高维进,《中国新闻纪录电影史》,世界图书出版公司,2013年,第74—75页。
② 丁亚平,《影像中国:中国电影艺术(1945—1949)》,文化艺术出版社,1998年,第144,172页。

多元主义,回到作者电影理论。代表性观点就是王志敏在 1996 年提出的震荡至今的"少数民族电影"重新界定说,即它必须符合一个根本原则,文化原则;两个保证原则,作者原则,题材原则,——呼吁从文化身份认同、作者身份认同的双视角对少数民族电影进行严格甄别。① 以此来解决中国少数民族题材电影不是少数民族的自我表达,而是汉族对少数民族的控制、想象与消费的指控。但是,如此一来,能够符合这个血统论式界定的少数民族电影已经寥寥无几。② 这一理论不是解释,而正是遮蔽或否定了新中国基于民族平等的政治理念而进行的丰富与复杂的影像实践。

其实只要把这类阐述放回历史,就会发现它无法处理的困境。首先,不同于西方族裔民族主义的理念,辛亥革命以来从"反清复明"到"五族共和",一直到新中国的民族区域自治制度,多族裔的中华民族锻造的政治进程,一直持续进行。直到今天,它依然是一个面临严重挑战、没有终结的历史过程。这一进程最强大的动力不是别的,正是近代以来帝国主义列强的侵略与压迫而引爆的民族民主解放运动。比如,1939 年郑君里在国民党"军事委员会政治部"第三厅下属机构"中国电影制片厂"(中制)拍摄《民族万岁》,1943 年完成这部一个半小时的纪录影片。他回忆说:"在绥蒙前线我看见敌人分化蒙汉的阴谋和事实。当时傅作义先生特意指点我要把摄影机针对着这问题。这部片子里的蒙民救护伤兵一节就是经他指定摄成的","当时在西北,已经出现了一个类似伪满洲国,被日本人扶持的'绥蒙'伪政权","归来之后,这一片段、这一问题排开了其他错杂的印象和概念,兀自地浮现出来,渐渐发展为一个中心的主题——民族团结,发展为全片的结构"。③ 儿子郑大里在 60 多年后从台湾获得录像带,看后的感触是:"让我感动的是,这部长达 90 多分钟的纪录片,真正的主

---

① 王志敏,《少数民族电影的概念界定问题》,载中国电影家协会,《论中国少数民族电影:第五届中国金鸡百花电影节学术研讨会文集》,中国电影出版社,1997 年,第 161—171 页。
② 相关讨论参见胡谱忠,《命名与修辞:中国少数民族题材电影的"元问题"》,《首都师范大学学报》2013 年第 5 期,第 102—113 页;程郁儒,《中国少数民族电影研究相关概念辨析》,《民族艺术研究》2010 年第 6 期,第 139—114 页。
③ 郑君里,《我们怎么制作〈民族万岁〉》,《民族万岁:郑君里日记(1939—1940)》,上海文艺出版社,2013 年,第 354 页。

角,并不是国民党的高官政要,而是那些当时被称为'蛮夷'、'野蛮人'的普通少数民族大众。这些老百姓的抗日热诚令人潸然泪下"。① 中华民族的锻造、新中国的诞生与第三世界的民族、民主解放运动之间有着血肉相连的关系,这些基本内涵,能否适合用 70 年代之后西方语境中出现的后殖民理论予以解构? 其实,90 年代以来,正是作为 20 世纪民族民主解放运动之政治内涵被遮蔽的后果和表征,后殖民主义理论在中国才得以畅行。其次,正是前 30 年,特别是 17 年,中国少数民族影像获得了最丰富的发展与成就,它从来不是支流,而是主流电影不可或缺的有机组成。这与今天市场化环境下,一方面是作者意义上的少数民族影像完全丧失"能见度",另一方面则是好莱坞式的少数民族"奇观电影"方兴未艾,恰成对比。究竟是哪个时代在"边缘化"和"消费"少数民族呢?

王华在书稿中指出,"少数民族题材电影",特别是"少数民族电影"其实是在 1979 年之后逐渐出现和建构起来的一个电影类别。建国初到 1978 年的报刊、杂志以及研究文章中看不到这些概念和这种讨论,电影政策文件和电影研究文字大都以"反映兄弟民族生活的影片"、"反映少数民族现实生活的影片"、"反映少数民族斗争生活的影片"、"反映少数民族生活的影片"等词语来描述。也就是说,所谓作为"他者"的"少数民族电影"的概念,在 80 年代之前并不存在。之前存在的,是少数民族作为新中国电影内在组成部分的"人民电影。"新中国成立之初,《大众电影》几乎每一期都要介绍反映少数民族生活题材的影片,或者刊发相关摄制通讯与观影评论,既有故事片,也有纪录片。

1953 年 7 月中央新闻纪录电影制片厂建立,是为"新影",毛泽东亲笔题写厂名。1956 年文化部再次明确提出,"努力增加反映少数民族人民生活的影片和少数民族语翻译片"。② 1957 年 12 月 21 日到 27 日,文化部召开了建国以来首次全国少数民族文化工作会议,"进一步发展少数民族地区的文化工作"的报告回顾了少数民族文化事业建国以来的进步,

---

① 陈菱,《60 多年前,郑君里拍摄〈民族万岁〉》,《中国民族报》2006 年 3 月 3 日,第 7 版。
② 《文化部关于一九五六年文化工作的基本总结和一九五七年方针任务的报告》,《文化工作文件资料汇编》(一),中华人民共和国文化部办公厅编印,1982 年,第 47 页。

"现有电影放映队529队,反映少数民族生活的影片共摄制35部,其中故事片8部,各种纪录片27部,译制了民族语言翻译片128部"。① 新中国前30年约180多部少数民族纪录影片出品,它们都属于新中国的影像书写。

问题是,作为历史的"新中国影像书写"在今天究竟如何理解? 能否被标签为所谓"国族电影"而一笔勾销其价值?"重写中国电影史"究竟要从什么视角进行? 由此,我们需要回到作为"国家"的"新中国",考察推动它的内外部政治力量究竟是什么,及其与电影的关系。

(二) 统一战线与阶级斗争:国家与民族话语的变奏

1949年9月,中国人民政治协商会议第一次全体会议通过的《中国人民政治协商会议共同纲领》是新中国的临时宪法,它确定了新中国内部各民族之间平等、互助与共同发展的原则,反对帝国主义和各民族内部的人民公敌,反对大民族主义和狭隘民族主义,禁止民族间的歧视、压迫和分裂各民族团结的行为。确定了民族区域自治制度,以及对各少数民族语言文字、风俗习惯和宗教信仰的尊重。它成为新中国少数民族电影事业的基础和原则。区域自治不是按民族划分,不是巩固民族壁垒,相反是打破这种壁垒,以便为实现另一种划分——即阶级划分——开辟道路。在这个意义上,民族问题从来都是阶级问题。民族区域自治制度体现的从来就不是单一民族自治,而在于建构各民族的平等交往与融合,社会主义的原则从来都是以推动民族融合为诉求,而不是相反。

反映少数民族生活的纪录片与故事片是新中国电影事业的有机组成,新中国电影事业的急速推进则与新中国的政治与社会建设并行。《内蒙春光》就是一个极富意味的故事,它体现了共产党当年如何将统一战线与阶级分析相结合的艺术政治和政治艺术。

1950年4月,东北电影制片厂最新完成的故事片《内蒙春光》是导演在长期深入生活后创作完成的,上映后好评如潮。《人民日报》认为是有

---

① 《文化部关于少数民族文化工作给中央的报告(1957年1月)》,《文化工作文件资料汇编》(一),第421—425页。

史以来第一部正确反映少数民族的影片,贯穿了平等、团结的民族政策,体现了强烈的阶级对比与蒙汉民族的大团结,把党的民族政策在影片中正确形象化了。但是,统战部长李维汉提出意见,影片里虽说要团结少数民族上层分子,可在形象处理上却大量暴露他们,以至最后被国民党反动派败兵残将抢劫而枪杀……,这种处理方式对团结和争取少数民族的上层分子不利,不利于统战工作,并提出这部影片不宜再映。乌兰夫也提出统战会议中有西北代表认为此片在新区放映与政策不符。这些意见上达之后,导演干学伟接电影局紧急通知,周恩来要来北京电影制片厂审看《内蒙春光》。同时参加审片讨论的有中宣部陆定一、周扬,文化部部长沈雁冰,民族事务委员会主任刘格平,《人民日报》邓拓,政务院副总理郭沫若、袁牧之、陈波儿、阳翰笙、史东山、蔡楚生、洪深、欧阳予倩、田汉等,甚至素未参与电影的一些作家如赵树理等100多位的强大阵营。周恩来全程参加审片及长达6、7个小时的讨论会,最后讲话两小时,会议一直开到深夜4时。周恩来指出这部影片的责任不在编剧,而是领导部门对于民族意见认识的不一致。一方面是大民族主义,旧社会的汉族统治者对少数民族是压迫剥削,把他们赶到高山和荒芜的沙漠,因此解放前民族之间矛盾比较尖锐。今后应该让出一些土地请他们下山来,到交通发达的地方来。同时也要反对狭隘民族主义,这部片子有表现狭隘民族主义的地方。总理同意这部影片在艺术上是好的,但是:

> 它的错误是违反了《共同纲领》中的民族统一战线政策。因为当前我们的敌人,国内是蒋介石为首的反动派,国外是美帝国主义。而不是那些王公喇嘛,对王公喇嘛,我们主要是争取,只有对实在不能争取的,与帝国主义和国民党反动派勾结、顽抗到底的,才打倒。
> ……
> 《内蒙春光》没有从全国阶级斗争的全局来看问题,而是孤立地写少数民族中一个民族的阶级斗争,这就不但会把少数的王公作为主要敌人,得出一旦推翻了王公的统治,民族问题就会完全解决了的错误结论,这部影片叙述的嘎达梅林的故事,恰巧证明了在大民族中的小民族要争取解放,如果没有外力的援助,如果不是整个大民族中的反对派被打倒,无论如何是很难取得胜利的,顶多只是依次很快被

镇压的暴动。①

　　周恩来指出,民族问题是阶级问题,《共同纲领》说明要反对帝国主义和民族内部的阶级敌人。在中国,长期占统治地位的是汉族,他们对外勾结帝国主义,对内压迫汉族和少数民族,因此,国民党代表的大汉族主义才是民族内部的主要矛盾。对少数民族的上层分子应该努力争取团结,使其明了我们主张兄弟民族平等团结、互助,从而消除误解,接受党的统一战线的民族政策,以有利于达到全国各兄弟民族大团结的目的。

　　艺术创作不得逾越《共同纲领》的政治界限,而必须以它为前提,这里,的确没有知识分子个人的"创作自由"。最后总理宣布对这部影片进行修改,并请在座的同志多提建议,给予积极扶持。1951年3月16日,修改好的影片经毛泽东审定,并重新命名为《内蒙人民的胜利》上映。这就是新中国第一部少数民族题材故事片诞生的故事。

　　以反对大汉族主义的方式对少数民族上层统一战线的政治导向,是新民主主义即人民民主主义的国家性质所决定的,也是新生的共和国各民族"共和"政治理念的体现。正是在这一脉络下,中国的民族政策纳入统战工作,并由统战政策进行管理。但是,统一战线从来就不是否定阶级斗争,而是强调从更大的世界格局中去分析和处理阶级斗争,这是统一战线作为中国共产党三大法宝之一最精妙的政治艺术的体现,也是毛泽东、周恩来如此深切地介入到对一部电影进行"干涉"的原因。它不是为了制造内部的族裔他者,而是通过阶级分析的方式,打破国家与族裔之界限,重新划分出"谁是我们的朋友,谁是我们的敌人",以团结最大多数人民,完成对新中国人民政治主体性的重新塑造。少数民族与汉民族的对立恰恰是要消除的目标,——也只有在此基础上才能完成,知识分子在新中国的作用被强有力地纳入这个政治框架下。因此,虽然那个时代是与电影创作的"概念化"批评联系在一起的,但是"形象化"、"真实性"与"概念化"之间的张力,也是属于并成为对那个时代的一种"纪录"。

　　这一事件可以与同一年出品的纪录片《中国民族大团结》一起来理解。该片拍摄了庆祝中华人民共和国第一个国庆节,中央人民政府邀请

---

① 饶曙光等,《中国少数民族电影史》,中国电影出版社,2011年,第27—28页。

全国各少数民族代表进京参加庆典,成员包括各地方土司、头人、活佛、喇嘛、堪布。虽然是政务院总理邀请,但其实有些人顾虑很多,也害怕。片子描述了少数民族观礼团在北京受到热情欢迎,呈现出历史上从未有过的民族大欢聚、"空前大团结"。在向毛泽东献礼的场景中,民族代表献上了锦旗、名贵特产、民族服饰等,毛泽东则回敬礼品。当藏族代表向毛主席献活佛的帽子,毛主席把它戴在头上时,引起在场群众狂热的、历久不息的鼓掌和欢呼声。片子还纪录了少数民族代表们在反对战争、保卫世界和平的"和平宣言"上签字,在国庆阅兵式、宴会和游行时与首都人民同祝胜利的场景。影片中,周恩来在政务院欢宴会讲话:"我们应该更进一步地加强和巩固民族团结,我们应该有步骤地和切身地实现民族的区域自治政策,我们应该帮助各民族人民训练和培养成千成万的干部,并为逐步改善和提高各民族人民的经济、文化、生活水平而努力,以便把中华人民共和国建设成为各民族友爱合作的大家庭。"这是中央人民政府新的民族政策的影像宣言。

在这个意义上,电影是新中国民族政策的教科书。1951年,《大众电影》评论说:"(影片中)他们淳朴、善良、诚挚的脸上,显出翻身后骄傲和愉快的微笑,哪里有反动派所加在他们身上的侮辱说他们是野蛮和残暴的影子呢?这原来是国民党为制造民族间的仇恨所散布的谣言呵!各民族文工团的优美健康的舞姿,更说明他们是有文化传统的。在各个场合,他们都以回到祖国怀抱的无限兴奋愉快的心情,用各种不同的语言文字,表达着对毛主席以及祖国的热爱;毛主席以及广大人民也以同样的热情回敬他们。使我深深感到:我们尽管语言、文字、服装不同,相隔千山万水;然而我们是血肉相关的兄弟民族,我们同是中华人民共和国友爱合作的大家庭的一员。"①在保持各民族不同的文化传统基础上,实现民族平等,这一崭新的现代政治理念需要通过各种方式教育全体国民,影像正是其中最重要的方式。

影片另一重要背景是抗美援朝战争的爆发,"当各族代表正热烈地欢聚在人民首都的时候,美帝国主义的侵略火焰烧近我国边境的消息传来了,引起了各族代表的愤怒。他们一致起来在保卫和平的宣言上签名,表

---

① 青禾,《我看了〈中国民族大团结〉之后》,《大众电影》1951年第23期,第16页。

示了反抗侵略、保卫祖国的决心。……这是中华人民共和国各民族大团结的缩影。这民族大团结就是捍卫祖国的铜墙铁壁,是保障远东和世界和平的强大力量。"①抗击外来侵略的民族解放运动作为民族锻造的积极力量,才有全民决战的基础。编导吴本立说:"所有的这些成绩,都是我中央人民政府首长,对本片的摄制,加以密切的思想指导的结果;都是政府首长创议摄制此片的结果;都是本片所有工作人员团结合作,热情劳动和细心学习民族政策的结果。而我个人,不过是在以上的诸条件下,参加了民族政策的学习,同时也做了一个传达国家政策和党的意图的组织者而已。"②并非谦语,电影作为新中国的国家书写,秉承的不是个人意志,而是国家意志。但是,这究竟是怎样一种"国家意志"? 究竟如何理解和评价它? 这些需要在今天重新探问的问题,既是西方作者意义上的电影理论无法触及的议题,也是今天"华语电影"研究里被封闭的历史。

毋庸置疑,纪录电影镜头正是因此上升为新的国家书写的重要部分。1950年,接手新闻纪录片摄制任务的中央电影局北京电影制片厂曾同时派出"台湾"、"西藏"、"新疆"等摄影队(台湾没有能够成行),前往拍摄中国最远边区的少数民族风俗、生活和边疆国土解放的纪录片。③ 新中国影像中,新政权的建立从一开始就注重从少数民族地区获得合法性。《红旗漫卷西风》是描写中国人民解放军西北战场作战情况的纪录影片,镜头从延安宝塔山开始,纪录人民解放军解放西安、兰州、银川、西宁,挺进新疆的整个战斗历程。在它的镜头中,各族人民夹道、摇旗欢迎,藏族人民从千里之外带着哈达、保存多年的红军时期的布告来欢迎人民解放军。《大西南凯歌》(1950)中有"谷糠铺路、积极带路"的西南少数民族;《大战海南岛》(1950)中则是捧出椰子、菠萝、香蕉等水果的黎族人民。

这其中,西藏的纪录影像尤为突出。1950年3月,新闻摄影队随十八军徒步挺进西藏,在极其艰苦的环境下,一路拍摄人民解放军进入拉萨和解放西藏的情形。《解放西藏大军行》纪录了甘孜、昌都的解放,中央人民政府和西藏地方政府达成《和平解放西藏的协议》,并继续进军拉萨。

---

① 柏生,《毛泽东民族政策的伟大胜利! ——〈中国民族大团结〉影片评介》,《人民日报》1951,3(10):3。
② 吴本立,《参加制作"中国民族大团结"影片的一点体会》,《人民日报》1951,11(7):3。
③ "北影"将源源出产故事片、教育短片及纪录片》,《大众电影》1950年第4期,第19页。

《光明照耀着西藏》纪录了人民解放军从西南、西北分路进军西藏,1951年9月到达拉萨,受到藏族人民群众及西藏上层人士热烈欢迎,按照和平解放西藏十七条协议,西藏人民迎接新生活。两部影片纪录了进藏部队背着背包翻雪山、过草地、顶风雪、战激流,一面筑路、一面进军。部队执行党的民族政策,风餐露宿,不住民房,尊重藏族人民风俗习惯,学抓糌粑,排成长队帮助藏族人民担水。当时中央民族学院藏族学员座谈《光明照耀着西藏》时说,"西藏过去和内地长期隔绝的情况下,文化上没有交流,今天看到这部影片(《光明照耀着西藏》),我感觉到电影在这方面有很大的作用。以后应该多多拍摄这样的影片。我在看电影的时候一面就在想,希望能够赶快把它翻译成藏语说明送到西藏去,让所有的西藏人民都能够看到。但这部影片表现藏族人民的生产劳动和文化生活方面还不够,从风俗习惯上看,我们感觉影片里有关这方面的大部分材料都是西康的,西藏的就比较少了。这样就不能够更有代表性地表现出藏族生活的特点。……影片里虽然也介绍了历史上藏族人民反抗英帝国主义的事迹,但全西藏人民对于英帝国主义的痛恨是很深的,这一点在影片中却没有更多的表现。这方面的材料是有的,我希望以后有机会也能够拍下来编到影片里面去,介绍给全国人民!"[1]这些积极建言,证明影片放映并非单向灌输,追求互动是传播过程的重要部分,非此,则无法完成"教育"功能。所以,党的电影理论、报刊理论及其实践必需构建积极的观众,视观众为能动的主体,而非被动的客体,这正是今天的电影史和新闻史研究忽略或无视的问题。

从1950年到1952年底,中央人民政府先后派出了4个访问团到西南、西北、中南、东北、内蒙古自治区访问各少数民族。各地方人民政府也对本地区少数民族进行同样的访问工作。中央政府部分访问团有摄影队、电影放映队、幻灯放映队随行,摄影师对访问情况进行了拍摄,如《中央访问团在西北》(1950)、《中央访问团在大瑶山》(1951)、《中央访问团在西南》(1951)等。电影放映队后来成为各个中央访问团、民委慰问团必配的惯例,访问团中则包括人类学与民族学的学者,老一辈著名的民族学、

---

[1] 本刊记者,《中央民族学院藏族学员座谈〈光明照耀着西藏〉》,《大众电影》1953年第9期,第4页。

人类学专家几乎都参加过各种访问团。与此同时,各少数民族则组织参观团到北京来向毛主席和中央人民政府致敬,并参观首都和祖国各地建设。其中代表性影片就是《西藏致敬团》(1953),西藏致敬团到达北京在前门车站受到热烈欢迎,毛泽东、朱德、周恩来、宋庆龄等设宴招待。致敬团参加1952年国庆游行观礼,在北京参观庙宇,在大连参观港口、机车车辆厂、棉纺厂,到南京中山陵向孙中山先生像献花圈,到上海参观工厂,还到杭州泛舟西湖。由此,纪录片宣告新中国实践一种全新的国家理念:民族平等与团结。值得注意的是访问团与摄影队、放映队同行的传统,这是视摄影与放映共同作为积极的"媒体"建构因素,从传播的视角来理解作为"行动"的电影,就能打破对新中国纪录电影史的刻板印象,使之绽放出新的面貌。这一模式也于1965年前后周恩来在亚非拉欧等20余国出访时沿用,摄影师随行拍摄新闻片。①

中国电影纪录片持续以编年史的方式拍摄50年代以来西藏社会政治的变化,堪称一部完备的西藏影像志。除上述提及影片外,还有纪录片《从拉萨到北京》(1955),记录达赖喇嘛和十世班禅从拉萨前来北京出席第一次全国人民代表大会第一次会议。达赖和班禅分途取道四川和青海抵达北京,中央人民政府首长和北京市各界人民在车站欢迎。达赖和班禅向毛泽东主席敬献哈达,在大会上发言拥护中华人民共和国宪法,被选举为全国人民代表大会常务委员会副委员长和常务委员。两位参观北京名胜古迹,在雍和宫讲经;参加国庆节观礼,表示将努力建设新西藏,相信西藏将与祖国各地一样迅速繁荣起来。《春到西藏》(1956)记录"西藏自治区筹备委员会"的成立和中央代表团来到西藏的经历。国务院副总理陈毅率领中央代表团到达拉萨,达赖、班禅、阿沛·阿旺晋美和张国华前往迎接并致欢迎词。4月22日西藏自治区筹委会成立大会开幕,各界僧俗代表发言拥护中央决定。《中央代表团访问西藏》(1956),陈毅副总理率领中央代表团来到西藏,祝贺西藏自治区筹委会正式成立。代表团受到了喇嘛们最隆重的欢迎,并参观实验农场,慰问驻藏中国人民解放军。文艺工作团来到昌都等地,表演各族精彩节目。代表团访问亚奇地区、江孜和日喀则,在日喀则,班禅陪同陈毅访问,扎什伦布寺的喇嘛表演了象

---

① 高维进,《中国新闻纪录电影史》,世界图书出版公司,2013年,第160页。

征长寿和幸福的仙鹤舞。陈毅和代表团还访问了农村、小学、医院等地。《千里迢迢探亲人》(1957)则纪录中央慰问团1956年11月到四川省甘孜藏族自治州,阿坝藏族自治州,凉山彝族自治州,西昌专区,云南省的丽江专区,代表党中央和毛主席向各兄弟民族人民进行慰问。

  1958至1965年间,西藏巨变,西藏叛乱、民主改革与西藏自治区成立等重大历史事件都在这一时期发生。平叛之后,毛泽东和中央人民政府不失时机全面推进西藏民主改革运动。自1959年6月开始,从实行"三反"、"双减"(反对叛乱、反对乌拉差役、反对人身依附和减租减息),到实行土地分配,同时在牧区开展"两利"(牧工、牧主两利)运动,——这是西藏空前绝后的大历史。反映这些剧变的纪录片前后达16部之多,占这一时期少数民族题材纪录片近六分之一,分量极重,奠定了藏族题材纪录片在少数民族题材纪录片史上的桂冠地位。但是,这与其说体现的是西藏的特殊性,毋宁说西藏必然从农奴制走向民主改革的政治图景,本来就内在于统一战线的民族政策之中,只是以什么样的方式展开、时间的迟早问题。这也是因为西藏是新生的共和国边疆地缘政治最敏感、社会政治状况最复杂、社会经济最落后的地区。毛泽东在1959年4月15日《关于西藏平叛》的讲话,堪称处理统一战线与阶级关系问题的典范讲义:

    有些人对于西藏寄予同情,但是他们只同情少数人,不同情多数人,一百个人里头,同情几个人,就是那些叛乱分子,而不同情百分之九十几的人。在外国,有那么一些人,他们对西藏就是只同情一两万人,顶多三四万人。西藏本部(只讲昌都、前藏、后藏这三个区域)大概是一百二十万人。一百二十万人,用减法去掉几万人,还有一百一十几万人,世界上有些人对他们不同情。我们则相反,我们同情这一百一十几万人,而不同情那少数人。

    那少数人是一些什么人呢?就是剥削、压迫分子。讲贵族,班禅和阿沛两位也算贵族,但是贵族有两种,一种是进步的贵族,一种是反动的贵族,他们两位属于进步的贵族。进步分子主张改革,旧制度不要了,舍掉它算了。旧制度不好,对西藏人民不利,一不人兴,二不财旺。西藏地方大,现在人口太少了,要发展起来。

    ……

至于贵族,对那些站在进步方面主张改革的革命的贵族,以及还不那么革命、站在中间动动摇摇但不站在反革命方面的中间派,我们采取什么态度呢？我个人的意见是:对于他们的土地、他们的庄园,是不是可以用我们对待民族资产阶级的办法,即实行赎买政策,使他们不吃亏。比如我们中央人民政府把他们的生活包下来,你横直剥削农奴也是得到那么一点,中央政府也给你那么一点,你为什么一定要剥削农奴才舒服呢？

……贵族坐在农奴制度的火山上是不稳固的,每天都觉得要地震,何不舍掉算了,不要那个农奴制度了,不要那个庄园制度了,那一点土地不要了,送给农民。……现在是平叛,还谈不上改革,将来改革的时候,凡是革命的贵族,以及中间派动动摇摇的,总而言之,只要是不站在反革命那边的,我们不使他吃亏,就是照我们现在对待资本家的办法。……这样一来,农民（占人口的百分之九十五以上）得到了土地,农民就不恨这些贵族了,仇恨就逐渐解开了。①

1998年,达赖在一个没有记者在场的美国大学见面会上,曾经坦率地回答中国留学生提出的问题:西藏有没有阶级？西藏的穷人有没有从共产党的土改政策中得到好处？他谈到:

西藏当然有阶级。西藏广大农奴都是拥护共产党的。共产党之所以能够顺利地进入西藏,就是西藏的农奴欢迎共产党,他们给解放军带路,领着解放军进入西藏。他离开西藏后,西藏的农奴在共产党的民主改革中分到了土地、房屋和牲口。②

共产党站在农奴这一边,使西藏从农奴制中获得解放,这是共产党获得支持的决定性因素,这是一个基本事实。

《平息西藏叛乱》(1959)的摄影师冒着生命危险,详细纪录了西藏叛

---

① 《毛泽东文集》第八卷,北京人民出版社,1999年,第40—42页。
② 韩东屏,《亲身感受若干美国人对于中国西藏问题认知上的偏狭态度》,《北大马克思主义研究》第三辑,2013年,第267页。

乱经过，尤其针对谁是叛乱的策谋者和发动者；谁首先撕毁了十七条协议并开始挑衅和进攻；谁破坏和玷辱了宗教活动；达赖喇嘛被劫持的过程；以及人民痛恨谁，拥护谁……等等展开。叛乱平息后，八一电影制片厂拍摄了纪录片《甘孜藏族人民的春天》(1959)、《阳光照耀着山南》(1959)，中央新闻纪录电影厂连续拍摄了《拉萨河畔》(1959)、《甘孜藏族人民的控诉》(1959)、《康巴的新生》(1959)和《百万农奴站起来》(1959)等影片。这其中具有重要政治意义和史料价值的《百万农奴站起来》，纪录了西藏农奴制的消亡和新西藏的诞生，通过收集大量案例和农奴们诉苦的控诉现场，用镜头揭露农奴制度的黑暗与残酷，表达翻身农奴焚毁债据、分得土地的喜悦。影片摄制时初名为《告诉全世界》，后改为《百万农奴站起来》，并由此成为一个时代响亮的标志语。影片上映后，成为1959年最受观众欢迎的新闻纪录长片，它既是为百万农奴翻身解放谱写的赞歌，也是新中国对世界的强力宣告：社会主义新西藏必将确立在雪域高原。它与1963年的故事片《农奴》共同成为17年西藏影像中的不朽经典。

1965年的《庆祝西藏自治区成立》纪录了西藏自治区第一届人民代表大会第一次会议在拉萨开幕，大会选举了阿沛·阿旺晋美为西藏自治区人民委员会主席。纪录电影镜头不仅见证了一个民族区域自治的社会主义新西藏的诞生，同时也是重要的政治建构力量。这期间，统一战线与阶级分析作为处理民族问题的两个变奏，此起彼伏，互相交织，并延续至今。如何处理和把握其间张力，是对执政党政治立场的考问、政治智慧的考验。历史已经证明，没有阶级分析的"统一战线"就会丧失政治视野，必定会走向反面。

这种民族平等的政治格局更需要从国际主义的视角来理解。吴本立在《参加制作"中国民族大团结"影片的一点体会》一文中回忆道："当我们反映我国国内各民族团结的时候，是与我国欢迎世界各国人民代表来京的镜头联系在一起，是与我国人民的国际主义精神联系在一起来反映的。……起先，我们曾经孤立地表现国内各民族的团结，不曾注意国际团结的重要背景。例如毛主席于去年9月30日设宴欢庆国庆节的一场，我们为了编辑上的'省事'起见，把毛主席在那次宴会中所邀请的国际友人的镜头删掉了，以为这些材料应该用在别的影片中，在这张影片中可以略去。这是孤立片面地了解民族政策的结果。后来经过领导方面着重地指出,这一点不妥当,我们就迅速地纠正了。这使我从具体工作中认识到国内民族政策与外交政策的统一,爱国主义与国际主义的不可分割性。自己的狭隘思想得到了纠正。"① 对内民族平等与区域自治,对外国际主义与尊重主权,——针对的是资产阶级的民族主义(大国沙文主义)、殖民主义以及帝国主义霸权,作为互补的政治图景,缺一不可。

1955年4月19日万隆会议上,周恩来针对少数代表攻击中国是"新的殖民主义",当机立断把发言稿用书面散发,临时准备补充发言稿,指出二战后亚非出现了两类新的独立国家,一为社会主义体系国家,一为民族主义者领导的国家,但都是从殖民主义中独立出来,并将继续为独立而奋斗,因此需要"求同存异",建立国际范围内的统一战线。和平共处五项原则就是以保持差异性为前提,构建新型世界和平的政治图景。在这次面向世界的著名讲话中,周恩来批驳了中国的民族区域自治制度是对邻国的威胁:"中国境内有几十种少数民族4000多万人,其中傣族和相同系统的壮族将近千万人。他们既然存在,我们就必须给他们自治区权利。好像缅甸有掸族自治邦一样,在中国境内各个少数民族都有他们的自治区。中国少数民族在中国境内实行自治权利,如何能说威胁邻邦呢?我们现在准备在坚守五项原则的基础上与亚非各国,乃至世界各国,首先是我们的邻邦,建立正常关系。现在的问题不是我们去颠覆别人的政府,倒是有人在中国的周围建立进行颠覆中国政府的据点。"② 一言以蔽之,民族区域自治制度与万隆会议精神分享共同的"差异政治"的理念:求同存异、和平团结、共同发展。问题在于,究竟谁和怎样的势力才是这一理念的敌人?

1957年8月4日,周恩来在《关于我国民族政策的几个问题》的重要文献中,更清楚地阐明了中国独特的民族区域自治制度是如何由国际、国内的革命过程和历史条件所催生出的:

> 十月革命时,俄国无产阶级是首先在城市中起义取得了政权,然

---

① 吴本立,《参加制作"中国民族大团结"影片的一点体会》,《人民日报》1951,11(7):3。
② 周恩来,《在亚非会议全体会议上的发言·补充发言》,载中共中央文献编辑委员会,《周恩来选集》(下),北京人民出版社,1984年,第146—157页。

后才普及到农村和少数民族地区。俄国是第一个社会主义国家,这时候打这个擂台是不容易的。同时,它又是在一个帝国主义的国家里进行革命的,所以必须摧毁旧有的殖民地关系。为了把各民族反对沙皇帝国主义压迫的斗争同无产阶级、农民反对资产阶级、地主的斗争联合起来,列宁当时强调民族自决权这个口号,并且承认各民族有分立的权利,你愿意成为独立的共和国也可以,你愿意参加到俄罗斯苏维埃联邦社会主义共和国来也可以。当时要使第一个社会主义国家在政治上站住脚,就必须强调民族自决权这个口号,允许民族分立。这样才能把过去那种帝国主义政治关系摆脱,而使无产阶级专政的新社会主义国家站住脚。当时的具体情况要求俄国无产阶级这样做。

中国是处在另一种历史情况之下。旧中国虽然有北洋军阀和后来国民党的反动统治,压迫劳动人民,压迫兄弟民族,但是整个中国则是被帝国主义侵略的国家,成为半殖民地,部分地区则成为殖民地。我们是从这种情况下解放出来的。革命的发展情况也和苏联不同。我们不是首先在大城市起义或者在工业发达的地方起义取得政权,而是主要在农村中建立革命根据地,进行长期奋斗,经过22年的革命战争才得到了解放。因此,我国各民族的密切联系,在革命战争中就建立了起来。例如,在内蒙也有革命根据地,在新疆也有过反对国民党的革命运动,在我党领导的西南游击区也有各兄弟民族参加,内地许多兄弟民族都参加了解放军,红军长征经过西南少数民族地区时,留下了革命的影响,并且在少数民族中吸收了干部。总之,我们整个中华民族对外曾是长期受帝国主义压迫的民族,内部是各民族在革命战争中同甘苦结成了战斗友谊,使我们这个民族大家庭得到了解放。我们这种内部、外部的关系,使我们不需要采取十月革命时俄国所强调的实行民族自决、允许民族分立的政策。

历史发展给了我们民族合作的条件,革命运动的发展也给了我们合作的基础。因此,解放后我们采取的是适合我国情况的有利于民族合作的民族区域自治制度。我们不去强调民族分立。现在若要强调民族可以分立,帝国主义就正好来利用。即使它不会成功,也会增加各民族合作中的麻烦。例如新疆,在解放前,有些反动分子进行东土耳其斯坦之类的分裂活动,就是被帝国主义利用了的。有鉴于此,在成立新疆维吾尔自治区时,我们没有赞成采用维吾尔斯坦这个名称。新疆不仅有维吾尔一个民族,还有其他 12 个民族,也不能把 13 个民族搞成 13 个斯坦。党和政府最后确定成立新疆维吾尔自治区,新疆的同志也同意。称为新疆维吾尔自治区,"帽子"还是戴的维吾尔民族,因为维吾尔族在新疆是主体民族,70% 以上,其他民族也共同戴这个帽子。至于"新疆"二字,意思是新的土地,没有侵略的意思,跟"绥远"二字的意思不同。西藏、内蒙的名称是双关的,又是地名,又是族名。名称问题好像是次要的,但在中国民族区域自治问题上却是很重要的,这里有一个民族合作的意思在里面。要讲清楚这个问题。①

周恩来强调苏联的联邦制产生于摧毁旧沙俄帝国的殖民地关系、摆脱帝国主义政治的历史条件下,而新中国的民族关系建立在对外抗击帝国主义、对内完成新民主主义革命的共同过程,这本身已经是对中华民族锻造的历史过程。因此,民族区域制度对外抵御帝国主义、对内为民族平等与合作提供条件,虽然与苏联形式不同,但是在政治理念上具有一致性。民族独立是民族繁荣的前提,同时,作为社会主义性质的国家,也应该对国家之外的弱小民族给予帮助:

> 东方各民族的经济文化比西方落后,曾长期处于被压迫被削弱的地位。只有争得民族独立,他们才能免于被削弱。在民族政策上,我们社会主义国家跟封建主义、资本主义、帝国主义根本不同。我们要帮助各兄弟民族的繁荣,必要的时候对社会主义国家以外的民族也给予帮助。我们对各民族既要平等,又要使大家繁荣。各民族繁荣是我们社会主义在民族政策上的根本立场。②

这就是为什么万隆会议之后,中国对外援助范围迅速从社会主义国

---

① 周恩来,《关于我国民族政策的几个问题》,载中共中央文献编辑委员会编,《周恩来选集》(下),第 247—271 页。
② 同上。

家扩展到其他发展中国家。从1956年起,中国就已经开始向非洲国家提供援助。① 在此可以清楚看到,中国在推动少数民族区域自治制度与对亚非拉第三世界的援助方面,是齐头并进的。这一过程在今天需要新的理解:即中国的少数民族问题其实是与第三世界扣连在一起的。以反对"资本主义的民族主义",即大汉族主义和地方(狭隘)民族主义为宗旨的社会主义国家,本身具有超越一般"民族主义"的政治诉求,这就是社会主义的"民族主义"。只讲民族主义,不讲社会主义,就会改变民族区域自治制度的性质,改变中国的性质。

于是,我们看到1955年既是"西藏自治区筹备委员会"成立,也是新疆撤省制、改建民族区域自治制度,和中国积极倡导以"和平共处五项原则"推动万隆会议召开、准备援助第三世界的一年,这一切当然不是偶然的巧合,而正是一个互相关联的、共同的政治进程,是新中国不容否定的巨大政治成就。这里,也许不该忘却的是,在以谋杀周恩来、破坏万隆会议为目的,台湾国民党用美国中情局的炸药策划的克什米尔公主号爆炸事件中,牺牲的就有包括新影厂摄影师在内的5名中国记者。万隆会议精神,包括了新中国人民为之付出的牺牲,由此,周恩来为11名牺牲在暗杀事件中的烈士墓碑题词是:为和平、独立和自由的事业而光荣牺牲的烈士们永垂不朽。

正是秉承这样的政治理念,1976年前,中国在国内经济极为艰苦的条件下,大量援助第三世界国家和地区。我们这一代人童年的影像经验,从非洲、拉丁美洲到亚洲,各族人民的风土人情和舞蹈与中国少数民族的载歌载舞属于同一个记忆。这些影像一部分是万隆会议之后周恩来访问亚非拉时,随行摄影师拍摄的;另外就是中国摄影师前往第三世界拍摄这些国家争取独立解放,摆脱殖民主义的斗争过程。50年代后期和60年代初,在中东和非洲拍摄的纪录片,形成一个高潮,"这许多影片有一个共同点,就是摄影的同志满腔热情地去颂扬这些国家和人民摆脱殖民主义的统治取得独立和建设新的生活"。② 这是否也要被指控为汉民族中心主义对第三世界"情欲化"的体现?中国对世界反殖民主义斗争和民族解放运

---

① 中华人民共和国中央人民政府网站:"新闻办发表《中国的对外援助》白皮书(全文)",http://www.gov.cn/gzdt/2011-04/21/content_1849712.htm。

② 高维进,《中国新闻纪录电影史》,世界图书出版公司,2013年,第160—163页。

动的支持,是否只是为了让第三世界成为中国的"客体"? 这样的理论本身不正是一种冷战意识形态的延续吗? 这些理论与今天中国某些从狭隘民族主义角度对毛泽东时代对外援助的控诉,恰成合谋,也许并不奇怪。

随着苏东解体,"苏维埃社会主义共和国联盟"——这一列宁缔造的、旨在超越和克服"资产阶级民族主义"和"大国沙文主义"的新型政治体制的失败及其最后瓦解使得周恩来当年的担忧——允许民族分立就会被帝国主义利用——不幸而言中。后冷战时代在很大程度上跌回19世纪以"种族"绑架国家、以邻为壑的资产阶级"民族主义"主导世界的图景。基于族裔利益的右翼民粹主义、"文化民族主义"、"宗教民族主义",这些当年列宁领导的第三国际与之不懈斗争的老对手,在世界范围内重新复活。这就是80年代以来后殖民主义理论出现的原因,也是结果。正是在此背景下,中国自50年代以来,反对美帝国主义,同时反对苏联赫鲁晓夫之后"修正主义"和"社会帝国主义"对马克思主义、列宁主义的背叛,这一历史与实践之复杂而深远的政治意义迫切需要获得新的阐释。万隆会议争论的一个核心就是苏联与东欧、中欧的关系问题,最后公报以"反对一切形式的殖民主义"作为共识。中国在此共识基础上不断扩大对第三世界的援助,同时坚持"民族区域自治制度"下的民族平等、团结与发展的历史与实践,是属于同一历史的不同面向,虽然这其中不乏曲折和矛盾。中国与苏联的社会主义实践及其分野,甚至对立,都需要一个比较和反思的视野,才能把握新中国历史发展最重要的政治脉动,并使之获得新的延续——特别是在今天改革开放的市场经济条件下,民族问题面临危机的时候。

其实,当年无论是少数民族地区的爱国统一战线还是对第三世界不结盟运动的支持与国际主义援助,体现的都是在一个世界格局中进行阶级分析的政治视野。这一视野如何在今天的民族政策和国际关系中获得新的体认? 才是中国面临的新挑战。中国电影研究,特别是少数民族电影研究,能否外在于这些历史的脉络与现实的挑战呢? 这是今天少数民族电影历史研究的关键。

(三) 不仅是见证:社会发展与传播

新中国少数民族影像强调的是现代化发展过程必须与少数民族地区

共同推进,这是一个"为了多数人的现代化"①过程。也正是在这个意义上,王华没有采用时下流行的文化认同理论架构全书,而是放在社会发展的框架之下,以凸显少数民族地区社会发展与影像传播关系的主题。

比如,纪录康藏、青藏公路建设的影片《战胜怒江天险》(1954)和《通向拉萨的幸福道路》(1956),表现中国人民解放军康藏部队冒着生命危险,在悬崖峭壁上打炮眼架设钢绳便桥,1953年11月7日,通车典礼,康藏公路向前延伸,内地运来的各种物资迅速跨过怒江大桥源源运向新工地,藏民们翻山越岭来欢迎第一列驶过怒江大铁桥的汽车,车上满载大批藏援干部和各类建设人才。《通向拉萨的幸福道路》是八一厂与捷克合拍的、纪录康藏青藏两条公路修筑通车过程的大型彩色纪录片。在建筑世界屋脊上海拔最高的公路过程中,影片把筑路战士、工人、藏族民工们与大自然作斗争的英雄行为放在一起来表达,"奔腾咆哮的怒江是难以渡过的;但是为了要在江面上驾起滑索,将粮食和人输送过去,战士李文炎、崔锡明和伙伴们驾起一只小小的橡皮船,冲过了惊涛骇浪。为了到新的工地去工作,在野羊也难插足的峭壁上,战士们却抓住绳索一步步地向上攀登……"。② 同时,"影片大量的篇幅表现了西藏地方政府和藏族人民对于筑路工程的关怀和支持。达赖喇嘛和班禅额尔德尼都曾来到工地向筑路部队和民工进行慰问,达赖喇嘛还亲赴烈士张福林墓前作了祈祷。年轻的藏族姑娘曲梅巴真,为了给筑路人员运送物资,不辞劳苦,赶着牛群在高原上奔走。藏族民工也愈来愈多了,男男女女都在紧张地挖土背石"。③ 它传递出少数民族地区生活已经发生了巨大变化,"获得了民族平等地位和民族平等权利的各少数民族和汉族一样,空前积极地参加了祖国的各项建设事业"。④ 如此不分族裔的社会动员与人民参与的建设景象,才是摄影机的重点关注与表述。

可以类比新疆题材的纪录片。《欢乐的新疆》(1951)表现中央民族访问

---

① 这是邓英淘对中国现代化发展不能走欧美发达国家道路的一个总结和命名,载《为了多数人的现代化:邓英淘经济改革文选》,生活·读书·新知三联书店,2013年。

② 苏方,《"金桥"是怎样修成的?——介绍纪录片"通向拉萨的幸福道路"》,《人民日报》1956,8(5):8。

③ 同上。

④ 刘格平,《三年来民族工作的成就(1952年9月17日)》,《中华人民共和国三年来的伟大成就》,北京人民出版社,1952年,第44页。

团到达新疆,中央派出的技术专家们正在从事新的建设设计,中央贸易机构高价收买各族人民的生产品和低价销售内地工业产品,人民解放军热情地协助当地人民修筑水渠,人民政府贷放种子和农具,设立民族学院等等。当时的评论说:"同一些站在反爱国主义立场的,对待我国少数民族采取猎奇和歧视态度的消极影片完全不同,《欢乐的新疆》充满了爱国主义精神,介绍了富饶的新疆,以及在这块广大土地上居住的13个兄弟民族,介绍了他们的生产方式和悠久的文化,介绍了新疆各族人民民主联合政府成立后,新兴的政治文化生活和兴隆的经济生活……(影片)反映了中央人民政府和中国共产党关于少数民族政策的正确性。"①反对镜头的猎奇与歧视,从来都是新中国影像书写之"政治正确性"的体现。《新疆人民的大喜事》(1955)就是对于中国地域最大的、民族众多的这个省份行政制度变革的记录。1955年,新疆第一届人民代表大会第二次会议在乌鲁木齐召开。中共中央和中央人民政府的代表董必武参加大会,大会通过"政府工作报告",成立新疆维吾尔自治区,撤销新疆省建制,在已经"改土归流"行省化的新疆重建民族区域自治制度。这是因为,归根到底,民族区域自治制度是促进社会发展、变革的社会主义政治制度,是要打破抱残守缺的地方保护主义,或狭隘民族主义。

1953年在《大众电影》上的这段对话颇有意味。维吾尔族读者麦麦提明写信给北影总编室:

> 你们所译制的维语版《中国民族大团结》和《欢乐的新疆》影片,已在我们这里看到了。很好,也很受群众的欢迎。……关于《欢乐的新疆》这部片子演出后,群众有如下的反映:首先他们认为片子拍的没有中心,很混乱,东拉西扯的,不但很多美丽的景色没有拍上,反而宣扬了一些落后的东西。这是不符合于我们当前的生活现实的。

北影总编室译制片科回复说:

> 这是对的。因为这部片子是1950年拍摄的,当时新疆解放仅有

---

① 黄钢,《我国纪录电影的新成就——〈边疆战士〉等片评介》,《新电影》1951年,第1卷,第9期,第22页。

几个月,各方面尚未十分安定,新的变化也不明显。该片是在 1951 年完成的,维文版是在 1952 年译制的,1953 年才在新疆上映。新疆解放 3 年多,各方面都有很大的进步,故影片中所表现的 3 年前的景象,在今天看来自然成为"落后"的东西了。①

1954 年《大众电影》杂志在第 1 期至第 5 期开展了一次"如何正确认识纪录片"的笔谈会,前后刊登了《我们应该热爱纪录片》、《应逐渐培养对纪录影片的兴趣》、《应积极克服纪录片公式化概念化的缺点》、《纪录片有没有"情节"?》、《认清纪录片的特质、提高纪录片的质量、做好纪录片的发行和反映工作》等 15 篇文章,讨论者有普通读者、放映员、纪录片导演、专家等,编辑最后在第 7 期进行小结。

这些公共讨论涉及到电影媒介从生产、传播与接收的全部过程,并致力于将所有的环节都纳入一个有机的传播体系之中,这是属于红色中国的"发展传播学",有其截然不同于冷战铁幕另一边、美国主导的争夺第三世界的"发展传播学"的性质。事实上,美国以经济发展为主导的发展传播学在第三世界的实践已宣告失败,与此一起失败的还有第三世界的"现代化发展理论"。与此形成对照的,是新中国电影事业的发展与少数民族地区、农村地区发展的互相推进。当 80 年代美国主流传播学进入中国后,"发展传播学"就只是西方现代化理论与经济发展主义的延伸,它遮蔽了中国传播学回顾新中国历史的能力。而西方发展传播学在国家层面上的失败,也使得今天中国的传播学丧失了对国家的分析能力。因为,对国家的理解从来不能仅仅在经济层面上去处理,而首先是政治的,经济必然是政治的延伸,这正是党的电影理论和报刊理论的核心,也正是我们理解新中国少数民族纪录片的钥匙。

因此,培养少数民族的社会主义觉悟就是电影的主要任务。它体现在对少数民族影像专业人员的大力培养、对少数民族历史、语言的大规模整理,以及对少数民族影像表达的政治性要求。比如,在西藏题材的纪录片拍摄的队伍里,就有新影厂驻西藏记者站泽仁、扎西旺堆、计美邓珠、次登 4 位藏族摄影师。他们都出身于四川甘孜的贫苦藏族农民家庭,1950 年前后参加革命,当时年均 16、17 岁,次登最小,只有 11 岁。作为人民解放军十八

---

① 《维吾尔族观众对〈欢乐的新疆〉的意见》,《大众电影》1953 年第 9 期,第 32 页。

军前线摄影队队员,1951年他们随军进藏,翻雪山跨江河,参加拍摄《解放西藏大军行》、《光明照耀着西藏》等重要新闻纪录片。泽仁和次登1991年回忆起自身成长历程时说:"我们都是贫苦农民的孩子,是党把我们培养成新中国第一代藏族摄影师。进藏路上,是郝玉生、刘贵林、庄唯等老一辈摄影师手把手地教我们学技术和革命道理,后来,组织上又先后把我们送到中央民族学院、北京电影学院等高等学府进修深造,并不断为我们创造良好的工作条件。想起这些,我们觉得有责任把新闻电影工作做好!"①

少数民族的"影像书写"并不仅仅代表国家意志,它同时必须能够呼应和满足自下而上的需求,才是有效的政治"书写"。1955年5月15日,《人民日报》刊发一篇读者来信,表达僮族人民对反映自己生活影片的渴望。同年7月10日,《人民日报》在六版发表《批评建议的反应》,北京电影剧本创作所表示希望和欢迎与僮族爱好电影的同志一起,使反映僮族人民生活的影片早日完成。② 云南电影人张维在《电影创作要正确反映

---

① 许群、江佐中,《他们用镜头记录历史——记新影厂驻西藏记者站的四位藏族摄影师》,载马驷骥,《新闻电影——我们曾经的年代》,中国摄影出版社,2002年,第222—224页。
② 鲁玲,《僮族人民渴望有反映自己生活的影片》,《人民日报》1955,5(15):6. 全文如下:

敬爱的编辑同志并转电影工作者:
　　我是居住在祖国遥远的南边的一个僮族青年学生,今天,我怀着兴奋和激动的心情给你们写这封信。这封信不但代表了我自己,也代表了广大僮族人民的愿望和要求。我们要求电影工作者拍摄一部有关僮族人民生活的影片,让全国人民都看到解放了的僮族人民怎样在共产党和毛主席领导和关怀下过着幸福的生活。
　　僮族人民有悲惨的过去。过去,我们受尽了反动政府的压迫和剥削,受尽了种族歧视的痛苦。然而,僮族人民也有着光荣的革命传统。20多年前,当红七、红八军在左右两江建立的时候,无数的人民奔向这革命的队伍,参加了革命斗争。尤其是在抗日战争胜利后,僮族人民在党的领导下,在左江上游的大青山组织了"左江革命游击队",坚持同敌人战斗。当时,环境是艰苦的,吃的是芭蕉心和野菜,住的是山洞和大树上,热天用芭蕉叶盖住头睡觉,冬天烤火过夜。不管斗争多么艰苦,每个游击队员都充满着革命的乐观主义。每次战斗回来,他们在森林的深处,烧起火来庆祝自己的胜利。
　　解放后,僮族人民的生活起了根本的变化,分得了土地,消灭了地主恶霸,剿灭了土匪,成立了自治政府。现在又开展了轰轰烈烈的互助合作运动,到处呈现出新气象,火车也开到了这遥远的边疆。这一切,是我们过去做梦也想不到的。只有在新社会里僮族人民世世代代的愿望才有可能变成了现实。正如一位老大妈所说的:"中国出了个毛泽东,我们今天得到了田地和房屋,我们要永远跟着他走啊!"
　　当人们看到"内蒙人民的胜利""欢乐的新疆""金银滩"和"山间铃响马帮来"等影片的时候,他们是多么渴望一部有关僮族人民生活的影片啊!
　　同志:我衷心希望你们能够接受我这个建议,拍摄一部有关僮族人民生活斗争的影片。

桂西僮族自治区龙州高中学生　鲁玲

少数民族生活》一文中记述到:"还应看到,创作出多民族题材的电影作品,是民族心理、感情的反映。一次,我随云南省歌舞团赴边疆一个兄弟民族县演出,该县的一位副县长(阿昌族),对我们严肃地说:'我们阿昌族政治上解放了,经济上也翻身了,就是文化还没有翻身。'我说:'你为何这样看呢'? 他回答:'不论从银幕,还是舞台上,都看不到我们民族的生活面貌。'"① 1958 年 11 月,为迎接国庆 10 周年,文化部电影局召开会议,讨论重点题材问题,局长陈荒煤发言说几个较大的少数民族必须保证都有一个电影,"维族、僮族、彝族还有蒙族等,明年必须放出卫星,否则将会犯错误。"② 这里的"政治正确性"原则体现为少数民族之间的影像平等原则,也正因此,纪录电影的放映也往往成为少数民族地区的盛会。

1951 年,西康军区政治部电影教育工作队刘云阁曾描述了彝族地区电影放映的盛况:

> 这部电影的映出,事先他们都知道了,因此老乡们都纷纷到来,有翻过高山来的,有通过急流来的,有全家都赶来的,甚至有从云南边境走了 5、6 天到来的,每天晚上总是人山人海的拥挤不堪。
>
> 我们每场放映,事先都用彝语向群众说明影片内容,每场他们都看得兴高采烈,他们看见影片中祖国宽阔美丽的土地,见到了祖国物产的丰富,见到了解放军伟大的行列,就用力地拍起手来,每次银幕上毛主席现出来时,他们都欢呼欲狂,激动地不得了。"毛主席! 哇库(彝语万岁的意思)"的喊声,一阵接着一阵,他们深深地感到祖国的伟大,深深感到在祖国的怀抱里,各兄弟民族空前的团结和亲密友爱,这是过去所不能想象的,我们也因此觉得极大的感动。③

1953 年的《人民日报》报道了电影放映队在甘肃、新疆等西北少数民族地区放映的片目和受欢迎的情况:

---

① 张维,《影艺丛语》,云南民族出版社,1988 年,第 13 页。
② 《电影局办公室·会议简报(五)(1958 年 11 月 7 日)》,载吴迪,《中国电影研究资料(1949—1979)》(中),文化艺术出版社,2006 年,第 226 页。
③ 刘云阁,《给彝族兄弟姐妹们带去了电影——在凉山放映〈中国人民的胜利〉》,《大众电影》1951 年第 29 期,第 26 页。

甘肃省先后派出的电影队有30多个,带了"中国民族大团结"、"进军西藏"、"内蒙古人民的胜利"、"欢乐的新疆"等影片,到卓尼、夏河和西海固等少数民族聚居地区和民族杂居地区放映。

新疆省派出的3个牧区电影教育工作队,带着配有维吾尔、哈萨克等民族文字说明的影片"解放了的中国"、"中国民族大团结"、"欢乐的新疆"、"和平万岁"、"南征北战"和苏联"哈萨克斯坦"等和发展畜牧业生产的幻灯片,到新疆北部的阿山、塔城两个专区放映。这3个电影教育工作队的工作人员,都是才由新疆省电影训练班毕业的维吾尔、哈萨克等各民族的干部。

各个电影队到达两省少数民族的牧区后,受到牧民的热烈欢迎。甘肃南部的藏族牧民在草原上骑马鸣枪赶来欢迎。牧民们看到毛主席在银幕上出现时,他们都挥帽欢呼或骑马绕场一周,表示对毛主席的无限尊敬。①

这就是新中国成立不到5年的情形。新中国通过电影的媒介,已经在少数民族、边疆地区与国家之间构建了一个有机、互动的体系,使得新中国的感召力通过光影获得表达与证明。

这一感召力也是通过具体的国家电影政策来完成的。为保证电影在民族地区的放映,国家一直进行扶植性措施。1954年,政务院通过《关于建立电影放映网与电影工业的决定》指出,电影放映队应逐步实行企业经营,逐年减少国家补贴,但在边疆、少数民族地区和某些地瘠人稀交通不便的地区须根据实际情况稳步前进,避免操之过急。② 文化部1954工作总结中强调了要加强少数民族的文化艺术工作,强调"有计划地加强出版、电影、艺术、社会文化、艺术教育等各方面为少数民族服务的工作。……加强少数民族语言配音的复制工作,和少数民族地区影片的发行和放映;建立西藏地方的电影放映队,增加其他少数民族地区的电影放映队。"③

---

① 《文化简讯·甘肃、新疆派电影队到少数民族地区放映电影》,《人民日报》1953,6(19):3。
② 《中央人民政府政务院 关于建立电影放映网与电影工业的决定》,《人民日报》1954,1(12):1。
③ 《文化部关于一九五四年文化工作的基本总结和一九五五年文化工作的方针和任务》,《文化工作文件资料汇编》(一),中华人民共和国文化部办公厅编印,1982年,第38页。

从 1953 年到"文革"结束,边疆各地都活跃着一支支电影放映队,甚至把电影送到了高山深谷的村寨之中。1957 年,新华社报道称内蒙古各旗县都有了电影放映队,"全区共有电影放映队 190 个,携有影片 200 多部,其中有蒙古语影片'董存瑞'、'平原游击队'和'马兰花开'等 40 多部。……今年还在牧区和半农半牧区的一些中小城镇,建立了 10 个电影俱乐部。在包头和呼和浩特等地建立了 4 个电影院"。①

1950 年 7 月延吉市人民电影院首先试行用朝鲜话为全部影片口头配音。之后,延边朝鲜族自治州举办训练班和召开经验交流会,逐步培养出一批知识青年专门从事口头配音工作。1964 年,新华社和《人民日报》等主要媒体报道了"延边朝鲜族自治州经验",②高度评价为"重大创造"。1964 年 8 月,在延吉市举行的全国少数民族地区电影宣传工作现场会议上,延边朝鲜族自治州经验被重点推广,年底前全国有 19 个省、自治区的一些电影放映单位已经采用了这种方法,用来配音的民族语言和地方话一共有 20 多种。第一部用少数民族语言译制的电影片,是长春电影制片厂摄制的《金银滩》,它在 1952 年由青海省配合译制成藏语。据统计,从 1949 年到 1979 年底,全国共拍摄 800 多部故事影片,其中用藏语、壮语、傣语、维语、景颇语、傈僳语、哈语等少数民族语言译制成的故事影片有 504 部,其他纪录片、科教片、美术片等 105 部。③ 上世纪 50—70 年代的广大边疆和农村,电影放映通过映前讲话、自制幻灯、《新闻简报》、农业科

---

① 新华社:《内蒙古各旗县都有电影放映队》,《人民日报》1957,11(9):8。

② 新华社:《延边朝鲜族自治州普遍推行用朝鲜语为影片口头配音的好方法》,《人民日报》1964,12(20):2。《人民日报》在《电影放映工作上的一个重大创造(国内短评)》(《人民日报》1964,12[16]:2)一文中也评说:"这里特别值得称道的是,吉林延边朝鲜族自治州和广西僮族自治区等地区的电影放映单位,以本民族语言翻译对白解说影片。许多放映员口头翻译工作做得很出色,有的译得和一般翻译片的水平差不多。如果观众不知道有人在当场做口头翻译,简直以为是在看本民族语言的翻译片。用本民族语言进行电影的口译工作,这是电影放映工作上的一个重大创造,是电影放映事业上的一件大事。它对于促进各兄弟民族的文化发展,发挥电影在少数民族地区的宣传教育作用,是有很大意义的。我国是一个多民族国家,由于语言关系,许多少数民族人民看不懂汉语普通话电影。党和国家对这件事非常关心,每年都要选译一部分少数民族语言版的影片,供应这些地区放映。但是,由于条件限制,只能译制几种语言和少数影片,远不能满足各族人民的要求。延边朝鲜族自治州等少数民族放映队,采取翻译对白解说影片的办法,既不要多花钱,多用人,又使不懂汉语的少数民族群众完全看懂电影。这个经验,值得在少数民族地区电影放映队中有组织、有计划地推广。"

③ 戴笠人:《天下趣闻奇观录(三篇)》,中国文联出版公司,1989 年,第 147 页。

教短片、正式影片相互衔接,形成了独特的熔文艺、政治、科教、娱乐于一体农村电影文化,是农民上得起、学得懂的社会主义教育的大课堂。今天回望,是多么壮观的一派景象。

从西藏电影事业的发展同样可见一斑。解放前,西藏仅在拉萨市有一座电影院。民主改革以后,从内地选派专业干部,调拨电影放映器材,并就地培养了一批电影发行事业的民族干部,在全区建立了各级电影发行放映机构。到1972年,西藏全区拥有170多个电影放映队,500多名电影放映员,各地区(市)都有了影片发行站、电影院,各县和部分区有了电影放映队。①

在新的分离主义和"恐怖主义"暴力尘嚣甚上的今天,重新回首这些并不遥远的往事,也许对当年包括西藏题材在内的少数民族电影强烈的"政治正确性"的硬要求,可以有一层更多的理解。《西藏自治区志·广播电影电视志》对1949年到1970年代自治区"审片"介绍说:

> 西藏的电影审片制度带有较强的民族区域自治色彩。西藏放映的影片都是经过国家电影局审查批准上市的影片。进行第二次审查主要是看影片内容是否有伤害藏族人民情感的细节,是否有违背党的民族宗教政策的地方,是否有丑化藏民族形象的镜头。
>
> 1960年4月,自治区筹委会、西藏军区宣传部决定对在西藏发行的每一部影片举行第二次审查。通常是每周审看两次,每部新片审看后进行座谈,并确定发行范围和宣传要点。具体工作由联合发行站负责,参加审片的人员有中共西藏工委宣传部长、宣传处长、筹委会文教处长、文化科长、西藏日报总编、文教编辑、西藏军区宣传部长、宣教助理及新华社领导、记者等。
>
> 20世纪70至80年代,审片签字由自治区党委宣传部负责。②

---

① 新华社,《西藏自治区电影发行放映事业迅速发展:全区拥有170多个电影放映队,500多名电影放映员,各地区(市)都有了影片发行站、电影院》,《人民日报》1972,4(22):3;新华社,《云南省电影发行放映事业迅速发展》,《人民日报》,1972,8(3):2。

② 西藏自治区地方志编纂委员会,《西藏自治区志·广播电影电视志》,中国藏学出版社,2005年,第106页。

这里的"政治正确性"不是把西藏和少数民族"奇观化",而是相反,"奇观化"本身正是国家严格审查的对象。

随着《翻身农奴见太阳》(1966)和《刘主席在新疆》(1966)两部片子的出品,1966年为少数民族题材纪录片的繁荣画上了句号。

"文革"期间,少数民族电影受到更严格的政治审查,以至于这一时期少数民族电影严重匮乏,其实,非少数民族电影也是一样,它们承载的是同一种政治命运。但是,审查的目的不是为了推行"客体化"和"他者化",政治打击的目标正是"奇观化":

> 凡是具有边疆少数民族特色的、反映少数民族特有的生活方式和风俗习惯的,统统被打成"异国情调"、"叛国电影"、"四旧复辟";而对表现民族团结,歌颂党的民族政策和革命传统的影片,却被定位为"民族分裂主义"、"反党大毒草";甚至于对歌唱边疆的变化和幸福生活、歌颂伟大祖国的壮丽河山的影片,也被批成"黑电影"、"封资修的大杂烩";如果电影中出现"花的草原、雪山雄鹰、森林篝火、马帮驼铃"的镜头,也无一不被他们扣上"阶级斗争熄灭论"的罪名予以"枪毙";假若影片中出现谈情说爱,那更是弥天大罪了。①

任何政治审查及其变化,它的背后都是一系列政治社会生态体系内外力量角逐的后果。从上述控诉中可以看到,正是在80年代少数民族题材电影"政治正确"的防洪堤崩塌之后,"异国情调"才开始获得合法性,经过80、90年代第五代导演的中介,在新世纪迅速成为中国商业化发展的(少数)民族电影的洪流。也正是在此基础上,后殖民主义的文化理论在中国获得盛行。

(四)"科学纪录片"与党对"真实性"的要求

与强调社会主义教育正面作用的影片不同,但又形成比照和补充的

---

① 张掮中,《中国少数民族题材电影初探》,中央民族学院科研处出版,1982年,第7—8页。

是国家主导的少数民族"科学纪录片"拍摄计划,这些片子没有公开放映,而是收藏在研究机构作学术研究之用。

1950至1952年,中央政府先后派出访问团分赴西南、西北、中南、内蒙、东北等民族地区遍访各少数民族,包含摸清少数民族状况、历史、文化与风俗等任务。1953年,全国人大民族委员会和中央民族事务委员会组织进行了全国民族识别工作,一直到1982年才基本结束,55个少数民族得以确立。但是,仅仅是识别并不够,社会改造需要从对社会性质的了解入手。50年代,毛泽东发出"抢救落后"的指示,全国人民代表大会民族委员会前后组织有千人参加的16个调查组进行全国少数民族社会历史大调查,以明确少数民族社会的性质,并为每个少数民族编写简史和简志,规模超过全国少数民族识别调查。调查从1957年开始到60年代中期告一段落,之后到改革开放初期恢复至1991年结束。除了搜集、整理的各民族历史社会文化资料共几千万字,还拍摄了一些少数民族的原始公社制度、奴隶制、封建农奴制等影像资料,——它背后的理论是历史唯物主义史观。也正是在此基础上,少数民族语言文字和历史获得了全方位的整理和"发明",很多没有文字的少数民族由此开始"书写"历史。

可以说,从1957到1964年,少数民族科学纪录片的摄制是中国纪录电影史上第一次也是唯一一次大规模、标志性的民族影像志的拍摄实践,其深远的历史意义仍待进一步发掘和清理。1961年9月文化部和民族事务委员会专门召开少数民族社会历史科学纪录影片座谈会,历时将近一个月。1962年,文化部要求对收集和整理我国各民族和民间的文学艺术遗产作出全面规划和安排,"民族民间音乐和舞蹈要加以记录,并且尽可能录音或者拍照保存"。① 其实,作为国家工程,新中国对历史文化遗产的大规模整理和保护并不仅仅限制在少数民族范围内,而是与汉民族的民间音乐舞蹈戏剧等共同对待,但是少数民族的文化和艺术无疑占据了重要的位置。如《第一届全国民间音乐舞蹈会演大会》(1953)、《民间歌舞》(1953)、《民间舞蹈》(1955)和《欢乐的歌舞》(1955)4部舞台纪录片最大程度地展示了各民族的民间歌舞。1953年4月,文化部在北京主办了

---

① 《文化部党组、文联党组关于当前文学艺术工作若干问题的意见(草案)(1962年4月)》,载吴迪,《中国电影研究资料(1949—1979)》(中),文化艺术出版社,2006年,第393页。

第一届全国民间音乐舞蹈汇演大会,参演的有华北、东北、华东、中南、西南、西北各大行政区的汉、回、蒙、维吾尔、哈萨克、侗、朝鲜等10个民族的民间艺人308人。沈雁冰、周扬、老舍在开幕式上讲话。各地区代表团相继表演了100多个民间音乐舞蹈。此外,还有《民间美术工艺》(1954)中对于蒙、藏等少数民族制作的银器、铜器工艺的记录;《民间体育表演》(1954)中让各少数民族体育节目一一亮相。由此,今天要追问的或许正是:这些纪录影像的价值和动机,是否只能证明少数民族被"客体化"的过程?为什么就不是推动少数民族"主体化"的追求?这里,涉及的正是理论的立场与视角。不把这些实践放置在新中国社会主义民族政策的政治图景中,就无法切近地解读这些影片。

周恩来在看了1958年最早完成的3部"科学纪录片"《佤族》、《黎族》、《凉山彝族》后十分高兴,认为拍这样的片子是对世界的贡献。1961年,中国科学研究院民族研究所会同北京科学教育电影制片厂摄制又完成了《额尔古纳河畔的鄂温克人》、《苦聪人》、《独龙族》、《西藏的农奴制度》4部影片。在完成这7部影片后,1961年9月文化部、民族事务委员会召开了历时近一个月的少数民族社会历史科学纪录影片座谈会,每周座谈3次。时任文化部党组书记少数民族文化工作指导委员会主任齐燕铭发表长篇讲话:"真实地纪录少数民族的社会面貌,进行科学研究,不仅有助于少数民族的繁荣与发展,而且对于研究中国的历史,对于丰富和发展马克思主义的社会发展史有重要作用。"[①]并提出13点要求:

  1.影片的性质是科学纪录片,纪录少数民族原来的社会面貌,主要是为科学研究提供资料,同时根据需要向有关人员进行社会科学知识的教育。不能要求电影反映它无法反映和不应该反映的东西。2.影片主要是记录解放前的社会面貌,反映解放后社会的新面貌是新闻纪录片、故事片以及其他片种的任务。3.共同性和特殊性的问题;过去的影片比较详细地表现一般社会面貌,但对各民族间的特殊性反映不够。苦聪人、独龙、鄂温克等都是原始社会末期父系家庭公社,不着重反映他们不同特点

---

① 《少数民族科学纪录片摄制工作总结提要》,载杨光海,《中国少数民族社会历史科学纪录电影资料汇编》第一辑,中国社会科学院民族研究所民族学研究室,1982年,第9页。

就会减弱影片的科学价值。4. 要求对历史上的民族关系问题作真实反映。少数民族都是祖国的一部分,各民族之间有长期合作的一面,也有民族压迫和隔阂的一面。有其优良的一面,也有落后的一面,都要如实反应。过去拍的电影中因为考虑现行民族政策,不敢反映消极和落后的一面,这是不必要的。5. 少数民族语言文字,特别是本民族语言的使用在影片里应该反映。6. 电影本身就是综合性的艺术,应该充分运用电影艺术的表现手段,但艺术必须服从于科学。首先要有严肃认真的科学态度、深入调查研究。7. 扮演问题要根据具体情况来决定。由于民族地区的情况飞速变化,有些东西在现实生活中已经没有了,但现在还有遗迹可寻,有扮演的条件,否则将来要扮演也有很大困难。在这种情况下,可以考虑扮演。一般说来有以下两种:一种是由本民族的人复原再现生活;另一种是物色相当的角色来扮演,不论是哪一种,都要对扮演者慎重选择,事前经过一定的必要训练和演习。扮演的服装道具等要有很好的准备。总之,要认真、严肃地扮演,尽量做到符合真实情况。事前必须充分做好一切应有的准备工作。8. 解说词要紧紧结合影片的内容,有些是影片无法表现的,要用解说词来着重说明。9. 已经培养出的部分编导人员和摄影师是非常珍贵的力量,要在工作中继续培养提高他们,不要轻易调换工作。10. 拍片前需要在科学研究基础上写成拍摄提纲,影片创作人员要熟悉民族社会情况,由于民族地区的复杂情况,要选择比较有代表性的基本点来拍摄。每拍一部影片,需要配备熟悉民族情况、具有相当水平的科学顾问,以保证影片的质量。11. 包括文字资料、影片资料和图片资料是摄制和研究影片的基础和财富。民族研究所应该加强资料的搜集、整理、保管和使用。12. 完成摄制科学纪录片的任务要与科学研究的任务紧密结合,影片工作要与编写原始社会、奴隶社会、农奴社会等专著的工作紧密配合。13. 加强党的领导,加强政治思想工作,充分调动电影工作者、科学研究工作的积极性,是完成这一工作的重要保证。

这十三点要求,涵盖了今天民族影像志几乎所有重要的理论层面,唯一不同是对"党的领导"的政治要求,它是唯物史观作为基本方法的保证,抽去这一建构因素,也就抽去了整个理论基础。它要求所有参加民族影像创作与制作的个人都必须拥有这一政治理论视野。因此,少数民族电影的教育功能不仅是面向观众,而首先需要面向作为生产主体的导演和工作者,才能够在一个融合的视野中打通生产与"被生产"的隔膜,完成大写的主体。

从 1957 到 1964 年,少数民族"科学纪录片"的摄制是中国纪录电影史上一次大规模、标志性的纪录片拍摄实践,也是国家工程。60 年代完成的有《景颇族》(1960 年)、《新疆夏合勒克乡的农奴制》(1960 年)、《西双版纳傣族农奴社会》(1962 年)、《鄂伦春族》(1963 年)、《大瑶山瑶族》(1963 年)和《赫哲族的渔猎生活》(1964 年)。《永宁纳西族的阿注婚姻》,摄制于 1965 年,完成于 1975 年。之后,《丽江纳西族文化艺术》,摄制于 1964 年,完成于 1974 年。"文革"期间,中央民委机构撤销,此项工作中断,"文革"转入尾声时期恢复,到 80 年代初全部结束。"文革"结束后继续摄制的有 6 部片子,首先是拍摄于 1976—1977 年、完成于 1978 年的彩色影片《僜人》。僜人跨处中印边境地区,尚待识别民族成份,分布在我国西藏自治区东南部察隅一带,还有大部分僜人居住在"麦克马洪线"以南,也有一部分僜人在中印边界传统习惯线以南的印度领土上。影片对僜人在财产上的氏族公有制残余和个体家庭私有制确立,以及生产、生活、家庭组织、婚姻习俗、物物交换、下山定居等都作了记录。此外就是 5 部苗族影片《苗族》、《苗族的婚姻》、《苗族的节日》、《苗族的工艺美术》、《苗族的舞蹈》,前两部是黑白片,后 3 部是彩色片,均拍摄于 1978 年,完成于 1979 年及 1980 年。"文革"结束后的片子作为尾声,很大程度上意味着国家书写的政治动力开始消退。

对于这样的"国家书写",既不能简单用族裔"民族主义"标签予以封杀,——它恰恰是以反对"资产阶级民族主义"为目的;它也从来不是光滑的、高歌猛进的线性或同质化的历史过程,而是充满了"阶级斗争"。把中国电影归结为"国族电影",再归结为线性历史的过错,恰恰是没有真正进入历史的复杂性之中去勘探这一历史上前所未有之政治与影像实践。当年拍摄者的回忆可以帮助我们更多地理解这些国家影像工程在具体操作中遭遇的问题,以及解决过程中的争议与协商。因为没有任何先例可循,摸索、挫折、妥协与倒退都是属于同一个进程,一个在意识形态上极其复杂、在具体操作中极其困难的过程。也正因此,这些影像由于如此丰富的承载而获得不可逾越的历史价值。

以《独龙族》为例,拍摄过程极为严谨:"第一次稿曾寄北京审查,回到昆明作了修改,将二次稿带到独龙族地区后,反复征求了县、区、村干部的意见,并召集了正在进行调查的同志们,组织专门讨论。在拍摄当中也随时依据事实有些增减,其中有些问题争论较大,变动也很大。深深体会到:拍摄的过程也是调查研究的过程,也是对原调查材料和拍摄提纲进行核对、修改和补充的过程。"[①]1961 年影片座谈会,摄制者汇报了对作为"科学纪录片"存有争议问题的处理方法:

① 历史上的民族矛盾怎样反映:在拍摄过程中注意了各族劳动人民之间的友好往来,对于民族矛盾方面,只拍了反抗藏土司,没有拍摄反抗傈僳蓄奴主,也没有拍摄反抗保甲长,这是根据领导的指示,考虑了政治影响。原因是傈僳族和独龙族都属怒江傈僳族自治州并且同居一县之内,勾引了旧事,会影响民族团结。过去的保长多是家族长,传统的威信一时又很难改变,伪区长就是现在的县长,当然不好拍他本人。由于历史的关系,清末以来独龙族对汉族印象是较好的,揭发汉商的剥削是可以的,但拍摄国民党的统治、对于研究独龙社会,价值和意义都不大,故这次未加以拍摄,这样处理,不知是否恰当。

② 历史事件如何拍摄,独龙族反帝反封建反国民党的史实都有,要拍摄就必须扮演,有些场面还非常惊险,这都是有很大困难的,而且科学纪录片是否还要担任拍摄历史事件的任务也是值得研究的。

③ 关于宗教信仰,独龙族人普遍仍然相信万物有灵,还有四分之一地区,同时信仰耶稣教,如拍入电影则与整个社会史实不合,所以没有拍信耶稣教。原因是照顾政治影响,因为揭发了美帝特务利用宗教作掩护,破坏我边疆治安之后群众有些顾虑,但信耶稣教终是事实。而且也确实是帝国主义的阴谋活动。这方面的历史事实和具体问题,要不要如实反映,如何反映,我们没有把握。

④ 反映的时限问题:拍这类社会科学纪录片的下限一般都是解

[①] 洪俊、刘达成,《关于拍摄独龙族科学纪录片工作中的一些情况》,载杨光海,《中国少数民族社会历史科学纪录电影资料汇编》第一辑,第 13 页。

放前夕或至社会改革前夕,但是上限应该反映到何时,这是一个始终未解决的问题。①

这些问题表现出对"科学纪录片"的理解与作为"政治"的民族问题之间的张力。正是这些困惑和问题,打开了新中国后来被称为"民族影像志"的空前绝后的创造性实践,它尤其体现为中国共产党的政治实践与影像之间的复杂关系,这些都值得进一步探讨。今天这些困惑和问题在少数民族电影(纪录片)的拍摄中已经不复存在,正是因此,重新清理党与"真实性"的关系具有了新的意义。

与所有纪录电影理论一样,在党的纪录电影理论中,"真实性"的讨论也是核心问题。

袁牧之在由他组织翻译,并于 1951 年出版的苏联 H·列别杰夫《党论电影》序言中回忆:"还在 1941 年苏德战争前数月,我在莫斯科买了这本《党论电影》的原文,在苏德战争最残酷而生活最困难的时候,我几乎把战前买的书都陆续卖回给书店了;但当时曾不止一次地想过:至少这本书要带回祖国来。"②此书属于中国历史上第一部"人民电影"纪录片《延安与八路军》曲折故事中的一章,因为袁牧之是为了该片后期制作前往苏联的。该纪录片也是 1938 年成立的"延安电影团"筹拍的第一部电影,靠荷兰纪录片导演伊文思赠送的一架 35 毫米摄影机并在数千尺胶片的基础上完成。伊文思在中国拍摄抗战纪录片《四万万人民》,因为国民党阻挠无法前往延安和抗日根据地,离开中国前将机器和胶片赠送给八路军驻武汉办事处。③ 1940 年 5 月,袁牧之携带《延安与八路军》的底片与担任影片配乐的冼星海一起赴苏联制作后期。但是,1941 年 6 月德军入侵苏联,战争爆发使得底片散失,只有部分镜头保留在苏联的电影中,冼星海最终在贫病中辗转逝世于莫斯科。正是在这本书中,列宁认为"在所有的艺术中,电影对于我们是最重要的"。卢那恰尔斯基记录了列宁谈新闻电

---

① 洪俊、刘达成,《关于拍摄独龙族科学纪录片工作中的一些情况》,载杨光海,《中国少数民族社会历史科学纪录电影资料汇编》第一辑,第 13 页。
② (苏)H·列别杰夫,《党论电影》,时代出版社,1951 年,第 7 页。
③ 关于伊文思与中国的故事,参见拙文《"我想将你们尽可能地引向远方"——伊文思与 20 世纪的中国》,《读书》杂志 2014 年第 4 期,第 138—145 页。

影的观点:

> 新闻电影不单是报道新闻,不单是记录式地客观主义反映事件,而是政治性强烈的"形象化的政论",新闻电影工作者应该向我党和苏维埃的报刊的优秀典范学习政论,应该成为拿摄影机的布尔什维克记者。①

这些观点对中国红色纪录电影理论与实践产生了深远的影响。1954年2月,文化部电影局还选编了一组苏联导演、学者对纪录片的论述,出版了《论纪录电影》一书,系统介绍了苏联早期纪录电影理论。从世界电影史上看,纪录电影与第二次世界大战有密切的关系,中国的红色纪录电影理论与实践也是抗日战争和世界反法西斯联盟所催生出的,并在中国的革命历史语境中获得了新发展。在纪念反法西斯战争70周年的今天,这一历史值得重访。

1953年12月到1954年1月召开的新闻纪录电影创作会议上,中宣部副部长兼文化部副部长周扬对新闻纪录电影的任务、性质、题材及艺术表现发表意见,着重说明真实性原则:"新闻纪录片的真实性和其他艺术有相同的地方,也有不同的地方。艺术在真实的基础上描写生活,可以有它的想象变化,而新闻纪录片则必须描写实际存在的东西,描写确实发生的事件。它所以特殊就是事件必须是真实的,不能捏造事实,否则将使新闻纪录片在政治上丧失威信","既要反对臆造,又要反对不经剪裁的自然主义"。关于纪录片艺术性的要求,他指出:第一,画面要明确、完整,结构要紧凑简练,同时要描写人物;第二,解说词必须要有吸引人的力量;第三,音乐应与内容结合。时任电影局副局长的陈荒煤对于新闻纪录电影的真实性作了详尽的阐述:"新闻纪录电影只能表现现实生活中已经发生或正在发展的实际存在的事实,它可以表现耿长锁,但不能创造李有才,……在新闻纪录电影中所表现的典型人物和事件是我们从生活中的活生生的事实中发现、选择来的,而不是由我们虚构加以创造的。"必须"对新闻纪录影片中一切虚假现象作严重的斗争,必须反对真人假事、假

---

① (苏)H·列别杰夫,《党论电影》,第50页。

人真事,以及假人假事等现象"。他还进一步指出:"笼统提新闻纪录影片是表现真人真事也是不恰当的,只有经过对现实深刻的研究与理解,选择了生活中真实的、典型的、本质的素材来表现,我们才可能反映生活的真实。这种选择就是新闻纪录电影对现实生活概括与集中的一种手段。"摄影工作者应像猎人一样,迅速捕捉住对象。补拍、重拍要看具体情形,但那种主要依赖事后大量重拍来完成任务的思想是错误的。① 这已经是从理论到方法的完整体系,是从具体复杂的社会实践中总结出来,而不是教条主义式的。

1958年,受大跃进影响,作为当时新闻纪录片生产的核心机构,新影厂出品的新闻纪录片中出现不真实、浮夸的乱现。周恩来在审查纪录片《祖国颂》时,特别批示:"新闻纪录片要真实地反映人民群众的生活,反映客观现实的情况。这样对人民才能起到宣传教育作用。纪录片要真实地反映时代的历史的特点,不能脱离历史,弄虚作假,不能用虚假的东西欺骗群众。新闻片要真实、自然。各新闻摄影单位要讨论一下,什么是真实,什么是社会主义的美?是不是穿得漂亮就是美了?什么是典型?新闻影片应该从生活中选择典型的东西,而不能去塑造。"② 为了贯彻这一批示,1960年2月文化部召开了全国第一次新闻纪录电影创作会议,重点讨论真实性问题。陈荒煤在会上做了《加强新闻纪录电影的党性》的讲话,阐述了党性与真实性的关系:

> 我们要求新闻纪录电影应该做到确有其人,确有其事,真人真事。自然,也不是客观存在的所有事情都可以毫不选择地加以报道,像旧社会所讲的"有闻必录"。我们一方面严格要求真人真事,确有其事、确有其人,同时还有一个党性原则,这就是你所选择的事情是有所为的,有强烈的倾向性和目的性。
>
> ……
>
> 总之,真实性的问题,对新闻纪录电影来说是一个原则性的问题,是一个政治性问题。所谓真实,就是用无产阶级的世界观,以马

---

① 陈荒煤主编,《当代中国电影》(下),中国社会科学出版社,1989年,第16—17页。
② 高维进,《中国新闻纪录电影史》,世界图书出版公司,2013年,第142页。

克思列宁主义的立场、观点、方法来选择事实,传播生产斗争和阶级斗争的经验,通过具体的事例来宣传党的政策、方针和总路线,宣传马克思列宁主义和毛泽东思想的胜利。因此,新闻纪录电影中的任何虚假、浮夸、违反真实性的现象,都是损害我们党的宣传工作的政治信誉和威信的,也是违反党性原则的。①

从党的原则上说,新闻纪录片必须真实,要坚决反对"客里空",否则,将在政治上丧失威信,造成重大损失。对于"补拍"和"组织拍摄",尽量避免。大跃进时期,往往被视为一个浮夸和虚假的时代,但是它同时也是一个不断抵抗虚假的过程,丧失对这一过程内部斗争力量的分析,我们就会在很大程度上丧失历史的"真实"。

1961年5月,中央新闻纪录电影厂专门对几年来新闻纪录电影的摄影报道工作进行系统深入的检查。6月1日,中宣部向各中央局宣传部,各省、市、自治区党委、西藏工委宣传部,文化部党组,解放军总政治部,批转了针对中央新闻纪录电影制片厂检查报告的"六·一指示"。指示认为:

> 中央新闻纪录电影制片厂几年来的工作是有成绩的,摄制了不少好的受到观众欢迎的影片。但是,正如检查报告中所指出的,该厂工作中也存在违反党的政策和弄虚作假的现象。这类影片在政治上产生了很不好的影响。这种情况,不但在中央新闻纪录电影制片厂出产的一些影片中存在着,在其他地方电影制片厂出产的一些影片中也同样存在着。希望各地都能对这些影片举行一次检查,凡是不符合党的当前政策和有严重弄虚作假毛病的影片应一律停止发行和放映,或者修改后再继续放映。违背了这个原则,新闻纪录片就完全丧失了价值。因此必须坚决反对破坏这个原则、任意在电影中弄虚作假的现象。"组织拍摄"的方法最易助长弄虚作假,今后应停止使用这种方法。摄影人员应当依靠自己艰苦深入的现场采访,去达到

---

① 陈荒煤,《加强新闻纪录电影的党性》,载陈荒煤,《解放集》,上海文艺出版社,1980年,第230—242页。

生动地表现实际生活的目的。"补拍"的方法,只能在极不得已的个别情况下加以使用,并且应该取得上级领导机关和当地党委的批准和同意,不能由摄影人员任意决定。较大的群众场面,一般不要补拍,因容易劳民伤财。

在新闻纪录影片中利用"补拍"、"组织拍摄"方法任意弄虚作假的现象,是不能允许的。新闻纪录片一定要严格遵守完全真实、完全是真人真事的原则,这是新闻纪录电影区别于故事片的最根本的特点。[①]

对于当时出现的"艺术性纪录片"的争议,长影副厂长苏云曾检讨说:"总理提出拍纪录片,是要我们电影及时反映时代,改变'四脱离'(指脱离政治、群众、实际、生活)。后来我们提出了艺术性问题,就不再是纯粹纪录生活,而是搞艺术加工,实际上是凭主观编写,结果还是'四脱离'。"[②]1965年8月11日,周恩来亲自在电影工作报告中针对"艺术性纪录片"的"摆拍"给出解释和界定:"我所提的艺术性纪录片,既区别于一般的新闻纪录片,也区别于故事片。一般的新闻纪录片,那就是现场拍摄的,有短的、有长的,没有法子补拍,因为人都走了。比如,15周年的国庆,在天安门上的那个景致,人都散了,你还把人家来宾都请回来拍纪录片?那当然不可能,抢到多少就是多少。能够抢一些镜头,那是新闻厂的纪录片成功的地方。故事片,一定要是典型故事,有着想象嘛,把它加以发展。既然是艺术性纪录片,那就允许艺术加工,就是可以补拍。因此,还有些场地,要重新稍微布置一下子,也不能离现实很远了。假的也不行,就是当时那个地方,又重新搞一下。……我完全不同意这个纪录性艺术片。当然他们有许多理论,我说,你那个结果就变成艺术片了,不是我所设想的。既然叫艺术加工,那就容许补拍。但是,只能补拍,而不许演员去上演替代。"[③]这些指导性意

[①] 《中宣部批转中央新闻纪录电影制片厂工作检查报告》(1961年6月1日),载吴迪,《中国电影研究资料(1949—1979)》(中),文化艺术出版社,2006年,第345页。
[②] 《电影题材规划会议简报(节录)》(1965年8月2日),载吴迪,《中国电影研究资料(1949—1979)》(中),第482页。
[③] 周恩来,《关于文艺方针和电影问题(节录)(1965年8月11日)》,载吴迪,《中国电影研究资料(1949—1979)》(中),第497页;程季华,《关于艺术性纪录片的一次报告》,载陈荒煤、陈播,《周恩来与电影》,中央文献出版社,1995年,第247—261页。

见,是否可以在宣传、控制与驯服的标签之外打开新的研究空间?那个时代的"宣传"究竟意味着什么?

真实性问题从来就是与"立场"、与作为观察者的视野联系在一起的。因此,如何从"政党"的立场,以及党内斗争的视角去重新理解电影"真实性"问题,是今天值得再开启的新话题。其实,它的丰富与复杂,远远超出了今天对这段历史的想象,也对既有的理论框架形成新的挑战。

结语:没有过去的历史

上世纪80、90年代以来,作为社会主义教育的新中国影像书写退潮之后,也正是少数民族影像开始全面奇观化和"他者化"的开始,西藏影像的大规模好莱坞化由此而来。在今天少数民族电影学理论建构中,"营造民族电影的文化奇观,坚持文化奇观原则"已经俨然登堂入室,奇观电影、景观电影成为少数民族题材电影的不二追求,"民族电影目前还不能够像好莱坞那样创造技术奇观,还不能在影像技术上占据优势地位,因而民族电影在影像奇观的营造上就应该扬长避短,从文化奇观上突破,以较低的成本和技术取得视觉奇观上的优势,进而在与进口大片、国产大片的竞争中占领一席之地。"①在商业化浪潮席卷电影生产的情势下,当市场成为唯一的"政治正确性",少数民族奇观化势所必然,也势不可挡。今天,全球资本主义市场正在把一切(包括少数)民族的历史和文化奇观化,其背后的操盘手既是资本,也有资本与国家在市场意义上的联合,这才是最大的不同。

今天的少数民族电影已经脱离了"新中国影像书写"的政治框架。电影"作者"致力于少数文化的"自我"表述,这种自我认同,或曰自我"他者化"的理论支持就是文化多元论,从而创造出了一个新的电影类型叫作"母语电影","原生态"取代社会发展主题成为新的影像乌托邦。②但是,当这样的"自我"是以所谓"中华性"作为大写的"他者",这样的"认同"本身就是被构建的。因为这样的"本质主义"的"大中华主义",与本质主义

---

① 魏国彬,《少数民族电影学的理论建构》,云南大学出版社,2012年,第119页。
② 胡忠谱,《中国少数民族题材电影研究》,中国国际广播出版社,2013年,第56—75页。

的"少数民族文化原生态"一样,正是某些"后殖民主义理论"无视历史"想象"出来的。事实是,少数民族"母语"和少数民族文化在很大程度上得益于上世纪50年代以来新中国大规模的民族识别和调查工作才得以保存与发展,在这个意义上,新中国构建的中华民族本身正是以族裔和语言的多样性存在为其合法性的,这一点需要更多的强调。只有更深入地进入历史的纵深,才能有效打破海外"华语语系"研究中"去中国化"的非历史主义迷思。

"去中国化"、"去政治化"要去掉的是什么,不过就是"社会主义"红色中国。当中国电影在第五代手中,"红色"由革命变成"民俗",也的确是中国电影重写历史的时候。但是,当这种以全球化的资本运作为前提的"华语电影"大行其道时,由票房市场决定的"东方主义视角"的合法性就势不可挡。不仅仅是"好莱坞化"的典型如《狼图腾》,包括"作者"意义上的少数民族电影在内,伪造传统已经成为少数民族题材电影的普遍症候,有意无意地迎合"东方主义"的视角成为大多数少数民族电影的不归路。在这个意义上,并没有什么纯粹的"原生态"少数民族电影。在此,后殖民主义不仅丧失了批判的维度,而且它本身正沦为这一过程的一部分。

今天,作者意义的少数民族电影在电影市场普遍沦陷,唯一能够获得能见度的道路便是走向好莱坞。这两种相反的理论和实践,其结果都是对中国作为"民族国家"的拆解。在此对比之下才能看清:今天真正能包括族裔、语言和文化多样性的不是别的,正是作为"国家"的社会主义实践。但是,这个实践正在遭遇"国家"的"去政治化"导致的对民族区域自治制度的怀疑和否定。① 有批评指出,被当作"去政治化"样板的美国和印度实行的其实是国家的"自由主义化",这两个国家的少数族裔地位一直低下并不断恶化,不是成功,而是覆辙。② 如果没有忘记这两个国家正是文化多元主义和后殖民理论的重镇,就可明白国家的"自由主义化"并不是"去政治化",而是另一种政治化,是作为普遍主义的国家主义体现而

---

① 《民族"去政治化":一种被挑战的理论?》,《中国民族报》2010年11月7日,http://www.mzb.com.cn/html/node/152166-1.htm。
② 沙伯力(Barry Sautman),《中国民族政策能否采用美国/印度模式?》(上、中、下),林紫薇、张俊一译,张海洋校译,《中央民族大学学报》2014年第4、5、6期,第27—35、5—15、15—27页。

已。也正是在此意义下,它其实恰恰是"民族主义"的体现,"国族电影"正是其延伸形式。因此,我这里用"新中国影像书写",而不用"国族电影"这个既定的框架,倒不只是因为这个框架已经被"华语电影"所取代,并使之成为一个否定性概念,——在这个取代中,更着意于容纳港台及所谓"离散电影"(diasporic),而不是容纳少数民族电影;更是因为,所谓"国族电影"体现的西方族裔民族主义概念,不仅无法涵盖幅员辽阔的中国内部的丰富与差异,而且把新中国的社会主义政治与实践削足适履地塞入族裔"民族主义"框架予以否定和去除,这本身正是去历史化、"去政治化"的表征,在这个意义上,的确有去主权形式的大汉族"民族主义"之嫌疑。

不无关联的是今天纪录片生产领域,国家支持的主流叙述重新把重点放在历史人文类纪录片上,我们正在目睹 80 年代电视历史人文类纪录片(以专题片的名义)的新轮回。最近的例子是 2015 年 3 月开播的《河西走廊》,由甘肃省委宣传部与央视科教频道联合出品,①一家自称"中国最为成功的独立纪录影视制作公司之一"的"北京伯璟文化传播有限公司"承制,特色在于"抛弃了以往中国纪录片重个人创作的传统,将纪录片的制作变成了类工业化的'北京伯璟式'流水线生产"。② 它由包括英美著名摄影师和音乐家在内的"国际团队"打造视觉和声乐盛宴——纪录片的好莱坞化,由中国历史学家团队担任撰稿以体现从"文明"视角寻求中华文化基因的诉求。③ 这里,既有对国家"一带一路"战略的呼应,也凸显甘肃打造"纪录片大省"的地方叙述冲动。因此,它是新时代"中国"影像叙述中各类新势力的大汇聚。有意味的是,它被解读为"崛起的中国,需要一部立足中国、涵摄亚洲的纪录片。当今的中国,经略西部,整合亚太,恰恰是历史的必然选择"。但是究竟靠什么来"涵摄"和"经略"这种"必然"呢?这里,"古典学术"的"儒学"在解读中被赋予重任:

---

① 它作为由国务院批准的"华夏文明传承创新区"建设的标志性项目,被列入甘肃省十大文艺精品创作工程项目;同时,该片也被确认为 2014 年中央电视台重点项目,被中宣部列入 2014 年历史人文题材纪录片重点选题。2015 年 3 月由央视和凤凰网同步播出。

② 北京伯璟文化传播有限公司官网:http://www.beijingbojing.com/? action=index。

③ 大型纪录片《河西走廊》引关注,揭秘播出背后的故事:http://news.163.com/15/0409/C9/AMOHLGQN00014JB6.html。

文化是民族认同的载体,是身份归属的确证,而该片在经略国家的明线之下,始终贯穿了中原文化和汉民族认同的暗线。这部片子一个让人意想不到的地方就是,片子居然没有提到玄奘西天取经的历史(众所周知玄奘西行的起点是河西走廊的玉门关,而且大半路程途径河西走廊),而花了整整一集演绎了国人并不算熟悉的两晋十六国时代河西学术的传承。河西学术不仅是大多数国人的盲点,也是经典学术史如皮锡瑞《经学历史》、钱穆《国学概论》并不着重的领域。而该片浓墨重彩的讲述,不仅仅是因为这与河西大地有关,而是因为基于家法和师法的经学传承本身就是古典儒家学术曲折与展开的基本范式。而发生在河西大地上的传经故事,因为处于五凉之乱的背景之中,从而更能呈现儒家文化传承中迎难而上、夹缝生存的坚韧品质。而郭瑀、刘昞等河西经学家在胡汉政权的更迭中或出或处,亦迎亦拒的选择,也充分体现了古典学术同样具备"区分敌友"的政治品格。所以,与其重复启蒙以来"西学东渐"、"西学中取"的老调子,不如发掘传统文化中逆境传经,天不丧斯文的文化坚守。与其责备古人"狭隘"的华夷观念,不如赞美他们身上浓的化不开的"中国人"之认同。至于被该片有意识忽略的玄奘取经,或是因为"取经"话语正是"西学东渐"范式的老调子。时异事殊,当今的中国更需要的不是"取经",而是"守经"和"传经"。而且从学术史的角度看,玄奘的唯识宗因为不切合中国人的思维方式和处身方式,因而在中国的传承及身而没,不世而斩。所以,唐僧取经的神话已经完成了其历史使命,在此可以告一段落。①

当被"文化认同"主宰的"狭隘民族主义"盛行的时候,也往往会是"大汉族主义"满血复活的契机,它们属于同一个逻辑的不同展开。这里,不是否定从儒学的政治视野中"推陈出新",或从其他的古典政治学中寻求克服现代性问题的方案,这些寻求超越族裔民族主义政治价值的努力。但是,对于当今天中国,无视或否定中国作为"社会主义"国家建设的创造

---

① 邢哲夫,《〈河西走廊〉:一带山河多面相》,新浪历史频道:http://history.sina.com.cn/his/zl/2015-04-16/1637118859.shtml。

与实践,就没有可能走出"民族主义"的陷阱。"中华民族的伟大复兴"只有建立在"为人类做出较大贡献"的基础之上,才是唯一可能的"和平崛起",中国无法也不能假借儒学复兴之名再造一个颠倒的"西方中心主义"。这里,需要警惕作为新自由主义后果的"新保守主义",无论它以什么样的"文化民族主义"面目出现,都不仅不能解决新自由主义的问题,却势必加深19世纪以来族裔民族主义冲突的暴力危机,事实上,它正在发生。当它成为主宰世界的方式,贯穿1949—1978年少数民族影像书写的社会主义政治诉求就会荡然无存。

  少数民族影像历史研究与新中国少数民族平等政治实践之间的关系,这一视野的缺失正是上述叙述出现的前提。其实,今天被"奇观化"的不仅仅是少数民族,还包括农民和农民工这些"底层"再现。当新中国的"社会主义"影像书写退潮之时,个人主义的影像开始以"人道主义"和"人性"为自己开辟道路,国家不幸诗家幸,赋到沧桑句便工。在这些影像中,"苦难"与"奇观"并存,"底层"浮出地表,一个时代过去了,"作者"意义上的"新纪录运动"的时代到来了。但是,与崛起的"新自由主义"或"新保守主义"宏大叙述相比,个人化的现实主义追求的新纪录运动,恰恰从相反的方向,更逼近我们面对的现实与危机。不同在于,前30年社会生活中的艰难困苦,被视为一种必然被克服与超越的阶段,因此,在意识形态上对其遮蔽,以"本质的真实"来统领"表象的真实",是一种防止其被固化的措施,也是国家自我赋予的信仰与使命。今天,这样的信仰已经失落,个人必须以一己之力来抵御社会转型中阶层分化的命运转盘,被筛落积累下来的底层逐渐板结,国家与社会的断裂以前所未有的方式出现。主流意识形态因为无法缝合这一断裂而丧失对"真实性"的领导权,这才为"新纪录运动"以小写的"作者"方式书写"真实"让渡了空间,底层的"苦难"与"原生态"成为小知识分子自我救赎的乌托邦,但是这样的"方舟"却难以度过市场经济的大潮。这也使得它陷入两面的困守,并以悲剧的色彩呈现。

  今天,全球化的资本肆虐,与新自由主义文化相互配合,否决了任何通过国家来追求正义的政治可能。大卫·哈维在《新自由主义简史》中尖锐指出:"新自由主义修辞以其对个性自由的基本强调,有力地将自由至上主义、身份政治、多元主义、自恋的消费主义(narcissistic consumerism)从想靠夺取国家权力来追求社会正义的社会力量中分离出来",这是因为:

> 个人自由的价值和社会正义并不必然相容;追求社会正义预设了社会团结和下述前提:考虑到某些更主要的、为社会平等和环境正义进行的斗争,需要压抑个体的需求和欲望。

这就为新自由主义文化开辟了道路,"新自由主义文化需要在政治和经济上建构一种以市场为基础的新自由主义大众文化,满足分化的消费主义和个人自由至上主义。就此而言,新自由主义与所谓'后现代主义'的文化冲动兼容并蓄,后者其实很早就蠢蠢欲动,但如今可以羽翼丰满地亮相为文化和思想的主导"。① 毋庸置疑,席卷全球的电影工业好莱坞化正是其鲜明的体现,这也正是为什么以反专制、反压抑为旗号的西方后殖民主义和文化多元主义,恰好与中国的市场化改革携手并进。

90年代之后中国电影公司市场化改制,少数民族电影译制工作受到极大影响。比如云南西双版纳的配音演员被全部买断工龄,人员流失严重,这都是可以想见的情形。从2004年开始,少数民族电影译制问题得到国家重新重视,开始恢复民族语译制队伍。其中新疆的少数民族语言译制因为始终保持事业编制,90年代以后与电视业的需求一起获得发展。2005年之后,更是在国家的大力支持下获得快速进步,规模和技术都为全国之最。但是,在技术和设备大跃进的同时,当国家开始全面支持少数民族和农村地区的公益性放映计划,少数民族题材和农村题材影片的内容生产问题却悬而未决。② 农村电影放映计划是以"企业经营、市场运作、政府购买、农民受惠"的方式进行,但是相较之放映问题,内容生产会是更严重的挑战。全球化、市场化格局下的电影生产体制与少数民族与乡村地区的内容需求之间,无疑存在着严重的断裂与冲突。仅仅从放

---

① 大卫·哈维,《新自由主义简史》,王钦译,上海译文出版社,2010年,第48—50页。
② 详见胡谱忠,《少数民族语电影译制与农村电影放映》,载氏著《中国少数民族题材电影研究》,中国国际广播出版社,2013年,第128—151页。

映的层面调控,并不能根本解决问题。2013 年 10 月,由国家民委、中国作协批准立项的"中国少数民族电影工程"在京启动,"该工程旨在为每一个少数民族拍摄至少一部电影,同时填补 20 多个少数民族没有本民族题材电影的空白",这是一个由政府搭建、市场化运作的平台,"电影的摄制工作,将面向市场、面向社会,市场化运作"。① 但是,有研究者认为,以数量来完成历史进步的叙述本身带有"文化多元主义"的烙印,只强调"多元",不强调"一体",在海外与学术界的追捧下,很可能导致"去国家化"的效果。②

正是在此意义上,我们需要重新回顾作为政治"场域"的"中国"。今天,它前所未有地需要强调国家的社会主义性质,即保护劳动者的民主参与从形式平等到实质平等的推进过程,保护劳动的平等和分配的平等,影像民主正是其中的一个重要面向。列宁曾经在《国家与革命》中强调:国家的消失只能作为社会主义的结果,——也只有这样的"社会主义"才有可能超越"民族主义"。在这个意义上,当中国被等同于一般的族裔"民族国家",它提醒和告诫我们的其实是:对国家机器的争夺与改造,不仅在中国,从第一世界占领华尔街运动到第三世界的伊斯兰国兴起,正方兴未艾。今天世界范围内兴起的不是所谓"新社会运动",而是新的阶级、种族与宗教为争夺国家机器而展开的战争,在这个意义上是野蛮的 19 世纪的复归。今天,当世界历史以全球化的"同一性"进程碾碎了所有的"异质性",并迫使所有的政治力量再次以民族国家为壕垒,当"民族主义"以及它的霸权形式"帝国主义"主宰世界的时候,世界和平就岌岌可危。但是,我们不应忘记,这正是 20 世纪没有完成的"革命"后遗症,也是 21 世纪终将面对的宿命。对于当今中国,必将体现在如何实施"一带一路"的战略决策中,它能否成为万隆会议精神在新的历史条件下的延续,全世界为之瞩目。

由此,就像《新闻电影》的副标题"我们曾经的年代"所表明的,——我们需要追问:这个"我们"是否还属于 21 世纪的今天,以人民民主、各民族

---

① 《中国少数民族电影工程在京启动》,http://www.mzb.com.cn/html/Home/report/13101881-1.htm。
② 胡谱忠,《中国少数民族题材电影研究》,中国国际广播出版社,2013 年,第 126—127 页。

平等的主体性诉求为政治坐标的历史,以反"奇观化"为政治使命的影像实践,它是否只是"曾经"?这是一页已经被翻过的历史吗?在中国重新面临严重的分离主义、恐怖主义威胁与挑战的情形下,这页历史究竟能否给予今天的"我们"以启迪?

《新闻电影》一书中,第一代藏族摄影师泽仁在《在雪域高原留下足迹的人们》里纪念当年进军西藏时因高原性肺心病和缺氧而牺牲的摄影师关志俭,他和当年《解放西藏大军行》中倒在行军途中的年轻战士们一起留在了雪域西藏。作为延安时期的老电影人、也是新中国纪录电影的亲历者与见证人,高维进在历时十余年完成的开拓性《中国新闻纪录电影史》中,收录了1983年陈荒煤的文章代序:"新闻纪录电影记录历史、反映历史,就是要通过培养社会主义新人,去推动历史前进,谱写新的全面开创社会主义现代化建设新局面的历史"。[①] 这里,"社会主义新人"其实与纪录电影的"新中国影像书写"之间,存在互相依存、唇亡齿寒的关系。由此,也许可以理解高维进老师为什么特别把"烈士篇——你们永远站在队伍的前列"作为第一附录,并且郑重附上所有烈士的照片,包括1951年4月16日牺牲于雪域高原的20岁烈士关志俭,那是一张定格在摄影机边的年轻笑脸;以及在克什米尔公主号飞机暗杀事件中牺牲的年仅28岁的摄影师郝凤格。高老师在篇头写下了这样的话:

> 为中国的新民主主义革命、社会主义革命和建设及保卫世界和平而献身,被授予烈士称号的新闻纪录电影工作者永垂不朽!

这是属于已经老去的、作为"社会主义新人"的一代中国纪录电影人共同的墓志铭。这样的情怀能否被今天的"我们"所理解、记存,以及继承?

最后,回到王华这本处女作,它并非完善。今天在少数民族电影研究中遇到的所有困境,也都在此书稿中留下大大小小的痕迹。但是这本书努力告诉我们的正是,这是一段没有结束的过去,也是没有过

[①] 高维进,《中国新闻纪录电影史》,世界图书出版公司,2013年,第3页。

去的历史。

谨以此文纪念万隆会议60周年。

2015年4月6日,清明节,初稿于细雨中的上海
30日,完稿

华语语系、华语电影与
学术主体性:问题究竟在哪里?
——在"'华语电影'研究与'重写电影史'工作坊"的发言①

今天是个特别的日子,是端午节,没想到还有这么多朋友、老师、同学

---

① 2015 年 6 月 20 日,本人策划主持了由华东师范大学-康奈尔比较人文研究中心、复旦大学新闻传播与媒介化社会研究基地举办的"'华语电影'研究与'重写电影史'工作坊"。工作坊宗旨如下:

《当代电影》杂志 2014 年第 4 期刊载了美国加州大学戴维斯分校比较文学系鲁晓鹏教授《海外华语电影研究与"重写电影史"》的访谈录,由此引发了北京大学艺术学院李道新教授的《重建主体性与重写电影史——以鲁晓鹏的跨国电影研究与华语电影论述为中心的反思和批评》(《当代电影》2014 年第 8 期),以及上海戏剧学院教授石川、孙绍谊的《关于回应"海外华语电影研究与重写电影史"访谈的对话》(《当代电影》2014 年第 8 期)等相关讨论。鲁晓鹏教授在《跨国华语电影研究的接受语境问题:回应与商榷》(《当代电影》2014 年第 10 期)对讨论和批评做了后续回应。2014 年 12 月 18 日,北京大学艺术学院"批评家周末"文艺沙龙,鲁晓鹏、王一川、陈旭光、李道新等学者就"跨国华语电影研究"与"中国电影史研究"进行了面对面的激烈争论(参见《跨国华语电影研究:术语、现状、问题与未来》,《当代电影》2015 年第 2 期)。我们认为,这场讨论提出了新的历史条件下中国电影研究的范式问题,意义重大,值得进一步深入,让不同观点形成激荡。为此,本工作坊特别邀请以下学者共同参与本次工作坊的对话与讨论:美国加州大学戴维斯分校(University of California, Davis)鲁晓鹏教授、北京大学李道新教授、上海戏剧学院石川教授、上海戏剧学院孙绍谊教授,华东师范大学吕新雨教授(学术召集/主持)。

这也是因为 2015 年 6 月 18 日中国文学与比较文学国际学会双年会在复旦大学举办,一些海外学者前来参会,我们借此机会邀请海外学者鲁晓鹏教授到工作坊现场参加对话。工作坊也吸引了一些对此话题有兴趣的其他海内外学者的参加,现场济济一堂,讨论和争论都很热烈。后根据录音整理出文字稿,请参与讨论的主要学者做了整理修订,经过石川教授的通稿,发表在《当代电影》2015 年第 10 期,题目为《"华语电影"再商榷:重写电影史、主体性、少数民族电影及海外中国电影研究》。因为篇幅所限,每人的发言内容都做了削减和限制。在此文之后,相关争鸣仍在继续,我发现涉及到本人的观点时,其中不乏有意无意的"误读"。这里收录的是我在工作坊发言的完整整理稿,以为备忘,也希望对"误读"有所纠正。

来到我们工作坊现场,这让我很振奋!因为我们今天的嘉宾们很有魅力,大家也认同议题本身很重要。我自己最近有一篇文章讨论新中国少数民族纪录片问题,对重写电影史以及4位老师的观点作了些回应,①也希望借此得到各位批评性的意见。

华语语系(Sinophone)和华语电影这两个概念是海外电影研究中很重要的,而且从某种意义上是针锋相对的两个概念。华语语系的电影概念来自于史书美(Shu-mei Shih)教授的一系列论述,包括王德威教授某种意义上的修正和赞同。鲁晓鹏老师在一篇对史书美的精彩书评中对华语语系概念提出了尖锐的批评。我个人很感谢佩鲁老师的批评,在很大意义上也同意。从去年到今年在《当代电影》上发生的争论,主要是在李老师和鲁老师之间展开。之前有对鲁老师华语电影视角的批评,是将鲁老师的概念说成"大汉族中心主义"(一位海外日裔的学者如此说),这是一个后殖民主义的华语语系的视角。而李老师批评鲁老师是西方中心主义,美国中心主义,所以鲁老师一下子发现自己处于左右夹攻的位置上。鲁老师个人对两方面都不认同。

我自己从另外一个视角试图来理解鲁老师和李老师之间的论争,我特别认同鲁老师对于华语语系电影从90年代一直到今天的发展过程所给出的回应,包括要把所有的少数民族语言和方言都能够涵盖进去这样的一个修正。这是以中国是一个多民族、多元的国家认同作为前提的。这个修正很重要,是我们对话的基础。但是如果从这个修正回头看的话,它应该回溯到对中国电影史的修正。如果华语电影的理论视角无法重新回溯对中国电影史的修正,华语电影面临的批评和问题还是无法得到真正解决。从这个角度来说,我认同李道新老师说,我们需要重建中国电影的主体性问题。也因此这个问题会特别体现在如何处理少数民族的电影上,因为华语语系的核心是少数民族的电影及其语言问题,而恰恰在这个问题上,华语电影的处理很弱,现在是试图把它包含进来。但是我们看到,既有的华语语系和华语电影的理论在处理特别是新中国的电影和30

---

① 吕新雨,《新中国少数民族影像书写:历史与政治——兼对"重写中国电影史"的回应》,发表于《上海大学》学报2015年第5期。感谢《上海大学》学报编辑部的李孝弟先生,他参加了工作坊的现场讨论,并慷慨应允破例发表这篇长文。

年代的左翼电影时,它们的视野却是融合的,基本上还是从西方的后殖民主义角度来解读中国的少数民族电影,它们被解读为汉族中心主义对少数民族强制性的统一过程。今天需要重新来回应这些问题,也希望借这个机会大家各抒己见。

这场争论最核心的问题其实是民族国家概念的界定。民族主义的问题并不是从1949年才开始,近代化的过程实际上就是中国新兴的民族主义锻造的过程。但1949年之后建立的中华人民共和国究竟是"民族国家"还是"帝国"?这是西方批评的焦点。把中国看成是一个汉族中心主义的压制少数民族的伪装成"民族国家"的帝国,这个判断是以族裔主义作为民族国家的基础,这也是西方发源的民族国家的概念。但是中国恰恰是一个多民族的、继承了晚清庞大的领土范围的国家,是在一战和二战之后唯一没有分裂的传统帝国基础上完成现代民族国家转换的。但从族裔民族主义的视角则认为只有让少数民族独立,才能破解中国作为"帝国"的压迫。那么,怎么去理解少数民族在中国作为现代民族国家内部的关系,一味按照族裔民族主义的标准来要求中国是否是西方中心主义的表现?这是一个核心问题。另一个核心问题是中国大陆与两岸三地的关系,因为大陆的政治体制和台湾、香港不一样,所以就涉及到两岸三地究竟是怎样的文化和政治认同的问题?这是第二个分歧。第三个问题是世界各地的"离散文化"与中华人民共和国这个"中国"的关系,其核心是认不认中华人民共和国,用文化中国认同来代替政治认同,背后的台词是清楚的。而不认中华人民共和国的一个重要理由就是中国是一个对内压制少数民族的帝国。在这个意义上,"族裔民族主义"和"帝国"其实是一对相辅相成的概念。

文化认同能否离开政治认同,或者反过来,政治认同能不能离开文化问题?在这个意义上,国族电影的概念本身包含了先天的缺陷,主流官方史学不说"国族电影","国族电影"是从 national cinema 直接翻译过来的,是从外面来的命名,是把中国等同于西方的民族国家。所以首先要质疑的是,如果中国是一个以汉族为中心主义的民族国家,如何去理解民族区域自治制度?比如说像新疆,国民党时期已经把它行省化了,等同于汉族地区18行省,可是1955年为什么又把它恢复成一个少数民族自治区:新疆维吾尔自治区。包括像广西壮族自治区,壮族其实在这一区域内并非主体民族,为什么要冠以壮族呢?在制度设置时,以少数民族作为主体命名,实际上是为了更好的方便各个民族之间的交往,而不是相反。民族区域自治制度本身是新中国独特的政治制度,周恩来有过详细论述:我们为什么不采取苏联的加盟共和国形式。作为处理一个传统的帝国转为民族国家的政治设置,其核心是民族国家内部的各民族的平等与交往。简而言之,中国的电影实践和民族政策之间的关系使得我们必须回到中国的民族政策的理念及其实践上,这是一个庞大而复杂的遗产。

鲁老师说到"华语电影"作为一个通用的概念,是在90年代以后,是为了适应资本的全球化,电影生产全球化提出的。这个概念确实有它的有效性,可以很好地涵盖许多电影,但今天要问的是它的边界在哪里?不是否认它曾经所起到的有效命名,使得某种意义上的统一战线可以形成,但问题是谁来领导统一战线?领导权的问题还重要不重要?两岸三地一开始坐到了一个桌子上,开始"交往"和谈判,好比大家开始出牌,但是等到最后要亮底牌的时候,发现我们手上全是别人的牌,此时主体何在?孙绍谊老师说他的电影研究就是去寻找意识形态的"缝隙",这已经成为新中国电影史研究的无二法门。但是当"缝隙"被越看越大,把它看成大海,"缝"和"缝"之间的陆地却没有了,这就是我和李道新老师说的主体性没有了。"陆地"被刻板化,刻板化就是所谓的中国"专制国家"、"汉族中心主义"、"大民族主义",这些东西被当作假想的敌人,但这个是真正的敌人吗?所以,首先要问的是,我们对"中国"的界定是单一民族的民族国家、是汉族中心主义,这个界定是成立的吗?文化主体和政治主体之间是可以剥离的吗?如果中国国家的认同不存在,文化认同在多大程度上还有可能?只看到多元,而看不到一体,这个一体无论是作为文化的一体,还是政治的一体,它还需要吗?重要吗?如果它不重要了,后面的东西还有吗?

王德威教授用"后遗民"这个概念,所谓的"后遗民"的意思是作为中国性的东西是一个暂时性的存在,它可能有一天就破了,碎了,所有人都成为"后遗民"。而后遗民需要重新建立小认同。华语语系的问题也很清楚,就是不要大陆认同。所以,史书美提出"离散"这个概念的出现就是为了"消失",它只是一个暂时性的概念,只要"离散"在,它就生根开花了,它就和母体不再有关系了。所以离散就是为了消失。在此基础上,王德威把它变成一个"后遗民"的概念,是一个修正。

华语语系的脉络和最近争论很大的新清史的研究有非常明显的关联。新清史的研究认为满清就是一个殖民者,这是否是瓦解整个大中国认同?这也是今天重新来讨论华语电影、华语语系、国族电影与主体性问题的现实与学术的需求,非常迫切。我不否认香港应该有香港电影,台湾应该有台湾电影。但是对于我们身在中国大陆的学者来说,地方性认同能否代替中国认同?如果中国电影本身不存在了,学术主体性还有没有?确实是个问题。因此,对1949年新中国成立以来电影历史的重新理解,重新建立研究的主体性问题,势在必行。不是说要不要多元文化认同,而是当今天的多元文化认同本身已经超出了文化认同的范围,变成了政治"分离主义"的理论根据的时候,我们就要反思什么是文化认同了。今天欧洲的多元主义文化认同,为什么使得今天的欧洲族裔冲突不仅没有解决而且越来越严重?大写的主体和小写的主体之间究竟是一个什么样的关系?今天所有的分离主义都是由族裔民族主义作为它的前提的,因此不是否认文化认同,而是说当文化认同和政治认同绑在一起的时候,它会出现什么?不是说多元认同不行,而是说多元认同代替了一元化;不是说这些差异不存在,而是把差异放在什么框架下来讨论?比如说,把族裔认同上升到政治框架下来讨论,它的后果会是什么?

"华语电影"本身是适合电影产业全球化、资本化的产物。我们今天看中国的电影市场非常繁荣,每天都有新影片出现,可是想去找一部值得看的中国电影却很困难。在中国电影产业亢奋但品质下降的情况下,华语电影缺乏有效的批评概念,怎么去批评现在资本当道的局面?华语电影作为在资本全球化下诞生的电影概念,它怎么去建立一个学术的批评性的价值体系?今天把少数民族的母语电影看作是一种文化自觉,但这种文化自觉的电影背后是大量的伪造民俗。所谓的 identity 的理论、"文化多元主义"的理论如何制造出新的景观,制造出景观主义的电影文化?而这又是以少数民族的本体主义,或者说本质主义而出现的,是建立在和汉文化二元对立基础上的,这在多大程度上是真实的?中国在"文革"之前有少数民族题材电影,但从来不说有汉语电影,也从来不说少数民族某个语言的电影。语言本身不是作为政治认同的核心问题。但是,中国少数民族的语言和文化的大规模整理、发掘和保护,包括创造文字,是毛泽东时代完成的,如果从一个汉族中心主义角度无法解释这些工作。可以批评少数民族电影存在类型化,但好莱坞电影也类型化,所以不在于它是否有类型化,而在于它类型化背后的意识形态是什么。意识形态是用汉族来主宰少数民族吗?还是相反?可能是相反,为什么呢,因为在那个时候少数民族电影中的"大汉族主义"是高压线,碰不得。在这个意义上说,你可以批评它有模式化的问题,但它的意识形态是什么?这个意识形态是否是"大汉族中心主义"?这是要去区分的。所以就需要去进入历史本身,去看历史到底是怎么回事,只有真正进入到那段历史中,才能够理解中国作为所谓的现代民族国家,它面临的和要处理的问题,它和少数民族的关系问题,在少数民族电影发展过程中扮演的角色问题。只有在这种意义上,我们才能真正进入到对中国电影历史视野的理解,而不是站在今天的所谓后殖民主义理论去回溯性地反驳。后殖民主义理论本身具有挑战西方中心主义解放的力量,但是当这个理论被泛化的时候,当它作为一种本质主义进行扩张的时候,特别是后殖民主义理论在运用到中国对少数民族电影进行解释的时候,走向了自己的方面,它出现了巨大的问题。这个问题是华语电影和华语语系理论共享的。

  鲁老师的书评在结束的时候曾引用了马克思的话,即全世界无产者联合起来,是说有没有可能超越民族国家,在不同的地区劳工阶层和进步人士之间形成一个跨国、跨地区的联合,超越民族国家的联合。我个人认同这样的说法。但要超越民族的、族裔的、区域的边界,小写的认同是无法完成的,鲁老师批评说小写的认同带有太多的自我中心主义,不够普遍主义,所以鲁老师有一个普遍主义的追求。从这个角度来理解,华语电影有一个普遍主义的理想追求。华语电影在 90 年代诞生的时候,确实起到了两岸三地让大家能够坐在一起来讨论的这样一个联合的作用,所以有它巨大历史功绩。但是问题在于,华语电影处理更多的是跨国的问题,是资本流动下的电影生产问题,在这样的框架下,中国既往电影史的脉络在很大程度上是被遮蔽的。这就是为什么李道新老师认为它的历史观是缺失的。在这个意义上说,它的普遍主义背后是什么,是不是有自觉不自觉的西方中心主义的影子?西方中心主义往往是以普遍主义面目出现,族裔中心主义的民族国家观即为表现。华语电影把中国处理成一个单纯的民族国家的电影史,新中国成立以来民族平等的特殊政治实践是不被看见的,它的意识形态恰恰也是被遮蔽掉的,被一个简单的刻板化的西方中心主义遮蔽掉了。所以更重要的是怎样去重新打开我们自己内部的历史。无论是华语语系,还是华语电影视角,敏感的地方恰恰就是作为民族国家的中国与少数民族的关系问题。实际上,1949年之后的民族平等靠的是阶级认同,既要反对大汉族主义,也要反对狭隘民族主义。今天,正因为阶级分析的消失,才使得族裔认同逐渐上升为最重要的政治认同。革命不重要了,这是关键性的。不是说文化中国不存在,而是用文化中国去否定政治中国,就丧失了理解政治中国的可能性。在华语电影里,则是丧失了理解什么是政治性存在的中国可能性。

与华语电影相伴生的是"母语电影"的概念。因为华语电影是Chinese language cinema,然后就出了一个"母语"电影,所以中国有两种电影,一种叫华语电影,一种叫母语电影。什么是母语电影?即少数民族语言的电影。母语电影作为新出现的少数民族电影,和中国既有的少数民族电影传统是什么样的关系?母语电影是不是中国电影?其族裔认同和政治认同之间究竟是什么关系?今天对少数民族电影的定义是导演身份必须是少数民族的,语言是少数民族,才是少数民族电影。那么以往新中国的少数民族题材电影都不算是少数民族电影,都是汉族中心主义电影了。在这个意义上说,"母语电影"的概念形成了对既往历史的否定。母语电影把自己的族裔认同本质主义化,电影作者意义上的母语电影基本上在电影市场上看不见,被淹没了,除了去海内外电影节。因此,另一种出路是好莱坞化,大量把少数民族电影变成奇观,必须奇观化才能在市场上获得成功。但是,好莱坞化的电影和作者电影都出现大量的伪民俗,这一点则为共享,也很反讽。

今天是一个开始。希望我们的争论能够继续在学术层面上展开,也希望在彼此对话的基础上,华语电影的理论能有新的修订和更深入的发展。

附　录

青春断代史:从《人生》到《小时代》①

(一) 劳动美学的消逝

　　1983年,人民公社开始解体,也正是电影《人生》拍摄的时间。电影中的年轻一代,高加林、刘巧珍等都还生活在人民公社的体制下,这是非常重要的历史线索和历史节点。在公社体制下,劳动是挣工分的,他们生活在一个集体劳动的社群体制下,巧珍给高加林的50块钱,就是她自己挣得的工分。这其中存在着劳动美学,特别是把80年代《人生》作为青春片与今天的青春片作一个比较,对比非常强烈。80年代的黄土地、劳动、劳动的美学,以及作为主体性存在的乡村生活,——因为乡村一整套的价值体系还活着,却在今天的青春片中荡然无存。高加林抛弃巧珍受到整个乡村社会的道德谴责,连他自己都觉得是背叛者。乡村中的道德体系,以及社群的存在感是很强的。巧珍结婚时用的旧式传统仍然存在,今天到农村已经见不到这么多人了。如果巧珍结婚生了孩子,她的孩子今天会怎样?很可能在城市在打工,看的是《小时代》这样的青春片。如果说高加林那一代人从乡村走到城市中,形成一种城乡间的冲突、矛盾和纠葛,是80年代(包括电影)的大主题,那么在今天呢?巧珍的孩子走出乡村会义无反顾,因为每个人的家乡都已经沦陷。

---

① 2015年5月4日"青年节",《蝉歌》电子网刊与华东师范大学校图书馆于联合举办"蝉歌电影时光"系列活动第一场,主题为"电影与人生",参加座谈的还有华东师范大学毛尖教授与蔡博博士。本文系根据记录稿修订而成。感谢秦盈、卢垚二位录音整理。本文发表于《电影艺术》2015年第5期。

另外,从乡村走出来的方式也是不一样的。今天的孩子出来打工,可能去富士康这样的地方,也可能去东南沿海加工厂;但当年高加林走出来的方式,是靠知识,他是高中生。80年代伴随高考制度的恢复而产生"知识改变命运"的信念,社会思潮推崇的是启蒙、知识、科学。电影中高加林之所以对城里人说"你们也有股臭气",是因为他有一种"自己也是有知识"的自我认同。电影里表现他拿着相机拍照、做记者、读书,所有这些是用来证明一个农村孩子只要掌握了现代文明,就有资格在城市生活。这是一个当时被主流认可的渠道,这种渠道同今天打工妹、打工仔走出乡村的渠道是不一样的。这也是80年代与今天的一个很大区别。电影里高加林去掏粪,张科长的妈妈说他臭,高回骂了一句说:"我也闻到一股臭气。"这个细节一方面体现了高加林对城里人傲慢的批判,有浓重的毛时代的痕迹,即城乡关系的阶级差异,也体现出影片对城市的批评以及在拉平城乡关系上所作的努力。但另一方面,更重要的是,观众也看到了它的失败,影片以高加林和巧珍的爱情破裂来表达中国80年代重启的城乡分裂。这是影片的核心。

电影有个细节,高加林和巧珍骑着自行车在村子里亮相和示威,一位亲家说:"我去太原参观时看到男男女女都是挽着手的",——男女平等是以大城市来表述的,同时又与乡村作为封建堡垒的表述放在一起,是强烈的启蒙二元叙述。这是影片的内在悖论,一方面强调爱情之纯洁,电影核心部分就是对于巧珍内心世界的表述,90年代以后已经不可能用一个不识字的乡村女性的爱情来支撑整部电影。但在《人生》中最感人的就是这个视野,电影用了很多著名的主观镜头来表现巧珍的心灵世界,也就是第一人称来表现人物的悲剧性。从正剧和悲剧的角度来体现一位乡村女孩的纯洁爱情和内部视野,这是独属于80年代的电影表现方式。90年代之后,乡村已经喜剧化,乡村作为主体的内部视野不见了,这种消失正是和城乡的破裂紧密联系在一起的。另一方面这也是80年代的一个内在矛盾,中国开启改革开放,追求城市化和现代化成为国家和民族设定的最高目标,这与毛时代拉平城乡关系,把城市的知识分子、医生和种种资源用政治的方式推到乡村去"缩小三大差别"的时代潮流相反,电影以爱情方式来处理这个矛盾。这个过程的悖论在于,一方面是劳动美学,是对民歌、信天游和乡村的赞美。信天游可以看成是对延安传统的延续,劳动美学的源头。但是另一方面,这种延续又与一种封建意义挂钩,爱情是不被公开允许的,是要被嘲笑的,80年代典型的传统与现代(乡村/城市,愚昧/文明)的二元对立叙述的插入,打断了新中国电影的革命启蒙叙述,所以这首歌虽然是一首陕北民歌,但在电影中已经是去革命化的。这也表现在巧珍对上班的人、对知识人的仰慕,她爱高加林也是因为他是这样的人,是乡村对城市的仰慕。因此,《人生》里有两个价值的叠加,也体现了两个价值的悖论。它一方面歌颂现代化,歌颂知识改变命运,歌颂城里人的知识优越感,但同时又把美学的重点表达放在乡村,巧珍是一块金子,再也找不到这样的金子了。巧珍内心的丰富以及人物本身的美好和悲剧性,使得这个角色成为80年代的一个坐标,巧珍说"你不知道我是多么的爱你"!相比之下,城里人的爱情相当逊色。爱情的主体是巧珍,她是真正有能力抒情、有能力去爱别人的女性,她的爱情就是给予,无私地给予,爱情的定义和真正的爱情就是给予,其他的都不是真正的爱情。影片把道德和美学的价值赋予了乡村,只有乡村才真正拥有爱情。所以这两个叙述体系的互相叠加和悖论,恰恰构成了文本的丰富性,从而帮助我们看待80年代和当下的关系。

还有一点也很重要,就是阶级话语的残留,它是通过德顺爷爷的爱情故事体现的,一个很穷的长工,走西口一样在驻马店结识店主的女儿,相爱了,最后店主的女儿被嫁给一位有钱的商人。这样的爱情故事是革命叙述中阶级话语的延伸,由此也可看出德顺爷爷的故事和80年代的乡村道德叙述是吻合的。形成冲突的是城市化、现代化,对高加林心理最大冲击的是高楼大厦,这些东西导致了对革命与传统的双重背离。

电影另一重要层面是基层社会治理。故事发生在人民公社时代开始改革的年代,百姓越来越要求要包产到户,故事里的基层治理与人民公社的取消相呼应。路遥很关心农村改革,他在去世前最后的自传式长文《早晨从中午开始》中说,柳青如果活着,要表现80年代农村的"生产责任制",蹲在皇甫村一个地方就不够了,其他地方的生产责任制和皇甫村所进行的可能差异很大。为了弄清农村责任制初期的情况,路遥曾把两个当过公社领导的老同学关在旅馆里谈了一天一夜,累得他们鼾声大起。这部分电影里没有展开,但在小说中是重点描述。路遥生活在80年代到90年代的转折期,小说中有强烈的为改革辩护的动机,但同时又保留了毛时代的诸多遗存,也因此造就了影片文本的丰富性。它以基层治理的腐败为影片开始,高加林被从民办教师的位置上拿下来,是因为腐败,后来高加林利用这种关系上位,最后又被拿下来。这种权力斗争的脉络,始终是路遥所关心的,它是决定高加林命运的主线,也是小说《平凡的世界》中的主线,由此体现出 80 年代政治在城乡关系中的主导作用。虽然,电影文本中它是作为爱情线之外的暗线,爱情的线是在面上,政治的线是在暗处,形成一种政治暗线和爱情明线的结合,其实真正推动影片叙述的动力还是政治,只是用了爱情的方式。

通过高加林进城后参与报道政府救灾的过程,我们看到 80 年代国家、党、新闻、文学是绑在一起的命运共同体,高是进入这个体制才获得了人生价值的最高体验。80 年代文学和新闻社会地位很高,可以直接通向政治和权力,都代表了主流的价值取向,也是重新界定城乡关系的重要的政治与社会力量。但是,这些又是与西方现代性浪潮下的自由主义、浪漫主义想象结合在一起的,黄亚萍鼓动高的时候说:"你要像一只大雁在天空自由翱翔",这是 80 年代个人主义奋斗的标志性表述。众所周知,它们之间在政治上的决裂是在 80 年代末,但是在路遥的《人生》和《平凡的世界》里,这种分裂已经开启。

对 80 年代的观众来说,高加林恰恰是他们的代言人。高加林爱巧珍,是因为自己是从农村来的,他的根始终在农村。但对于今天的男大学生们,很难想象去爱一个不识字的乡下女孩,这样的故事已经是天方夜谭。80 年代中国新的城市化过程刚刚启动,对于通过"知识"和考试从农村进入城市中去的年轻人而言,他们十分认同高加林,作为观众更多分享的是高的视角,而不是巧珍。正因此,电影才会更加突出巧珍的视野,用以平衡叙述,也是提出问题。这也是文本有意思的地方,它给用高加林视角看《人生》的观众提供巧珍的视角,而巧珍的视角很大程度上也是导演的视角,这和导演吴天明所身处的代际有关。最后影片中唱道:"叫一声哥哥再也不回来",具有某种预言性。乡村和城市的爱情已经不可能,或者说以爱情为表征的填补城乡关系的社会和政治力量开始退场,它是对中国城市化的悲剧性预言,是对城乡重新分裂的预言。这部电影文本通过城市视角的矛盾性展示出这种预言性,其体现就是高加林。从文本内部看,似乎是以巧珍的主观性来叙述,但观众认同的是高加林的视角,这样一种内外视角的交叉、冲突与互补,是电影《人生》的特色,也是迫使我们今天回到它的原动力。

《人生》中的劳动,既有以爱情为表述的劳动美学的延续,也作为一种背弃农村的发泄方式,两种方式并存。锄草的玉米地,巧珍被女伴打趣,她表达爱情也在田野。巧珍的爱情发生在乡村与劳动这一重叠的场域,后来她到城里的办公室要和高加林亲热,高拒绝的理由就是:"这里不是庄稼地"!他们的爱情只能和庄稼地联系到一起,离开了庄稼地的劳动,爱情就只能枯萎。巧珍笼罩在劳动美学的光晕下,但是对于高加林,庄稼地里的劳动却意味着惩罚和自我发泄——80年代知识分子伤痕文学的典型主题。影片中劳动美学的光晕已经是悲剧性的回光返照,反劳动的动机开始处于压倒性位置。毛时代的三大差别在电影里仍然是被关注的,但是也暴露了毛时代的未完成性,三大差别依然存在,而且愈益成为一种主宰性的力量,而不是相反。所以,一方面可以看到路遥对消灭三大差别的认同,以及情感上的投入,另一方面也认为这是失败的,没有真正弥补城乡差别。但是,即便如此,80年代的乡村还是抒情之地,是爱情的栖息地,高加林的人生难题是:回来,还是出去?文本叙述的立足点是乡村,巧珍的乡村,庄稼地的乡村,劳动美学笼罩下的乡村。

让我们从路遥自己的阐述中去更多理解"劳动"的意义吧!他在《早晨从中午开始》里反复强调:劳动自身就是人生的目标;劳动,这是作家义无反顾的唯一选择。它也意味着如何对待土地——或者说如何对待生息在土地上的劳动大众的问题。作为农民的儿子,"我对中国农民的命运充满了焦灼的关切之情"。一方面,路遥认同现代化的目标就是消灭城乡差别,这是历史的进步:"我们最终要彻底改变我国的广大农村落后的生产方式和生活方式,改变落后的生活观念和陈旧习俗,填平城乡之间的沟堑。我们今天为之奋斗的正是这样一个伟大的目标。这也是全人类的目标";但是,"从感情上说,广大的'农村人'就是我们的兄弟姐妹,我们也就能出自真心理解他们的处境和痛苦,而不是优越而痛快地只顾指责甚至嘲弄丑化他们——就像某些发达国家对待不发达国家一样"。"这是俄罗斯作家拉斯普京的命题,也是我的命题。放大一点说,整个第三世界(包括中国在内)不就是全球的'农村'吗?因此,必须达成全社会的共识:农村的问题也就是城市的问题,是我们共有的问题",文学并不必然站在历史进步性的一面：

> 我更多地关注他们在走向新生活过程中的艰辛与痛苦，而不仅仅是到达彼岸后的大欢乐。我同时认为，文学的"先进"不是因为描写了"先进"的生活，而是对特定历史进程中的人类活动作了准确而深刻的描绘。发达国家未必有发达的文学，而落后国家的文学未必就是落后的——拉丁美洲可以再次作证。我在稿纸上的劳动和父亲在土地上的劳动本质上是一致的。

那么，父亲在土地上的劳动究竟意味着什么？路遥把《早晨从中午开始》献给弟弟王天乐，也是他的文学知己。王天乐则在《〈平凡的世界〉诞生记》回忆了他和路遥之间的一段对话：

> 我认为最伟大的作品就是父亲种过的地。真的，你假如站在我们村的一座大山上，一眼就能看出哪一块是我父亲种过的。一行庄稼，一行脚印，整整齐齐，清清楚楚。就连地的边畔也好像是精心打扮的少女。该砍的草一根不留。该留的山花一朵也不会少。父亲说，山里不能没有花。父亲就那么点个子，往地里一站，你就觉得他是一位真正的伟大的艺术家。用他那粗糙的双手，在土地上展示出他内心无边深刻的博大世界。大哥，你知道吗？这个世界上我可以小视很多伟大的人物，但我不敢小视父亲。假如他是知识分子，他就一定会站在北京大学的讲坛上，点评古今，纵论全球。假如他是个政治家，人民群众永远就不会忘记他。假如他是个作家，你路遥根本不是他的对手。可他是农民，一个字也不识的农民。为了孩子们，受尽了人间的各种苦难，作为儿子，你不让父亲享几天大福，我觉得干出再大的事业也是虚伪的。我敢说，这个世界上我算是读懂了父亲的一个儿子。……路遥流泪了，一下哭得爬在榆林宾馆的床头上。他说你可以走了，你的话我一定会在第三部让"孙少平"说个痛快。

路遥为了《平凡的世界》，以生命作抵押，鞠躬尽瘁，死而后已，践行了"劳动美学"作为文学写作的最高境界，这一点，自路遥以来无人能及。今天,很多人把路遥作品庞大的读者群视为"励志"的产物,这种解释遮蔽了路遥与今天这个时代的关系。事实上,正是因为路遥认定的"新生活"、"彼岸的大欢乐"并没有降临,降临的却是乡村永久的沦陷;路遥相信苦难的悲剧性在于作为历史进步的代价,但是,在路遥之后,代价本身成为目的,而历史的目的却丧失了,——这才是我们重回路遥的原动力,路遥在这个意义上成为时代分裂的原点。历史救赎的许诺为什么没有到来?为什么一再延宕?路遥因此成为一个时代的界碑。劳动美学的消逝,使得80年代本身成为问题。作为悲剧的开启——我们需要通过界定自己与它的距离来判断今天的位置,以及今天背后的历史密码。

(二) 诗人之死

在《人生》的时代,乡村青年的个人主义奋斗还有出路,资本也没有形成今天这样对电影的掌控。《人生》里的劳动之所以具有美学性,也是因为再艰苦的劳动都是发生在一个乡村社群的空间,劳动同时是人与人关系的伦理体现,当高加林在黄土地上发疯似地挥动铁耙时,电影里表现了从巧珍、父母到德顺爷爷等不同人物对他复杂的观看视角。

今天的高加林们去哪里了?命运如何?从农村出来,没有考上大学,是个文学青年,一个不恰当的联想:今天的高加林很可能就是跳楼自杀的打工诗人许立志。他们已经无法凭借"知识"进入城市,通过高考进入城市的渠道越来越窄,大学时代我的同学多来自农村,但现在我教书的大学孩子多来自城市,社会阶层固化持续加深。他们最大可能去的是富士康一类的工厂装配流水线,其劳动的伦理完全不同。巧珍们边劳动边打趣、边劳动边恋爱的场景在"现代化"的严格管理模式下早已消灭,富士康式的管理就是彻底消除劳动者的社会性,只剩下人的工具性。无法忍受的方式是诗与死亡。打工者其实唯一能抒情的方式是诗(而不是小说)。但诗无法拯救他们,就像爱情也不能解救高加林,因为诗与他们属于同一个命运,诗是自我的镜像,却不再成为通往社会的阶梯。虽然许立志生前已因诗获名,24 岁的诗人却仍然从城市的高楼跳下。在路遥的时代,野心勃勃的高加林在《人生》中出场正是 24 岁,面对高楼林立的城市心潮澎湃。高加林的开始却是许立志的结束,这是让人震惊的发现。读许立志的诗让人疼痛,90后,最好的青春年华,但诗中没有爱情,只有强烈的孤独和死亡的主题,以及(非常重要)对乡村的悼亡——回不去的乡村。他在诗中不断地预告自己的死亡,他已经未老先死。异化劳动是对青春和生命的扼杀:"我咽下一枚铁做的月亮他们把它叫作螺丝;我咽下这工业的废水,失业的订单;那些低于机台的青春早早夭亡"。至于爱情,还没开始,就已经结束。从高加林对摩天大楼的注目礼,到许立志的纵身一跃,历史的终点是夭亡的青春,80年代高加林式的个人奋斗在今天终结。所以,许立志们已经不可能是今天"青春片"里的爱情主角。诗人之死,标志着个人奋斗的彻底失败,使得作为阶级的重新浮现既不可避免,却必须遮蔽——这一复归的幽灵。

流水线杀死的不仅仅是青春,也是爱情,这为资本隐秘地控制和剥削打工青年的青春片提供了沃土,正是血汗工厂和流水线驱使这些年轻的新工人们蜂拥而入影院去追悼青春。当青春被现实剥夺,它就只能以虚幻的想象存在,这样的青春片是以否定青春的方式来表达青春。这是在诗与死亡之外的第三条道路。

郭敬明出生在1983年,也就是电影《人生》开始拍摄、人民公社终于解体的一年。他出生的时候,80年代的中国正在成为断裂的浮冰,脱轨的人们不断地跳水"下海",个人主义和消费主义的浪潮迅速淹没整个社会,由此开启了属于郭敬明们的"小时代"。它是从路遥分裂的世界里分娩出来的。郭敬明说自己的成功天经地义,因为他比别人更勤奋地"工作",他的字典里没有"劳动"这个字眼。在"小时代"里,只有围绕着时尚杂志为中心(主宰)的摩登世界里的"工作",没有田野和工厂流水线上的"劳动"。劳动已成下贱,因为劳动价值被"边际效应"所代替,交换价值主宰一切的时代已经到来,市场经济下劳动力成为商品,农民工是最底层。"劳动"与"工作"的区别已经变成"蓝领"与"白领"的区别,是社会金字塔底层和上层的区别,中间是紧锁的铁门。底层用想象上层的方式来攀登社会阶梯,成为最大的需求和唯一的可能,它构成《小时代》票仓的来源。

这就是《小时代》的悖论,特别摩登,讲得都是大都市"白领丽人"的故事,完全不涉及农村及其青年。但是它最大的票房是从农村中出来的"新工人阶级"提供的。今天来到城市的农村孩子,如果不重蹈许立志之登高之跃,就必需生活的盼头。这种盼头有多么强烈,现实的残酷就有多么强烈。当劳动不是出路,而是不得不走的异路,并沦为彻底的异化,劳动美学也就荡然无存,此时的劳动就必须被娱乐工业遮蔽起来。正是残酷的现实,使年轻的观众们在精神世界别无选择,只有依赖商业电影提供的消费主义吗啡暂时止痛,靠一个和自身无关,其实也是与任何现实无关的"上层"想象来使自己免于绝望,但它的底色其实是绝望,是饮鸩止渴,是建立在许立志们夭折的青春废墟上。这类新世纪之后崛起的所谓青春商业片靠的就是收割这种别无出路的绝望,这种绝望如何茂盛,《小时代》这样的青春片就会如何成功,这就是郭敬明们在市场上大获成功的秘密。现实太骨感,所以必须遮蔽起来,电影不是反映现实,而是必须隔绝现实,隔绝得越彻底,市场才能越成功。郭敬明曾经大谈他的成功就是重视市场反馈,有的放矢地去做,无非就是这个道理。当现实残酷到无法面对(应对),任何逃避现实的救命稻草都能大卖。

电影不再是针砭现实的疗救,它本身成为寄生于现实的毒蕈,具有神经性致幻的快感和麻痹的效能。在这个意义上,商业电影确实是中国最"现实主义"的存在:属于今天中国现实问题的一部分,是现实问题的自我镜像,它以自我遮蔽的方式产生出自己的意识形态。郭敬明命之为"都市美学"——一种依靠复杂的柔光技术打造的广告美学或曰婚纱摄影棚美学,寄生于中国社会矛盾的腐殖质上的寄生菌,越有毒就越艳丽。郭敬明一再强调,他的电影体现的都是主流价值观,并非谎言,只是这里的主流是权势界定的主流,它以消费主义的面目现世,以"都市美学"的传奇贩卖给离乡背井的少男少女。打工不可能通往《小时代》里的摩登世界。想象所穿行的现实是一个断裂的世界,所以需要通过影像消费的方式来否定断裂、否定现实。这些浮城幻想诱骗不知底细、不谙世事的年轻人,特别是从农村中寻求出路的年轻人去电影院追逐幻影。它尤其表现为观众的低龄化趋势,它的票房中,18岁以下、二三线城市女性观众占居重要成分。上海观众反而知道那不过是徒有"上海"表象,并无上海真实。把当代中国的现实问题转化为市场这一相辅相成的关系中,票房成为中国社会问题的吸血鬼。通过贩卖上海牌"都市"大力迷幻药,拐卖少男少女,把他们卖给资本,这类影片建构了资本从上游到下游完整通吃的链条,也揭示了娱乐资本的本质。少男少女们把血汗工厂里打工挣得的钱,再次投入到资本的循环中,使他们沉迷的《小时代》里的时尚,其实正是他们自己在血汗工厂里生产的。影院是他们为资本第二次打工的场所,消费主义意识形态的再生产正是全球资本主义再生产得以实现的关键。

在这个意义上,讨论资本与电影的关系,《小时代》是个重要样本。如果对《小时代》的文本稍作分析,就可以发现,其实《小时代》里的真正主角也并不是4个白领丽人,她们不过是前台的提线木偶,真正的主角是那个叫作 M.E 的公司,它控制着影片所有人的命运。有趣的是,这个以时尚传媒公司的面具出现的资本角色正是资本一种无意识的自我暴露,这本身倒是透露出更多秘密。它就是亚里士多德在《诗学》中批评的"机械降神"。在《小时代》的大结局中,4个白领丽人有3个死了,一个死于癌症,两个死于大火,这种依赖偶然性来推动剧情的做法,一方面是挤压柠檬一般对观众情感的压榨,而不是尊重;另一方面暴露的也正是人物角色的非主体性,她们其实是可以被任意摆布的布偶,一如芭比娃娃。《小时代》的剧情发展与人物的角色并没有内在有机的联系。

今天青春的另一出路是"做二奶",今天影视剧中"二奶"大量出现,是对"巧珍"的一种否定,青春只剩下出卖的价格,无论是卖给工厂,还是卖给权贵。但是,《小时代》里没有二奶,这不仅是因为它表达的是"主流价值观",更在于它是要以否定现实的方式造就"梦幻",恰恰这些现实必须被遮蔽起来,否则梦幻就会漏气成一张丑陋的破气球,就会丧失其市场价值。郭敬明告诉少男少女的是,虽然每个人都是宇宙中的小尘埃,但是他可以"让每一颗星火都为你闪耀",你拥有"全宇宙的宠爱",这一"小小时代"的片尾歌说明他的电影贩卖的究竟是什么:用自恋代替爱情,用时装表演代替恋爱。在一个个人主义的时代,爱情的确也只剩下自恋了,爱无可爱,成了不及物的名词或动词,在此意义上,今天的确是"尘埃"们的"小"时代。在这两重意义上,现在的青春片都是对《人生》的否定,是以一种反青春片的方式来表现今天的青春片。

当知识界开始对《小时代》们"低智"的意识形态惊呼或愤怒时,已经为时太晚,因为它们不过是对既有现实的追认,或者追捧。其票房其实正是沉默的社会结构的显影,浮冰下的巨大存在。因此,重要的并不是否定它的存在,相反,为什么这个巨大的存在只能以票房的形式被看见,这才是问题。事实上,它是一个新阶级在显影之前的幢幢鬼影。

（三）什么是现实，什么是主义？

《平凡的世界》和《人生》的互文都是属于80年代的故事。少平怀着梦想进城打工，是路遥试图在劳动与知识之间进行和解，能够获得晓霞爱情，是因为少平在最严酷的打工环境下如饥似渴地读书。晓霞是少平读书的导师和爱人，但是别忘了，路遥是让晓霞最后死掉的，从现实的角度看，晓霞是必须死掉的，她的死宣布这一理想与现实和解的破灭。为了她的死，路遥痛哭失声，特地把弟弟王天乐从外地紧急召回，就是为了告诉他：晓霞死了！

晓霞为了救人被洪水冲走，从小说逻辑上说是奇怪和笨拙的，但是从现实的逻辑上，爱上少平就是晓霞必须死去的理由，不管以什么样的方式。巧珍的爱情失去还可以活人，但是晓霞的爱情却有杀身之祸。与此相对照，小说杀死的另一人物是少平的矿工师傅，少平需要取代师傅的家庭位置完成他的成人礼，结束青春，也完成了小说。这是他在现实中回归的位置，劳动者的现实主义的位置。由此，《人生》和《平凡的世界》是劳动者和劳动美学在80年代最后的挽歌。路遥拼死捍卫现实主义，是通过对少平等人的青春故事来完成的。为了让走出乡村的少平长大成人，小说杀死了他的爱人和师傅，——这就是路遥的现实主义。按照路遥自己的说法，不能让少平到大城市去，只能落在煤矿，到了大城市，路遥就管不住少平了。就像诗人许立志来到大城市，果然就管不住自己从楼上坠落。不需在路遥的小说去死去，许立志用诗杀死了自己，这是路遥的"现实主义"在现实中的延续。

在此，现实主义和非现实主义的关系就显得非常奇妙。80年代的先锋艺术有大量肉欲描写，但是现实主义的《人生》却把所有肉欲都排除了。所谓现实，在今天的青春片里只剩下肉身。但是对于路遥的现实主义来说，肉欲或者欲望本身，不是他关注的现实，他定义的现实主义不同于今天的"现实主义"。今天的电影里，只有肉身和欲望是现实，其他的都不是现实。路遥式爱情在今天已经不可能，城市的小资女孩绝对不可能爱上一个流臭汗的揽工汉，这样的阶级跨越已成绝响，这就是今天中国的现实。这个现实逻辑在路遥小说世界里就是晓霞之死，在现实世界中就是

《小时代》的热卖。今天青春片里的爱情及其美学只有作为商品拜物教的时尚表演和展览才是可能的,所以晓霞必死。

《人生》中的现实主义体现为两种不同的活法,一种是像巧珍一样回到乡村,回到社群中去"活人",以一种旧的仪式回归乡土。另一种活法,是个人主义的活法,也就是高加林的活法,80年代开始鼓励个人主义的成功,而不再是一种阶级性的改变。路遥在《平凡的人生》中严重意识到这个问题,所以浓墨重彩地处理少安在个人致富和全村致富问题上的矛盾与困境。但是在《人生》中,高加林是80年代的当代英雄。

路遥的现实主义野心是把小说当作时代的舞台,所有人物都有强烈的时代精神,都有真实的社会力量和社会精神灌注其中,路遥不会将人物和情节处理成一种偶然的存在,因此造就了一幅斑斓而宏大的时代画卷。路遥小说中的"爱情"是自我与现实世界的镜像,现实世界的奋斗被承认的表述方式就是爱情,因此,爱情是一种社会伦理关系。路遥的现实世界必须有爱情,如果没有爱情,所有人物的成功都失去了丈量的尺度和方法。所以从这个意义上讲,爱情是重要的,没有爱情就没办法界定英雄人物。高加林与巧珍的爱情,代表大地的、农村的儿子高加林与土地的一种关系。高加林没有完全脱离土地,他只是个"逆子",路遥用爱情把高处理成还能被大地、被乡村所认可的"逆子"。

比较一下《小武》。小武是一个在外游荡和小偷小摸的小镇青年,回家时被父亲拿着棒子赶了出来:你这个忤逆不孝之子!同时,小武的爱情已经不及物,他爱上的歌厅小姐正是导致自己被抓捕的动因。作为90年代末中国的青春片,《小武》是90年代最精准的表达,也是贾樟柯自己无法逾越的高峰。80年代的青春片以高加林、少平、少安这样农民的儿子为主角,他们从乡村中来,无论回不回去都能够被乡村宽容和认同;90年代的时代英雄已经是无家可归的失恋小镇青年;今天的青春片的主角则是隐匿的乡村与打工者,一种缺席的在场,是不属于他们的电影,一种电影异化的方式。这就是当代中国"现实主义"的演变逻辑,也是当代中国的青春断代史。

今天的"青春片"或喜剧、搞笑,或催泪、煽情,在当下的票房市场上具有这么强的吸金能力,是中国电影荒诞性的表现,也是中国社会荒诞性的体现,它们是病态社会的寄生蟹。今天中国电影市场扩张非常成功,电影生产的数目与日俱增,但与此同时,观众在电影院中却看不到一部好电影。这个反差十分强烈。这种断裂也是市场和知识界的断裂,当年的《人生》是知识界和全社会关注和讨论的公共话题。今天的青春片只剩下市场关注,市场在界定电影时,戴锦华的表述是,电影文化整体坍塌。学术界和电影生产之间的断裂是社会断裂的另一种表现。中国当代电影不再成为知识分子精神生活的重要组成部分,市场成为自我封闭运作的怪兽。13亿中国人看的中国电影,导演屈指可数,就那么几个跑马灯,这不是另一种意义上的荒诞局面吗?市场机制导致的是影像生产的专制,还是民主,抑或民粹?今天中国的电影政策究竟应该站在什么样的价值立场上,要把中国电影产业带向何方?

其实,《人生》中个人主义奋斗是被赋予正当性的,只是它的背后还会受着社会政治文化的制约和质疑,表现为一种张力。80年代城乡矛盾重新开启,个人主义奋斗以悲剧性来展示,今天这个悲剧性越来越深刻,而不是相反。路遥早就意识到了这样的历史过程注定是悲剧,这既体现在高加林身上,也体现在路遥自己身上,甚至还体现在导演吴天明身上。无论是《人生》,还是《老井》,吴天明最好的时代是80年代,他其实只属于80年代。这其中,劳动美学在90年代之后的消逝是深埋在80年代的"启蒙"之中的,这一点需要从路遥开始追溯,需要从80年代开始追溯。路遥式的写作,用生命去撞击现实的现实主义在今天成为绝响,是我们今天仍然需要谈论路遥的原因。

高加林的名字来源于苏联宇航员加加林,与路遥私交很深的陕北作家高建群的描述(高建群:《路遥,孤零零地在地球上行走》)是:

> 因为他听政治老师说,今天晚上有个叫加加林的苏联少校,要驾着飞船去登月球,他将从陕北高原的夜空中飞过。这个半大孩子,热泪涟涟地望着夜空。许多年以后,他把他的一部名叫《人生》的作品的主人公叫作"高加林"。

这里所呈现的大地之子仰望星空的故事,可以与《小时代》作个比较。《小时代》1中,郭敬明出演的畅销作家周崇光在时装秀的聚光灯下,朗诵了一段被粉丝们狂热追捧的"美文":

> 我们活在浩瀚的宇宙里,漫天漂浮的宇宙尘埃和星河光尘,我们是比这些还要渺小的存在。你并不知道生活在什么时候突然改变方向,陷入墨水一般浓稠的黑暗里去。你被失望拖进深渊,你被疾病拉近坟墓,你被挫折践踏的体无完肤,你被嘲笑、被讽刺、被讨厌、被怨恨、被放弃。但是我们却总在内心里保留着希望保留着不甘心放弃跳动的心。我们依然在大大的绝望里小小的努力着。这种不想放弃的心情,它们变成无边黑暗的小小星辰。我们都是小小的星辰。

"被嘲笑、被讽刺、被讨厌、被怨恨、被放弃",这也可以用在高加林,或者路遥自己的身上。但是,区别是鲜明的。没有了政治老师和苏联,陕北高原被"上海"所取代,80年代农村苦孩子心中涌现的征服世界的勇气和野心已经彻底消失。高建群说,当《平凡的世界》还不叫这名字时,它分为三部,第一部叫《黄土》,第二部叫《黑金》,第三部叫《大时代》,总的书名叫《走向大时代》。今天,黄土和黑金都已经沉沦,随之沉沦还有大地上的劳动美学。播下龙种,收获跳蚤,80年代的悲剧故事,路遥预言的"大时代",在今天终于以《小时代》来收场,这也算是一种历史的诡计。

郭敬明说我们都是小小的星辰,因为这是一个大绝望的时代,但是"我们依然在大大的绝望里小小的努力着"。"大大的绝望"正是《小时代》吸金的时代前提,它为内心保留的"不甘"提供一个"天葬"的仪式。无边黑暗中的小小星辰,不过是宇宙天空中的无机物,一如坟茔。之所以是一个"小时代",也是因为我们只剩下小小的个人,星尘也是尘,这个小小的努力成为对"小时代"的阐述,一个彻底的个人主义时代,个人只是尘埃,小小的努力其实无济于事。但是,把"绝望"用"自恋"的方式进行豪华包装和粉饰,用"青春"与"爱情"的商标注册再卖给绝望的年轻人,却正是《小时代》们市场成功的秘诀,也是资本社会中消费主义成为主宰的表现和征兆。这里没有任何阶级反抗的空间,相反,它正是以消解任何意义上的政治反抗为前提的。

在这个意义上,《小时代》的出现是今天无法回避的现实,也是问题。它的背后,隐匿的其实是主义,是现实之上的主义,一个正在等待显影的新阶级。

2015 年 7 月 25 日修订完毕,上海

《朗读者》与中国综艺节目的未来

一

《朗读者》不是传统意义上的现象级,它标志着中国综艺类节目的风头转向,是逆势回归的新现象。这是因为,综艺节目在原有的市场逻辑下早已经穷途末路。所谓物极必反,现在已经到了触底反弹的阶段。主要体现为两个方面:

首先,中国电视省级卫视的恶性市场化竞争,体现为对明星的拼抢。由于把收视率都压在明星身上,对明星的抢拼导致综艺节目的成本不断攀升,已经到了令人咋舌的程度,从百万、千万,到二、三亿,甚至三、四亿的资金大投入,是这一逻辑的必然后果。由于明星的成本占比越来越高,达到极度不合理的程度,最多竟然达到60%。电视台赚了吆喝却不赚钱。电视台倾其所有、各方融资、辛苦打造的所谓现象级,背后却是入不敷出的窘境,结果是堂堂国家电视台纷纷沦为替少数明星们打工的荒唐局面。这变成一种零和游戏,而整个游戏已经成为撒旦的磨坊。它既造成中国综艺类节目市场竞争高度同质化,也使得在市场中已经抢占优势的电视台必须不断加码,以保持其吸纳广告的能力。被市场的怪圈所挟裹,所有人都陷入其中无法自拔。省级卫视为了拔夺头筹,互相血拼。做现象级综艺节目是死,不做,更是死。而正因为同质化,所以市场游戏规则变成赢者通吃。生存,还是死亡?综艺节目成为分界。为了抢占顶尖位置,一线卫视不得不杀得你死我活,尸横遍野,更不用说二三线卫视早已经在生存线上挣扎,气息奄奄。整个电视生态在收视率—广告的压迫下已经陷入恶性循环。在这一过程中,少数"颜值"明星或"导师"明星们从综艺节目中获得的巨额收入既严重违背社会公正,扭曲社会价值,形成劳动价值严重的不对称,也使自己成为被消费和异化的对象。

其次,与综艺节目明星占比相伴随的是版权成本。中国综艺类节目购买海外版权的巨额成本是综艺节目成本上升的重要原因。曾几何时,中国的电视市场成为世界电视综艺节目模式输入的"冒险家的乐园",我们买光了世界上几乎所有市场成功的电视娱乐模式的版权,养活和养肥了一大批专事开发和输入中国综艺版权市场的大小公司。这些巨额成本成为国家电视台的沉重负担,必须依赖综艺节目收视率培养下的广告市场来消化,它逼迫中国的电视产业不得不依赖对广告份额的绝命拼抢作为生存的底线,也成为综艺成本不断上升的动机。海外版权成为电视产业失血的另一大原因。

一将功成万骨枯,"现象级"综艺节目成为省级卫视们孤注一掷的豪赌。而所谓"现象级",首先意味着资金投入的"现象级"。综艺节目沦为金钱游戏,走向金融化,成为金融衍生产品。否则数亿的投入从何而来呢?而有了数亿的资金,如何从市场中赢回这些投资,就成为电视人无法醒来的噩梦。据报道,2017年综艺节目利润缩减,亏损严重,哀鸿遍野。

正是由于这两大失血管道,导致电视综艺真正投入节目制作的成本不断被压缩,制作成本占比只有30%左右,吃掉资金的是明星、版权、宣发和广告。但是,高投入带来的并不一定是节目质量的提升。首先,鉴于高投入与高风险是相互关联的逻辑,中国综艺节目必然倾向以保守的姿态,或亦步亦趋地按照海外版权版本的红宝书进行复制,或奉所谓市场调查为指挥棒,以规避市场风险。自主研发在这样的市场逻辑下必然是受到压制的。其次,综艺节目在一个社会中的成功,其实并不是,或主要不是市场"配方"在形式上的成功,而是对一个特定社会文化价值与问题意识的回应,任何电视节目在一个特定社群中的成功都是其社会与文化价值的体现。而依靠"普世价值"的市场模式,也必然会丧失对一个国家或社会特定文化价值的把握与关切。这也是为什么依靠海外版权的综艺节目在文化价值的呈现上越来越苍白与失焦的原因。第三,电视从业人员在这一过程中,由于人力成本的挤占和压缩,逐渐沦为电视民工,丧失了独立思考的空间,也消泯了主动、积极的主人翁精神。电视人大量流出这一行业,就是体现。而一个没有主体精神体现的行业,没有自豪感的职业,是没有前途的,特别是对于从事文化生产的电视行业来说,缺失精神价值的追求是致命的。

这些其实都发生在新媒体时代的前夜。经过这一野蛮的生存竞争,各大电视台自我生存和发展的实力在这一过程中已经严重内耗,在新媒体致命冲击之前,已经血气虚亏,其实是2016年中国电视生态断崖式下跌的先声和先兆。这个恶性市场化模式其实已经到了山穷水尽、无以为继的程度。2016年以来,更是在阿里系优酷来疯和腾讯动辄宣称投资十数亿、数十亿打造新媒体互动综艺平台的打压下,传统电视台的金钱/金融游戏将走向终结,就并不奇怪。新媒体平台本身就是金融大鳄。无数的先知们宣布:电视已死!如果继续沿着这个逻辑,电视确实死无可赦。以己之短拼彼之长,徒然消耗完自己,真是燃烧自己,成就别人,不死才怪。

但是《朗读者》出现了。这一方面与国家文化政策宏观调控的转向有关;另一方面,也是电视人自觉与坚守的结果。从这个意义上来看,《朗读者》的出现既是偶然,没有董卿和她的团队不懈的追求和努力,也不会有《朗读者》的出现;也是必然,是偶然和必然的结合,是时势所趋,大势所趋。否则,恶性市场化的逻辑也是不可能打破的。因此,它们是值得关注和期待的。

二

由于综艺节目的唯市场化,以及由此导致的节目内容的低俗化现象,不仅与大学、学术界、知识分子所代表的人文传统日益分离,与社会的主流价值观也产生了无法弥补的断裂。80年代,大学与电视台之间有很多互动,很多知识界的人士热衷于参与到主流电视台的节目生产中。但是我们看最近十余年来,也就是市场化日渐白热化的阶段,大学与主流电视台之间几乎不再产生交集和互动。虽然有"百家讲坛"这样的节目,但是讲坛上最出名的一些讲者面向大众的传授方式:知识的故事化,或者"鸡汤化",却都是单向度的,也并没有得到大学学术共同体的有效认可,而是争议不断。他们的角色更多的不是作为学者,而是媒体"说书人"——这个角色其实是媒体塑造的,而不是大学赋予的。

大学和国家电视台都是一个社会主流价值观的塑造者。今天,还有没有可能重新搭建这两个"主流"之间的互动关系?如果不能,意味着什么?今天,通过《朗读者》这个节目,我觉得是有希望的。这也是我们华东师范大学传播学院2017年6月11日在上海举办"人文精神能否照亮中国电视变革之路?——《朗读者》现象研讨会"的原因。会议邀请了上海高校不同学科的代表性人文学者共同探讨,很多学者已经多年不看电视了,因为这个学术研讨会去看了《朗读者》的节目。他们视角各异,观点不乏尖锐,但其实都提出了更高的建设性要求,也是对中国电视更高的期望。无需讳言,今天的大学有很多自己的问题,也饱受市场化的冲击与困扰,追名逐利、学术腐败也都存在,人文价值本身在大学也面临危机。但是,从正面的角度说,一个国家的大学和主流媒体难道不应该成为一个社会最重要的主流价值的建构者吗?总应该有一些力量是社会的压舱石。大学理应与主流电视台形成一种互相砥砺前行的态势,守护、传承与革新社会的主流价值和人文意义。如果它们没有扮演这样的角色、起到这样的功能,问题出在哪里呢?我们是否需要追问其根源?作为大学、作为主流电视台,是否都应该自我反省?在这个意义上,《朗读者》给我们提供了一个重要的文本与案例,也提供了一个重返这些问题的契机。

1997年,我第一次去台湾访问时,那时候就发现台湾的综艺节目非常糟糕,靠不断挑战社会底线来赚取收视率,对女性的轻辱到了当时觉得不可思议的程度。我结识的台湾做电视传播研究的学者对此都深恶痛绝,却无可奈何。电视生产体制完全在大学之外,学者在大学里非常批判,但是大学与传媒体制之间完全是剥离的,犹如两股道上跑的车,各行其是。回来后,我就写了篇文章,题目是《媒体的狂欢——对台湾地区传媒生态的观察与思考》,发在当时的《读书》杂志上。文章在最后认为大陆的媒体改革不能走纯粹市场化这条路。结果,20年后的今天,我们有过之而无不及。这是令人痛心的,也是不可接受的。如果我们大陆的国家电视台在综艺节目上没有底线可守,而是不断突破社会伦理与道德的底线,这到底意味着什么?因此,《朗读者》节目回应和回归社会主流价值观,就是一种新气象。

一方面，主流价值观包含了对人的命运的关注，不管是不是名人，都被放在普通人的位置上，通过自己的讲述让大家重新认识你，从现实中的自己出发——节目探索人的情感与人文的结合方式，令人耳目一新，虽然并不完美。以往一些为感动而感动的节目，容易走向偏执和形式主义，走向窥视和猎奇，走向对明星和权力的崇拜，以及对资本的追捧。现在《朗读者》返璞归真，不管是不是明星，都要回到最本真的人的感情，回到"低"位置，这个位置是可以和社会平等交流的。在这个过程中，以人文素养和个人价值追求为评判标准，而不是以既有的社会地位为评判标准——《朗读者》其实是在重新界定什么是"名人"。节目不再走向小鲜肉，不再靠颜值，不再是一种表面的、空洞的东西，而在于你的人生经历，作为一个有深度的人的存在：你的阅读、思考和情感表达。这对明星来讲也有好处，不再是消耗性地消费明星，对明星也是一种尊重。这也是彼此认同、良性建构的过程。

另一方面，主流价值观更需要在对传统、历史和时代不断的重新阐释中展开和发展。《朗读者》不回避大历史，而是把人物放在大历史的脉络里，展开人物与时代荡气回肠的关系，突破了个人主义的"小"格局，重建了某种缺失已久的大写的"人"的品格与风范。这在普遍的历史虚无主义、消费主义的媒体氛围下就是一种拨乱反正，是回归国家电视台的应有之意。这一点尤其难能可贵。

《朗读者》让人物回到现实的身份与位置，而不再是按照既定程序和市场逻辑的表演。这种讲述也因而不再是猎奇式，或炫耀性，而需要在公众面前去展示本真，让人物自身的人文素养和价值观形成社会共识的基础，并以此形成一种感召的力量。正因为有价值观的感召，明星不再是为了出场费，而是基于对节目价值的认可与激赏而自愿、无条件地上节目。因此，对于那些动辄要几百万的明星们，董卿的回答是：你爱上那儿上那儿！明星的市场价及其逻辑在《朗读者》这里完全失效。嘉宾几乎无成本，不再是节目预算的杀手，而转变为对节目精神价值的认可与证明。《朗读者》之所以能够把投资和精力主要放在节目生产与制作的专业考量上，也是因为无需耗费明星嘉宾和版权的巨额投入，这也是其成功的重要原因。由此，《朗读者》打破了我们对市场神话的刻板想象。《朗读者》靠弘扬人文与社会价值，赢得人心，赢得市场，彻底翻转了既有的综艺节目市场的逻辑,打破了恶性循环的市场怪圈,这就是一个了不起的成就。它证明中国的综艺节目可以走自己的路,也证明只有以价值观的诉求为标的,就能够打破市场的恶性诅咒。

三

中国电视需要回归到大众传媒最朴素的原点,回到初心,即作为社会交往和沟通的功能。90 年代,我做陈虻访谈时,用了一个标题是《我们为什么要出发?》,后来陈虻去世,北大的徐泓老师在编辑陈虻文集的时候,收录了这篇访谈,而且把"不要因为走得太远而忘记为什么出发"这句话印在书的封面上。如果我们回到电视的原点去讨论今天的电视应该怎么办,可能要比整天去讨论市场和大数据更能够对今天的电视危机作出诊断。

不再是才艺、唱歌之类旨在形式上耍花样,不走心,不走脑,依靠所谓 IP、粉丝的非理性消费——电视的市场化的"葵花宝典",而是回到语言的交流上。用朗读的方式去阅读,回到文字,回到文学,回到历史,回到书籍,回到中国人的诗歌传统和情感方式,也就是用中国人自己共同经历的传统与时代——用最普通、最本真、最传统的方式去重建大众传媒沟通人与人、人与社会、人与历史的功能,这样的沟通本来应该是大众传媒承担的责任。而这些在过去的综艺节目里,已经严重缺失了,而且大家对这种缺失不以为怪,习以为常。这本身正是问题。

在 2016 年电视业断崖式下跌之后,电视只有迎合年轻人才能赢得市场的神话也破灭了。很有意味的是,董卿在"人文精神能否照亮中国电视变革之路?——《朗读者》现象研讨会"上发言,生动地阐述了《朗读者》里最成功和出彩的人物都是八、九十岁的老人们,这和大家惯常的对市场的判断完全不一样。我以前参加过一个电视台的研讨,一家一线卫视的老总宣称:我们节目以后要做 90 后年轻人的市场,80 后都不是目标受众了。当时我就想问,那老人怎么办?老人还要不要看电视?这样的电视市场化战略不是自杀,又是什么呢?《朗读者》节目的观众中,年轻人的比例很高,但是上节目的主角却有很大比例的老人,这种饶有趣味的代际结合,其实体现了一种价值观获得传承与发扬的方式,也打破了年轻人都是西方消费文化和大众文化拥趸的刻板想象。电视通过阅读的方式回归传统、回归人文、回归社会的知识积累和主流价值观,《朗读者》是一种突围。如果年轻人不能回归主流,使自己成为主流,中国的未来何在?长久以来,在省级卫视综艺节目大战中被动挨打的央视,现在终于开始摸索着找到自己的位置:国家主流电视台的定位。这是一种新的可能性。一种逆市场化的成功,逆势起飞,方显大台本色。

《朗读者》回归平实,回归社会对主流的需求,也就是回归了健康的市场。它证明这个社会并非不需要好的节目,不需要温暖人心的、有人文素质的主流节目,而是我们自己制造了恶质的市场,却以为只有这样才叫市场。就像总有人把迎合低级趣味的软色情、非理性叫作人性,我们往往把那种东西叫作市场。但是,人除了有肉体的生理性,还有精神性,有理性,有理想,有对意义的需要和追求,这些本来不是问题,但是在综艺节目的市场化血拼中,却成了问题。除了消费主义的价值观,什么都不剩,一个国家一个社会如何能够长久容忍主流媒体这种现象?它还是主流媒体吗?一个没有主流媒体的社会是怎样的社会?

《朗读者》的出现,表明健康的市场是可能的,也是值得追求的。满足人民不断增加的文化精神生活的需求,才是主流媒体的正途。只要形成一种示范,在这个基础上不断地尝试,不断地往这前走,健康的市场就是有希望的。《朗读者》还处在摸索的阶段,不可能一蹴而就。在这个过程中,能够不去简单地迎合所谓市场,着重于开掘和打造新的健康的市场,就是值得鼓励的。正是在这个意义上,我们需要重新思考究竟什么是"市场"?

今天中国在物质层面上已经较之以往有很大的丰富,但是在精神层面上的贫困却很严重。在市场经济的大轮盘中,我们的国民太疲于奔命了,精神层面的缺失已经是严重的社会问题。大量的显性和隐形的抑郁症、高自杀率、校园暴力和社会暴力,这些现象的背后很大程度上是这个社会对"意义"的饥渴。读书本身就是一个寻求意义的过程。通过主流大众传媒,把寻求意义的过程变成节目来讨论和引领,而不是简单给出答案。每个人都有自己寻求意义的历程,通过分享对意义的追寻,分享心灵的困惑、人生的艰难困苦,使得意义的追求变成一个寻求对话、寻求共识的过程。这就是有意义的。通过凝聚社会共识,来进行社会疗治,也是大众传媒社会公共性的体现。另一方面,也需要在这个过程中,回应社会公正,这是"意义"的社会基础。

我们都知道德国电影《朗读者》,体现了战后德国民族创伤自我诊疗的一种功能,它探讨一个以文明而自豪的民族犯下的暴力、罪行、赎罪与反思的关系,表现为电影文本的复杂性,其实也是这个民族复杂心态的投射。今天中国的社会撕裂也很严重,主流电视台也需要具有社会治疗和社会整合的功能,需要体现出社会问题与社会诉求。其实,需要就是市场。我们今天把市场理解为收视率、大数据,但是把节目打造成社会共识的凝聚者,开放出一个公共讨论的空间和话题,哪怕大家是批判的,其实就是"市场"。批判是因为重要。把问题打开本身是重要的,因为它是解决问题的前提。而这些问题的解决对于一个社会是重要的,它就是有"市场"的。我们需要从这个角度去理解"市场",而不是把它们看成是一堆虚幻的数字。而这些数据本身也是市场化、商业化的产物。收视率调查公司生产的数据,出于成本的考虑,其样本量本身一定是最小化的,因为样本本身需要成本,因此它的样本在多大程度上能够代表社会的不同阶层、代际和城乡关系下的收视结构,以及收视诉求,是大可怀疑的;样本的投放一定是城市中心主义的,城市样本一定大于乡村样本,因为广告的目标观众以城市为主;样本本身也是极易被污染的,各级卫视的探子会入户改变收视率调查的原始数据。这一切其实都已经是常态。在这样的"科学主义"的收视率的大棒指挥下,难道不是犹如盲人骑瞎马吗?按照这样的调查去做节目,能够真实和真切地体现这个时代和社会的需求吗?怎么样反思这些问题,回到真实的需要,回到人民的市场,通过服务社会、提供公共性,提供公共讨论的空间,来创造出真实的、健康的市场环境?《朗读者》为我们思考这些问题提供了契机,它是在一个逆市场的情况下获得成功。它对中国综艺节目的未来意味着什么?是我们关心《朗读者》的理由。也正是在这个意义上,《朗读者》还可以做得更多,比如现在的文学文本基本上是以汉语作家为主,是否可能更多包括一些中国少数民族的经典和少数民族的人物呢?

新媒体时代相信:只要站在风口,猪也能飞上天。但是,常识告诉我们,猪是不能上天的,上了天也会跌下地。《朗读者》通过回归中国口语传统和书写传统,破解了新媒体的魔咒,回到了常识,这里有新与旧的辩证法。回到意义的原点,从这里再出发。这是一个朴素的起点,也是一个极高的追求。

  2017 年 6 月 16 日午夜,完稿于上海——泰安旅次

跋

本书稿是以三篇长文作为三辑的主题。它们集中写作于 2015、2016 与 2017 年,是在复旦大学新闻学院工作 21 年,调动到华东师范大学传播学院之后 3 年时间的一份笔耕纪录,也是给关心和支持的师友们的一份交代。在 2015 年出版的同属于本书系的《学术、传媒与公共性》书稿中,我用了 2013 年 9 月在复旦大学新闻学院开学典礼作为教师代表的讲话作为代后记——这一年,正值自己在复旦从教 20 周年,这部书稿也因此成为一个纪念,逝去的青春与漫长的成长之纪念。记得当时,站在新闻学院蔡冠深报告厅的讲台上,面对全场年轻的面庞,他们起起伏伏的眼神如星空闪烁一片,我的眼睛忽然有些湿润——不经意,它也成为我告别复旦的最后演讲。旦复旦兮,星垂平野阔,月涌大江流,本书稿既是结束,也是新的开启。

2015 年以来,全球恐怖主义袭击开始上升为世界新闻的主要议题。由于欧洲恐袭不断爆发,也把西方的文化多元主义理论推向争议的焦点。写于这一年的《新中国少数民族影像书写:历史与政治——兼对"重写中国电影史"的回应》,本是应我的学生王华之邀,为其博士论文书稿出版所撰写的序言。鉴于议题的重要性,我把它写成了一篇过长的"非典型"序言,在某种意义上也是为了从中国的语境出发,对西方文化多元主义认同理论进行必要的回应。文章通过对少数民族影像概念建构的批评性回顾,指出从"华语语系"到"华语电影"等海外中国电影研究范式所存在的问题,在于遮蔽和否定新中国基于民族平等的政治理念而进行的丰富与复杂的影像实践。因此,需要重新回到统一战线与阶级斗争作为国家与民族话语变奏的历史脉络中去讨论，无论少数民族地区的爱国统一战线还是对第三世界不结盟运动的支持与国际主义援助，体现的都是在一个世界格局中进行阶级分析的政治视野，这一视野如何在今天的民族政策和国际关系中获得新的体认？中国电影研究，特别是少数民族电影研究，能否外在于这些历史的脉络与现实的挑战？这是今天少数民族电影历史研究的关键。本文还从社会发展与传播的视角检讨了少数民族纪录电影史的社会政治意义，重新回顾了"科学纪录片"与党对"真实性"的要求之间复杂而丰富的实践。在此基础上，才能重新讨论影像民主和电影史的主体性问题。

文章完成之后，我策划主持了一场"'华语电影'研究与'重写电影史'工作坊"活动。工作坊邀请也吸引了一些对此话题有兴趣的海内外学者的参加，后根据录音整理的文字稿，发表在《当代电影》2015年10期，题目为《"华语电影"再商榷：重写电影史、主体性、少数民族电影及海外中国电影研究》。因为篇幅所限，每人的发言内容都做了削减和限制。在此文之后，相关争鸣仍在继续，其中不乏有意无意对我观点的"误读"。为此，这里收录本人在工作坊发言整理的完整稿，以为备忘，也希望有所纠正。

《"台独"的历史根源：从"白团"到"台湾帮"——作为中国叙述的"台湾问题"》一文来源于2016年4月25日蓝博洲先生应邀在华东师范大学思勉人文高等研究院做的《寻找被湮灭的台湾理想主义》的讲座，我在现场的主持评议。在此基础上，用了3个月的时间陆续完成此稿。今天台湾的政治图景固化在"台独"或"独台"的困境或危机中，而来自台湾内部的"社会主义统一派"（统左派）的声音开始突破重围。统左派致力于修正"二·二八事件"与"白色恐怖"的历史叙述，强调"二·二八事件"实质是国民党腐败导致官民冲突，由此促使台湾一代年轻精英转向红色中国。我们需要由此出发，检讨从"白团"到"台湾帮"之台独的历史根源。只有打破蓝绿共享的冷战意识形态，重建反帝之民主/民族革命的台湾红色血脉，才有可能重建作为中国叙述的"台湾问题"，即台湾作为中国问题，是中国未完成的新民主主义革命的最后阶段。借助此文，也是把自己对台湾与中国的关系问题的理解做一个清理和推进。自1997年以台湾联合报系文化基金会访问学者的身份第一次去台湾进行一个月的访问，之后数次访台，目睹了台湾从经济高昂到衰退的过程，也和台湾的学者、朋友就两岸关系不断进行探讨乃至争论。但是真正写就成文,首先要感谢蓝博洲先生的激发和帮助,也感谢台湾吕正惠、瞿宛文和郑鸿生诸位师长给予的指教。感谢吴重庆先生的推荐,以及《开放时代》杂志社给予的发表版面。《开放时代》杂志兼容并蓄和严谨敏锐的专业态度,已经使之成为当代中国最重要的学术期刊,拙文忝列于此,与有荣焉。

《1937年:"文献展"中的中国与世界——兼论中国"美术"观念的历史嬗变》一文,同样刊发于《开放时代》(2017年第5期),既是对自己文艺美学专业的一次回归,也是一种跨学科的尝试。它缘起于2016年8月,苏州美术馆主办的首届苏州文献展:"多重时间——苏州与另一种世界史",感谢张晴先生的邀请,使我有机会从策划开始,到参观展览和参与讨论,见证了整个过程,也触发了诸多感想。苏州30年代文献展成为一个正在被重新发掘的历史记忆,1937年是它成为中国文化保守主义与民族主义相互建构的关键。通过回顾作为"救亡"与"保守"双重奏的30年代文献展,聚焦1937年世界博览会与中国"民族主义"的关系,我试图描述"中国"在世界博览会与美术馆中的"世界史"过程,并重新阐述了"赛会"与"美术"兴起之间的互动。"多美术而少实用"的工商主义美术观及其失败,是文化保守主义鹊起的渊源,并导致受日本明治美术观而影响的"美术"在中国的嬗变。最后,通过对"美术"现代功能主义与文化保守主义的双重批判,确立"为人生"的"美术"主体性,鲁迅展开了"美术"新视野。今天,我们需要在分析"美术革命"与30年代新兴木刻艺术的道路中,理解鲁迅从"送去主义"到"拿来主义"所呈现的正是"美术"作为中国世界史的意义。

无论电影、艺术还是政治,贯穿上述三个主题的核心其实是后冷战时代的中国认同。今天的中国叙述,依然裹挟在从冷战到后冷战意识形态的重重迷雾中,这其中,视觉政治扮演着重要角色。只有从世界史的时间维度与地缘政治的空间视野出发,重新界定和探讨中国的主体性问题,才有可能冲云破雾,不畏浮云。宏观的世界大势与中观/微观的在地政治从来都是互为表里,时来天地皆同力,运去英雄不自由,此之谓也。而迈迈时运,即意味着"有风自南,翼彼新苗",也昭示着"黄唐莫逮,慨独在余"(陶渊明《时运》)。

延目中流,嘒嘒交挥,斯晨斯夕,言息其庐——集陶渊明诗句以自勉,不是慕古追远，而是试图在今天这样一个瞬息万变的时代中，追问学术的位置是否还有可能；不是逃逸于现实，而是为了能够在一个犬牙交错的时代断层与错位中，做一个举起镐头沿着历史矿脉探挖的田野工作者。

  写作于此的部分书稿，也陪伴了我在父亲病榻前的日子。父亲自2015年不断进出医院，我则不断奔波于上海与合肥的往返高铁上。结束"'华语电影'研究与'重写电影史'工作坊"的第二天早晨，我就瘸着扭伤的脚踝登上北去的列车。出生于清贫的知识分子家庭，家徒四壁，唯有充满各个空间的书籍是成长的记忆。父母的书房既是自小陪伴的精神慰藉，也在很大程度上预注了今后的命运。父亲已经于2016年2月24日溘然去世，这本书稿献给他，权作微薄的祭奠。他们的书房已经是我永远回不去的故乡。双亲俱往，方知人间只是暂居之地，血肉之情是横渡人生的舟楫。每一代人都有自己的故事，以及使命。

  是为跋。

2017年8月23日，酷暑中的上海

图书在版编目(CIP)数据

错位:后冷战时代的中国叙述与视觉政治/吕新雨著.
--上海:华东师范大学出版社,2018
 ISBN 978-7-5675-7883-8

Ⅰ.①错… Ⅱ.①吕… Ⅲ.①政治制度—研究—中国
Ⅳ.①D621

中国版本图书馆 CIP 数据核字(2018)第 137782 号

华东师范大学出版社六点分社
企划人 倪为国

本书著作权、版式和装帧设计受世界版权公约和中华人民共和国著作权法保护

批判传播学·文论系列

错位:后冷战时代的中国叙述与视觉政治

主　　编	赵月枝　吕新雨
著　　者	吕新雨
责任编辑	徐海晴
封面设计	吴元瑛
出版发行	华东师范大学出版社
社　　址	上海市中山北路 3663 号　邮编　200062
网　　址	www.ecnupress.com.cn
电　　话	021-60821666　行政传真　021-62572105
客服电话	021-62865537　门市(邮购)电话　021-62869887
地　　址	上海市中山北路 3663 号华东师范大学校内先锋路口
网　　店	http://hdsdcbs.tmall.com
印刷者	上海盛隆印务有限公司
开　　本	700×1000　1/16
印　　张	13.5
字　　数	165 千字
版　　次	2018 年 7 月第 1 版
印　　次	2018 年 7 月第 1 次
书　　号	ISBN 978-7-5675-7883-8/G·11215
定　　价	58.00 元
出版人	王焰

(如发现本版图书有印订质量问题,请寄回本社客服中心调换或电话 021-62865537 联系)